PASATIEMPOS PARA ENTRENAR TU CEREBRO

VOLUMEN 5

Más juegos de lógica

Responsable editorial: Víctor Manuel Ruiz Calderón
Composición de cubierta: Celia Antón Santos
Ilustraciones: © © 2003-2024 Shutterstock, Inc.
Texto y contenido de los juegos de ingenio: © Agustín Fonseca García
Texto de introducción, diseño del libro y material gráfico: © Imaginarte Juegos
Revisión de pasatiempos: Jana Fonseca Ortega

Valentín Beato, 21. 28037 Madrid
Depósito legal: M. 22.892-2024
ISBN: 978-84-415-5137-4
Impreso en España

PAPEL DE FIBRA
CERTIFICADA

PASATIEMPOS PARA ENTRENAR TU CEREBRO

VOLUMEN 5

Más juegos de lógica

Agustín Fonseca García

OBERON

ÍNDICE

LAS CAPACIDADES CEREBRALES

Antes de que empieces con el libro es importante que sepas algo sobre las capacidades cerebrales que trabajarás si te pones a hacer los pasatiempos que contiene. En principio podríamos resumirlas en las siete que te mostramos a continuación:

1. **Atención**. Es la madre de todas las capacidades. Es la que permite que las demás puedan llevarse a cabo. La utilizas cuando tienes que razonar y necesitas concentrarte en tu pensamiento, o cuando estás conduciendo y tienes que estar pendiente de varios estímulos. Mucha gente dice que le falla la memoria cuando en realidad lo que le falla es más bien la capacidad de concentrarse.
2. **Cálculo**. Es la capacidad de manejar las medidas. Aunque es una de las que requiere más concentración, no es la más compleja a nivel cerebral. El ejemplo está en que el ser humano ya ha sido capaz de construir máquinas de calcular incluso más precisas que el cerebro, pero no máquinas que sepan hacer otras tareas como la que realizan los psicólogos, es decir, escuchar activamente a una persona, ofrecerle comprensión y darle una respuesta que le ayude a encauzar la situación que le esté abrumando, tarea esta más relacionada con la comunicación y el lenguaje a un nivel profesional.
3. **Lógica**. Es la que nos permite predecir las causas y las consecuencias de lo que nos rodea. El hombre del tiempo no es adivino: hace uso de la lógica, igual que la utilizan todas las ciencias para desarrollar sus teorías. Hacemos uso de la lógica a diario y sin ella nuestra vida sería un caos.
4. **Lenguaje**. Con esta capacidad no solo hablas, sino que también gesticulas con las manos, con tu cuerpo, con tu cara... El lenguaje es la capacidad de comunicarte, de transmitir a otro un mensaje y de saber que él puede descifrarlo y comprenderlo. También es lenguaje, por supuesto, el uso de las palabras para describir y retratar un montón de sucesos y conceptos de la vida que te rodea.
5. **Orientación espacial**. Tu cerebro puede orientarse en el espacio mejor de lo que lo hace un GPS, y además, sin satélite. A todo lo relacionado con la posición de nuestro cuerpo en el ambiente y con la capacidad de imaginar objetos en 3D lo hemos llamado orientación espacial.
6. **Memoria a corto plazo**. Con este concepto denominamos la habilidad que tiene el cerebro de retener informaciones nuevas y recuperarlas al poco tiempo. La utilizamos para recordar un teléfono o una dirección. Su duración es corta, pero resulta indispensable para adquirir conocimientos del mundo que nos rodea.
7. **Memoria a largo plazo**. Es la capacidad de recordar a largo plazo las informaciones que adquirimos. De ellas echamos mano a diario y su duración en la memoria es ilimitada: nos acompañarán a lo largo de nuestra vida, aunque no siempre se mantendrán frescas y accesibles. Dentro de este gran saco de información tenemos, por ejemplo, desde las palabras de nuestra lengua materna hasta los acontecimientos personales de nuestra vida o la forma de montar en bicicleta o nadar.

Lo interesante es que todas estas capacidades no funcionan independientes unas de otras, sino que se ayudan entre sí para alcanzar sus objetivos. Por ejemplo, el lenguaje tiene unas normas que siguen un patrón lógico y rebusca en el almacén de los conocimientos generales para fomentar su riqueza, o el cálculo hace uso del razonamiento lógico y de la memoria a corto plazo para conseguir el resultado buscado.

¿Y cuáles de estas capacidades vas a necesitar para enfrentarte a este libro? Pues todas, que seguro que ya las manejas adecuadamente, sin embargo te destacaría 3 de ellas: la atención (casi un comodín que es necesaria para todo), la orientación espacial (que te ayudará a entender y relacionar elementos de los pasatiempos) y por supuesto la **lógica** (imprescindible en la resolución).

ALGUNOS COMENTARIOS SOBRE LA LÓGICA

El ser humano, con sus razonamientos lógicos, ha conseguido a lo largo de su historia desarrollar la ciencia. Mediante este proceso de reflejar el mundo en nuestra conciencia y, en función de la experiencia, llegar a construir enunciados ciertos o falsos, hemos logrado que el mundo que nos rodea sea más predecible y comprensible. Gracias a nuestros razonamientos lógicos explicamos los fenómenos de la naturaleza y logramos darle un sentido de realidad al medio que nos rodea.

No es necesario ser un gran filósofo para poder poner en práctica este razonamiento. Ni siquiera ser un científico con una carrera profesional brillante. Nuestros propios abuelos, sin ni siquiera haber ido a la escuela, sabían a la perfección, después de observar durante décadas los fenómenos meteorológicos, cuándo llovería o cuándo no se debía sembrar. Por supuesto no eran adivinos, sino que ponían en funcionamiento esta capacidad para anticiparse al futuro y así poder organizar su trabajo.

Igual que nuestros abuelos, nosotros, sin saberlo, ponemos en funcionamiento esta capacidad todos los días de nuestra vida. Si saliéramos un día de casa sin poder saber que nuestro mundo sigue unas normas lógicas, y que la mayoría de las cosas ocurren por una serie de causas, viviríamos llenos de temores y fobias.

El hombre ha utilizado esta capacidad desde que tiene la disponibilidad neurofisiológica de hacerlo. Y esto ocurrió mucho antes de que se dedicara a analizar explícitamente cómo era su propio razonamiento. Pero es curioso observar que esta necesidad de saber más sobre uno mismo apareciera por separado, en diferentes civilizaciones de la Antigüedad: la china, la india y la griega.

La última es la más conocida por nosotros y es la que desarrolló Aristóteles mediante el estudio metódico de los argumentos a través del lenguaje verbal. Mediante esta lógica, que más tarde se pasó a llamar informal, el filósofo griego deducía una conclusión a partir de unas premisas o enunciados.

Pero la lógica formal se desarrolló en el siglo XIX y pretendía prescindir del lenguaje para evitar ambigüedades y poseer un carácter universal, sin barreras idiomáticas. De esta forma se esquematizaban los pensamientos usando un lenguaje de signos propio, distinto del verbal. Se conseguía así un "metalenguaje" o lenguaje que nos servía para hablar del propio lenguaje.

Además de esta esquemática evolución de la historia de la lógica, podemos hablar de dos tipos de razonamientos lógicos: el deductivo y el inductivo. En el primer caso, la conclusión se infiere a partir de las premisas y afirmaciones, por estar incluidas lógicamente en ellas. Por ejemplo: "Si todos los libros tienen autor y esto es un libro, entonces este libro tiene autor". En el segundo caso se obtiene una regla a partir de un determinado número de situaciones concretas. Como ocurre cuando te presentamos la serie "Una y cuarto, Una y media, Dos menos cuarto" y tú puedes inducir el criterio que las relaciona y continuar con "Dos en punto, Dos y cuarto, etc.". Estos dos tipos de razonamientos deben de complementarse entre sí y trabajar juntos para que la capacidad lógica se desarrolle en su totalidad.

Si bien hemos dicho que continuamente estamos utilizando esta capacidad y que nos sirve para anticipar los sucesos del día a día, también es verdad que no siempre la estamos estimulando todo lo que ella puede dar de sí. Es decir, solemos emplearla para razonamientos simples, que requieren poca energía y menos concentración. Pero conforme aumenta la complejidad del razonamiento e intervienen otras capacidades, estaremos llegando a otro nivel en el que se estarán poniendo en funcionamiento conexiones neuronales en desuso. El razonamiento lógico se puede aplicar al lenguaje, como hemos visto, pero también a las matemáticas, a los conocimientos que tenemos en nuestra memoria, a las imágenes mentales que situamos en el espacio... Por tanto, todas las capacidades descritas en el apartado anterior se complementan unas con otras y es necesario la existencia de cada una de ellas para poder conseguir que las otras funcionen.

Algún problema en cualquiera de ellas va a afectar inevitablemente a las demás. El hecho de que exista un razonamiento verbal, numérico, espacial... hace que el razonamiento lógico se deteriore precozmente cuando aparece una demencia. La teoría sobre la involución de las etapas de desarrollo descritas por Piaget en la enfermedad de Alzheimer se pone de manifiesto en la lógica.

- En esta demencia, se deteriora primeramente lo que el psicólogo suizo llamaba operaciones formales y que se consiguen a partir de los 12 años. Por operaciones formales entendemos la capacidad de generalizar, de inferir, de reflexionar, de planificar y de abstraer.
- Seguidamente se desintegran las operaciones que se alcanzan entre los 7 y los 12 años: las concretas. Dentro de este grupo se encontraría la inhibición de conductas socialmente prohibidas o inadecuadas, categorizar y observar otro punto de vista diferente al propio, coordinándolo y sacando sus consecuencias.
- Tras esta etapa, la siguiente en involucionar es la del pensamiento preoperacional (2-7 años), en la que el lenguaje y la comprensión de los símbolos son los máximos protagonistas.
- Por último, el enfermo de alzhéimer perderá lo que adquirió cuando tenía entre 0 y 2 años: la inteligencia sensoriomotriz; y así aumenta la conducta torpe, lenta y descoordinada.

El razonamiento lógico está ubicado en la zona de la corteza cerebral del hemisferio izquierdo, junto a las funciones de análisis, síntesis y descomposición del todo en sus partes. La estimulación de esta área, mediante los pasatiempos que te proponemos ahora, va a poner en funcionamiento esas neuronas que te estaban pidiendo lógica a gritos.

Sergio Fernández Aldrey
Psicólogo

AGRADECIMIENTOS

Este libro no habría sido lo mismo sin la visión de águila de mi hija Jana para descubrir mis errores; la paciencia de Encarna, mi mujer, para aguantar mis horas ante el ordenador; la logística de mi hija María para mantener en marcha el chiringuito; y hasta la aportación de ideas por parte de mi nieta Uxía, que ya apunta maneras.

INSTRUCCIONES PARA JUGAR

Antes de ponerte con el libro es importante que tengas en cuenta algunas cosas:

- En este segundo libro sobre lógica, hemos incluido nuevos pasatiempos y repetido algunos del primer libro, los que nos han parecido más interesantes. Así no te cogen todos de nuevas.
- No te asustes porque no conozcas los pasatiempos: es el momento de experimentar y descubrir nuevas ideas y te daremos las pautas correspondientes en cada uno de ellos, con un pequeño ejemplo y su solución, que te va a ayudar a entender mejor las instrucciones.
- Por propia experiencia te diré que, cuando entiendes la mecánica del pasatiempo y la lógica para encontrar su solución, será el momento en que cambiará el chip de tu mente y ya podrás resolver sin gran dificultad los primeros de cada tipo, más sencillos y por tanto también más fáciles.
- De algunos de los pasatiempos hemos preparado tutoriales, con un razonamiento más guiado y secuencial, que te faciliten la lógica de su resolución paso a paso, a la vez que te sirven para razonar la solución. Los hemos agrupado todos en una página en internet a la que puedes acceder desde el QR inferior. No están todos, pero te servirán para aprender con ellos a resolver los pasatiempos lógicos, perfectos para poner tu mente en marcha.

Ver algunos tutoriales online

- Un CONSEJO: en caso de que se te atraviese algún pasatiempo, es preferible que lo dejes para cuando tengas tu mente más despejada porque si insistes acabarás odiándolo y ya nunca te gustará. Es una buena terapia que sigas con otros hasta que encuentres uno a tu gusto.
- La dificultad de todos los pasatiempos es progresiva a lo largo de cada capítulo del libro y de cada uno de ellos hemos incluido un par de pasatiempos más difíciles, por si te animas a demostrar tus habilidades adquiridas.
- Decidir la dificultad de los pasatiempos es algo bastante subjetivo y depende de la aptitud y actitud del jugador, de su experiencia con otros similares y hasta del momento del día en que se pone a trabajarlos.

CAMINO (hidato)

El objetivo es llenar toda la cuadrícula con números consecutivos, conectados horizontal, vertical o diagonalmente, formando un camino.
En cada tablero siempre está visible el número más bajo y el más alto, además de algunos otros números, a modo de pistas, para ayudar al jugador a encontrar la solución.

15			
16		9	
			1
11			3

15			
16		9	
	10		1
11			3

15	8	7	6
16	14	9	5
13	10	4	1
11	12	2	3

Ejemplo resuelto, con un paso intermedio, para que puedas entender mejor en qué consiste el pasatiempo.

#00

1	2	11	10
7			13
	6	15	16

CONSEJOS para resolver el pasatiempo:

1. Cada pasatiempo tiene una solución única.
2. Se pueden resolver de forma lógica, sin conjeturas.
3. No es necesario empezar por el primer número. A veces es interesante empezar en otro lugar.
4. En algunos casos puede facilitarte el trabajo si resuelves alguna parte hacia atrás.

#01

1					7
	11	10	4	5	
13				27	
					26
	16		23		
18	17			31	32

¿Sabías que...

El nombre hidato se lo puso su inventor: **Gyora Benedek**. En hebreo se podría traducir por acertijo o rompecabezas. También se le conoce en Japón como hidoku.

01

CAMINO (hidato)

#02

2			6
	1		15
		14	16
9	11		13

#03

		11	
	16		
			2
7	8		1

#04

15		11	
1	16		
4		9	
3			8

#05

			14
	16	15	
	8		2
7		1	

#06

	16		7
14		4	
12			
11		1	2

#07

7	5	1	3
8			
	9	13	16
10			15

01 CAMINO (hidato)

#08

19					24
			8		25
		17			
	1	15		28	10
	36				
35			12	31	30

#09

32	31	18			
				25	23
	28				
	36			14	9
	5				
3		1	7	12	

#10

		17			20
12	14		16	19	22
28		30		8	
					3
35	36		1	2	

#11

9		7		13	15
29			12		16
	30				
31		36	19		
	33	1		24	

#12

	16		12	9	
		11			7
				5	36
1		24	26		34
			27	32	
22	21				31

#13

35					
	36		17	13	14
	29				
1		10	22		20
		3		5	7

01

CAMINO (hidato)

#14

			3		18		
		52	1		19		
49	47	46			16		
		44				13	12
	43	39			7		
41				29		24	
	37				26		
		35		33	27		

#15

			31				
	27		33				
				45	44		
	2	1					37
4					47		52
							50
	17		12		21		
			11				

01 CAMINO (hidato)

#16

		45					
	26				48		
				47			38
29					52		
			34				1
14	15	16					
		18	20			3	
					6		

#17

		50		1			
		52		3	4		
46							6
45		33		19			9
42		34					
		35		22			
				24		16	
		38	27				

01

CAMINO (hidato)

#18

				64		66	67	68			
		31			65				41		
					71			38	40		7
58	56	61		72							6
			27					1		3	
52								12			
		50		48	22	18		13			
						19		14			

#19

			33		1	61	62	64			
						59					
25		28	29		35			66		70	72
	24						37		69		
										55	
18	20	16	11		9		49				54
					7		44	40			
				14				42			

01

CAMINO (hidato)

#20

			91					8	9		
			93				5	6			
			87							12	
97					1	3	18	22	21		
	98		103	104						27	
							30				26
				147					34		
		107		156		154					
			118		153				36		
						74					
110			138			70			44		38
	115	139			71			59			
114						66		60			46
			127		123		64				47
	134			124			63		53	50	
		131									

01

CAMINO (soluciones)

#00

1	2	11	10
3	8	9	12
7	4	14	13
5	6	15	16

#01

1	2	3	9	8	7
12	11	10	4	5	6
13	14			27	28
15	20			29	26
19	16	21	23	25	30
18	17	22	24	31	32

#02

2	4	5	6
3	1	7	15
10	8	14	16
9	11	12	13

#03

15	14	11	12
5	16	13	10
6	4	9	2
7	8	3	1

#04

15	14	11	12
1	16	13	10
4	2	9	7
3	5	6	8

#05

10	11	12	14
9	16	15	13
6	8	4	2
7	5	1	3

#06

15	16	6	7
14	5	4	8
12	13	9	3
11	10	1	2

#07

7	5	1	3
8	6	4	2
11	9	13	16
10	12	14	15

#08

19	20	21	22	23	24
5	18	7	8	26	25
4	6	17	16	9	27
3	1	15	14	28	10
2	36	13	32	11	29
35	34	33	12	31	30

#09

32	31	18	20	21	22
33	30	19	17	25	23
34	28	29	26	16	24
35	36	27	15	14	9
4	5	6	13	8	10
3	2	1	7	12	11

#10

13	11	17	18	21	20
12	14	10	16	19	22
27	29	15	9	23	7
28	26	30	24	8	6
34	33	25	31	5	3
35	36	32	1	2	4

01 CAMINO (soluciones)

#11

9	8	7	6	13	15
29	10	5	12	14	16
28	30	11	4	18	17
31	27	36	19	3	21
32	35	26	2	20	22
34	33	1	25	24	23

#12

15	16	13	12	9	8
17	14	11	10	6	7
18	2	3	4	5	36
1	19	24	26	35	34
20	23	25	27	32	33
22	21	28	29	30	31

#13

35	33	32	31	16	15
34	36	30	17	13	14
28	29	11	12	18	19
1	27	10	22	21	20
26	2	23	9	8	6
25	24	3	4	5	7

#14

		51	3	2	18		
	50	52	1	4	19	17	
49	47	46	5	20	16	15	14
48	45	44	21	6	8	13	12
42	43	39	30	22	7	9	11
41	40	38	31	29	23	24	10
	37	36	32	28	26	25	
		35	34	33	27		

#15

		32	31	34	40		
	27	30	33	41	35	39	
28	29	26	42	45	44	36	38
3	2	1	25	43	46	48	37
4	5	6	19	24	47	49	52
16	15	18	7	20	23	51	50
	17	14	12	8	21	22	
		13	11	10	9		

#16

		45	44	43	42		
	26	31	46	41	48	39	
27	30	25	32	47	40	49	38
29	28	33	24	35	52	37	50
13	12	11	34	23	36	51	1
14	15	16	10	21	22	4	2
	17	18	20	9	5	3	
		19	8	7	6		

#17

		50	51	1	2		
	47	52	49	3	4	5	
46	44	48	32	12	11	10	6
45	43	33	31	19	13	7	9
42	41	34	30	20	18	14	8
40	36	35	29	22	21	17	15
	39	37	28	24	23	16	
		38	27	26	25		

01 CAMINO (soluciones)

#18

			32	64	34	66	67	68			
		31	63	33	65	35	69	39	41		
59	60	62	30	29	71	70	36	38	40	42	7
58	56	61	28	72			37	44	43	8	6
57	53	55	27	26			45	1	9	3	5
52	51	54	25	23	47	46	17	12	2	10	4
		50	24	48	22	18	16	13	11		
			49	21	20	19	15	14			

#19

			33	32	1	61	62	64			
		30	31	34	2	59	60	63	65		
25	27	28	29	3	35	36	58	66	67	70	72
26	24	23	22	4			37	57	69	68	71
19	17	21	5	10			38	50	56	55	53
18	20	16	11	6	9	48	49	39	51	52	54
		12	15	8	7	47	44	40	41		
			13	14	46	45	43	42			

#20

		92	91					8	9		
	85	86	93	90			5	6	7	10	
84	83	94	87	88	89	4	17	16	15	12	11
97	95	82	81	80	1	3	18	22	21	14	13
96	98	102	103	104	79	2	19	20	23	27	25
99	101	145	146	105	148	78	30	29	28	24	26
	100	144	106	147	155	149	77	31	34	33	
		107	143	156	150	154	76	35	32		
		108	118	142	153	151	75	42	36		
	109	117	141	119	152	74	69	43	41	37	
110	116	140	138	120	73	70	68	58	44	40	38
111	115	139	137	121	71	72	67	59	57	45	39
114	112	136	128	126	122	66	61	60	56	48	46
113	135	129	127	125	123	65	64	62	55	49	47
	134	133	130	124			63	54	53	50	
		131	132					52	51		

02

BARCOS (batalla naval)

El objetivo es localizar los barcos a partir de las pistas que se dan:

- Los barcos no pueden tocarse entre sí, ni siquiera en diagonal.
- Los números exteriores indican el número de fragmentos de barcos que hay en esa fila o columna.
- Las pistas dentro del tablero pueden ser fragmentos de barcos (centrales o extremos) o casillas de "agua".
- Si un trozo de barco tiene forma curva, te indica que es un extremo del barco.
- Te conviene ir tachando los barcos que localizas en la lista lateral.

Ejemplo resuelto, para que puedas entender mejor en qué consiste el pasatiempo.

#00

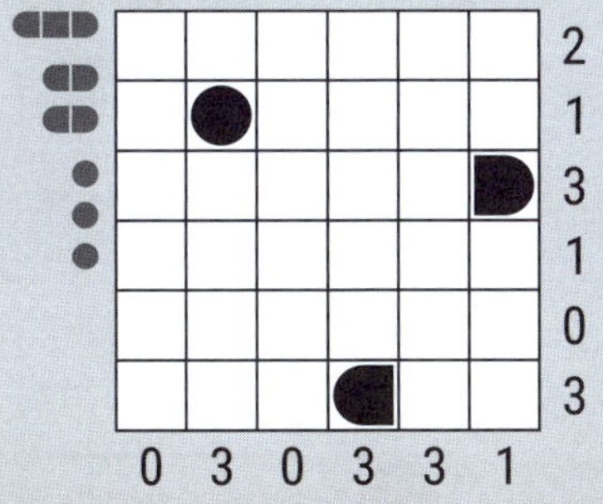

CONSEJOS para resolver el pasatiempo:

1. Cada pasatiempo tiene una solución única.
2. Comienza por marcar como agua (con una X) las casillas que son seguras como tal, como ocurre cuando tienes un 0 en el borde.
3. Las casillas en torno a los barcos, sobre todo diagonales o de extremo, también deben ser agua. Si ya hay algún barco de una casilla como pista, coloca el agua a su alrededor.
4. Comprueba las filas con barcos que ya completan números del borde para rellenar el resto de las casillas de agua.

#01

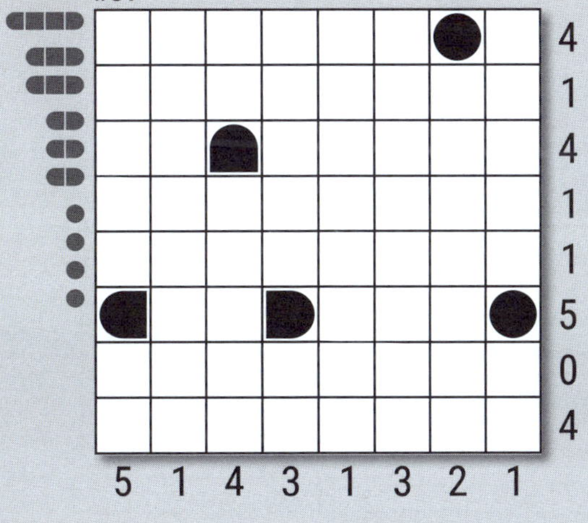

¿Sabías que...

Hundir la flota o batalla naval son otros nombres de los barcos de toda la vida, pero la gran diferencia es que ahora se puede jugar en solitario gracias a **Jaime Poniachik**, que lo publicó en 1982 como pasatiempo en su revista *Humor & Juegos*.

02

BARCOS [batalla naval]

#02

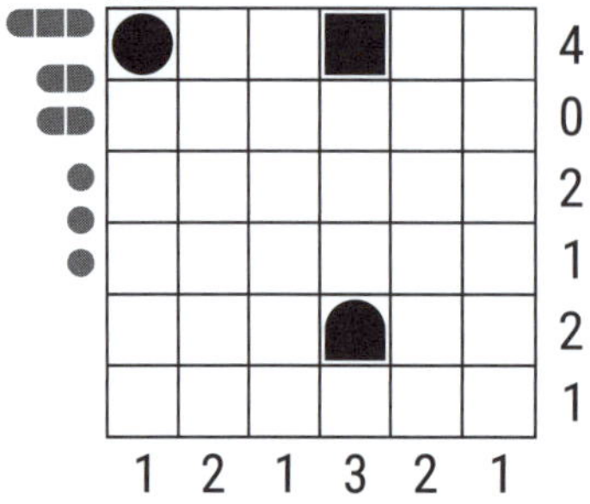

#03

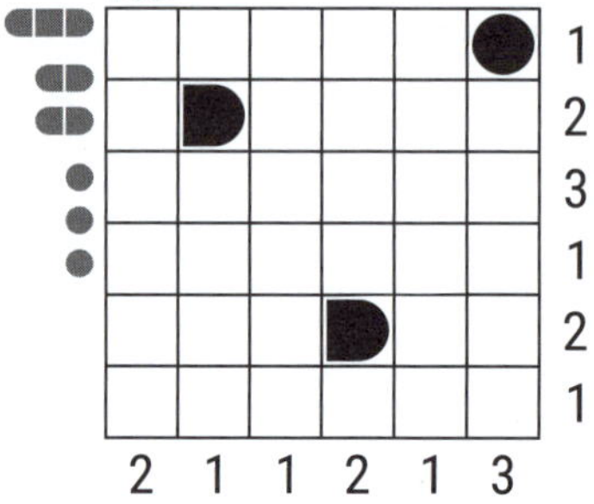

#04

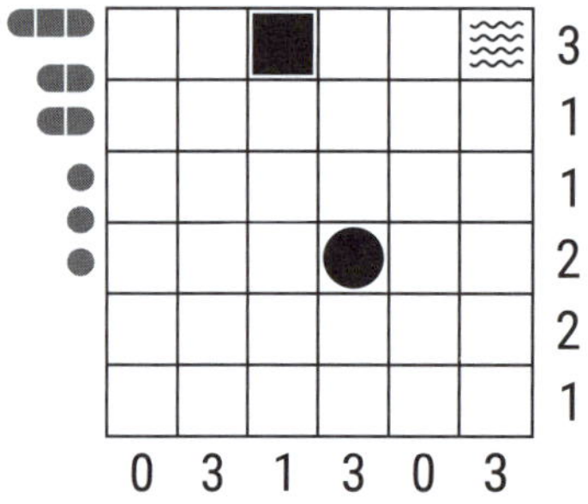

#05

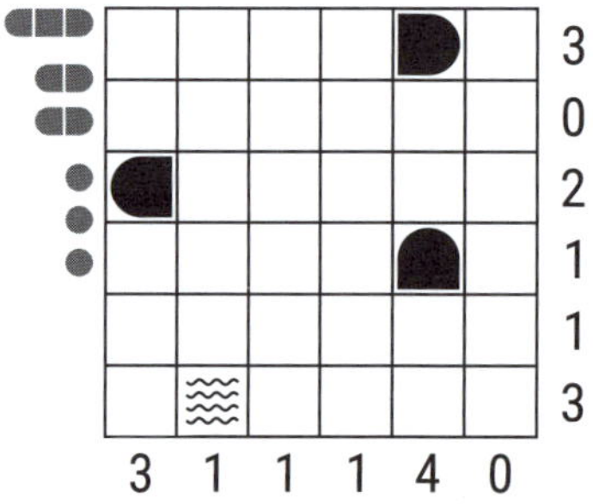

#06

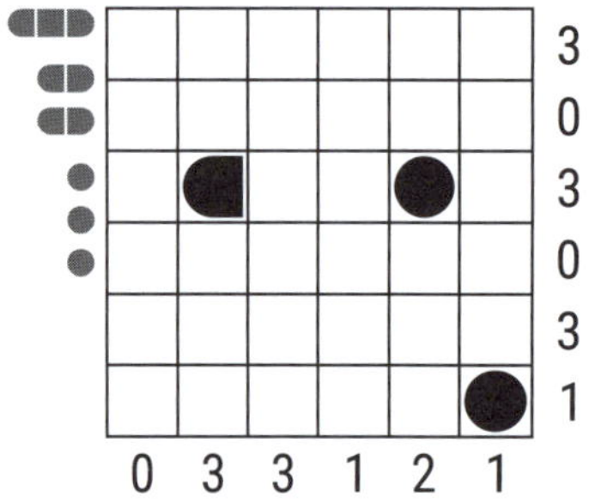

#07

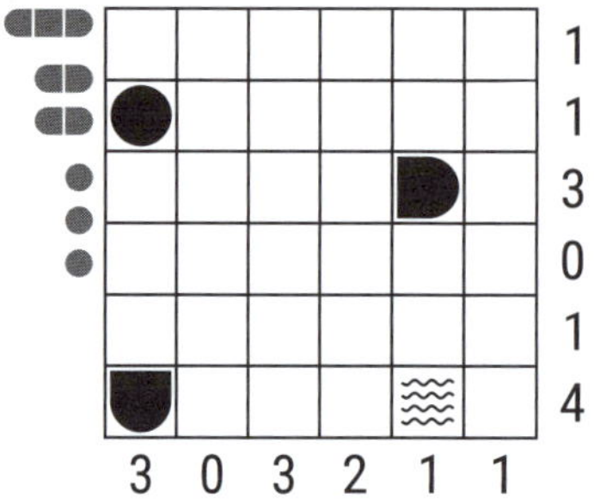

#08

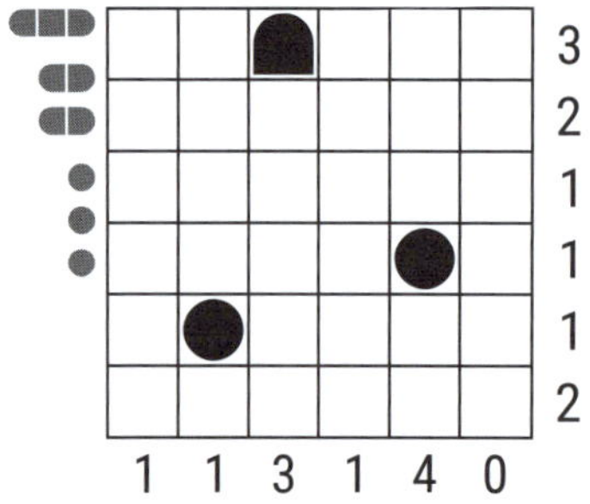

#09

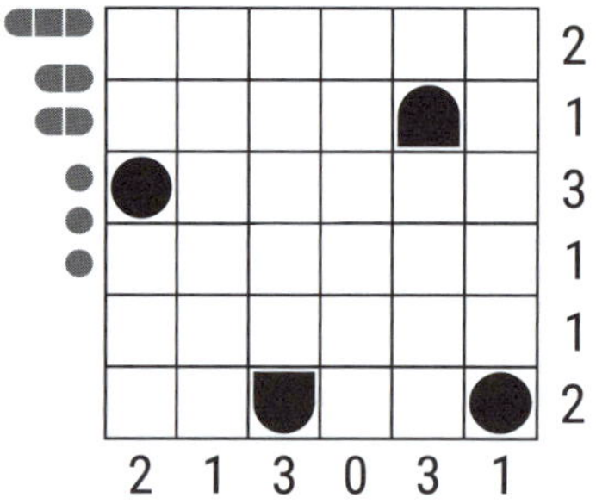

02

BARCOS (batalla naval)

#10

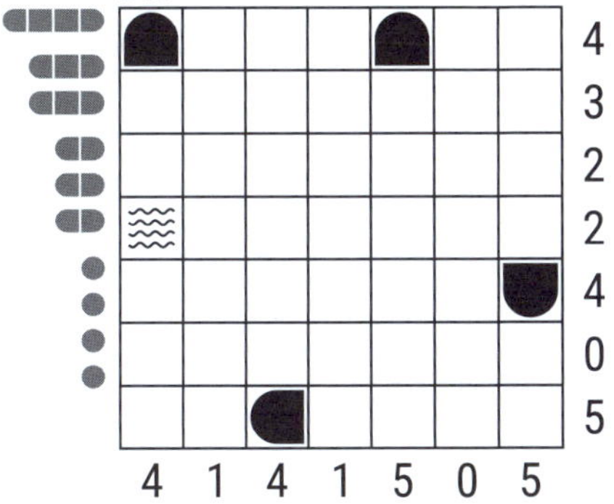

#11

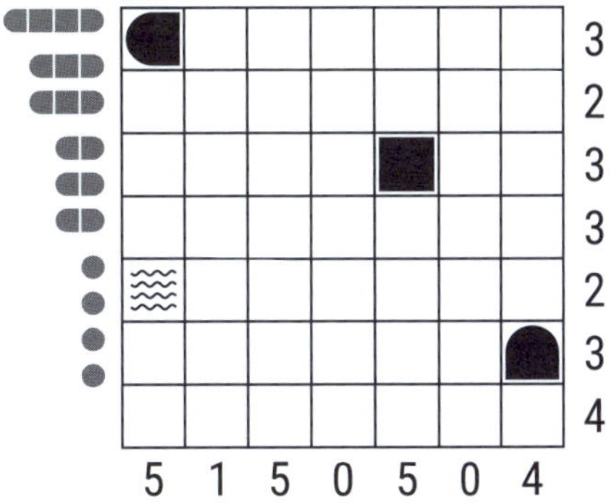

#12

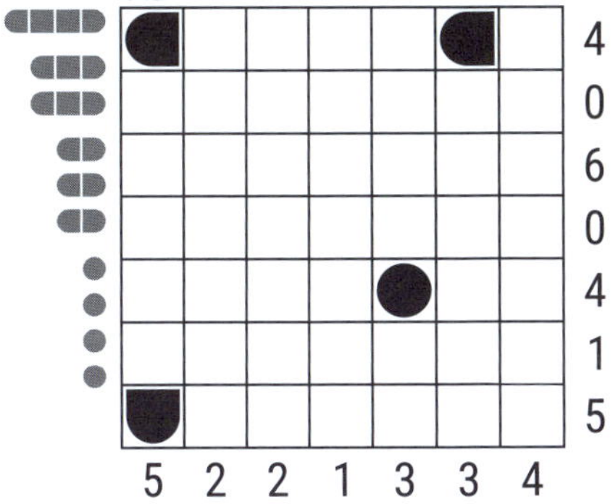

#13

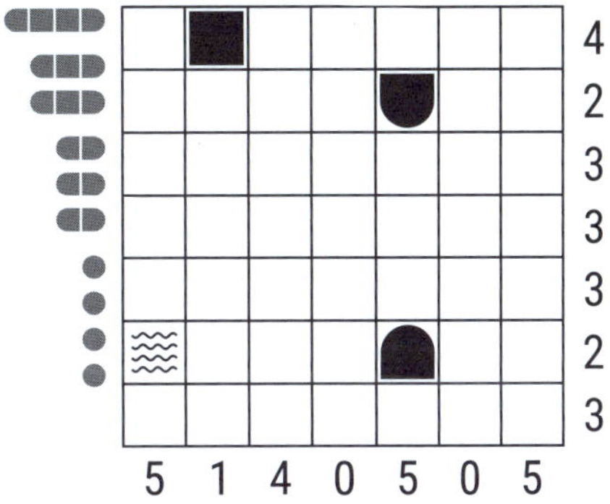

#14

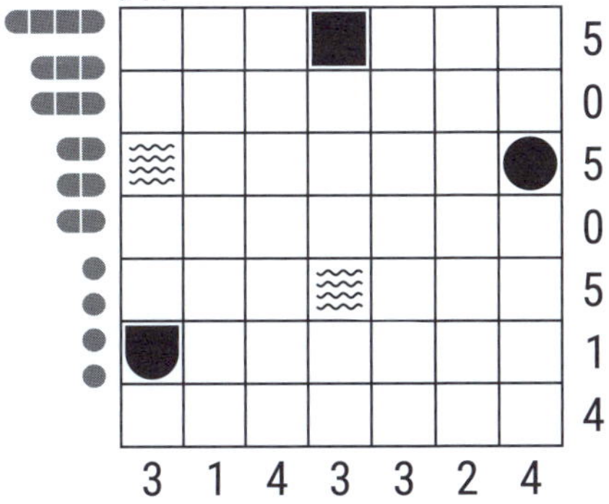

#15

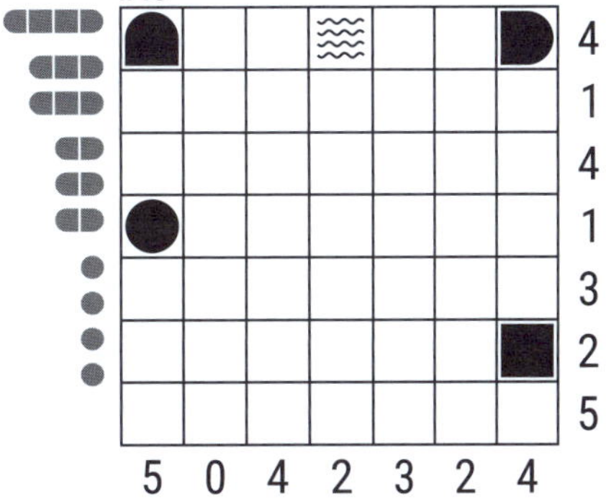

02

BARCOS (batalla naval)

#16

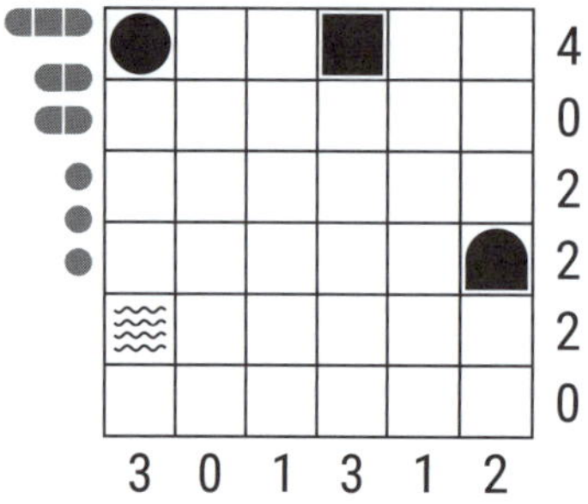

#17

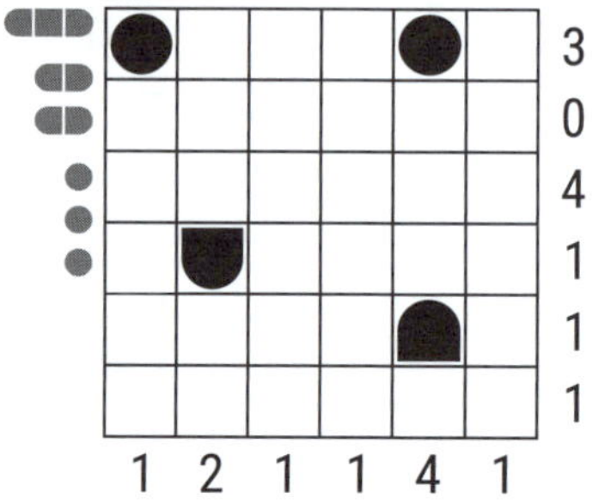

#18

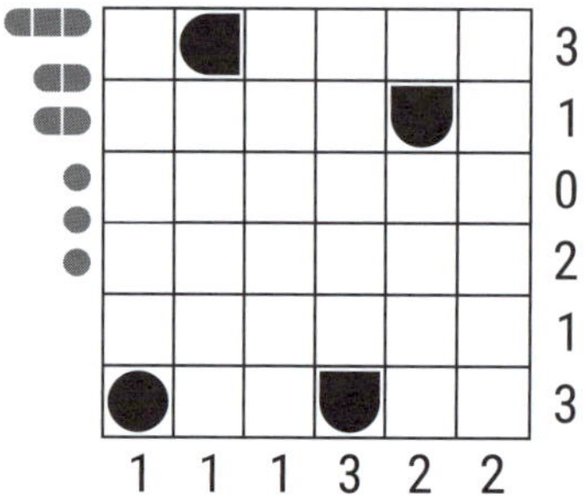

#19

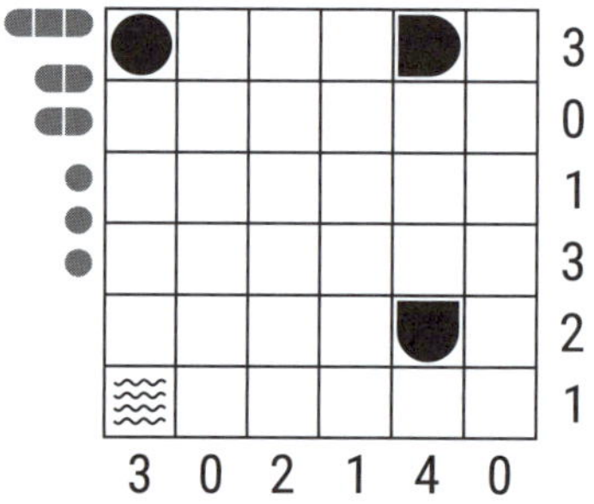

#20

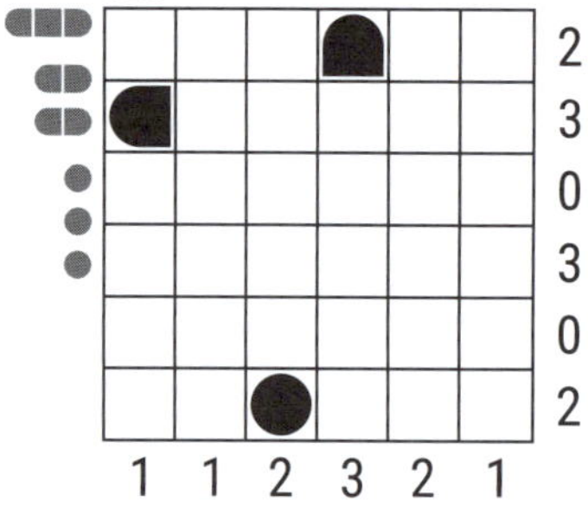

#21

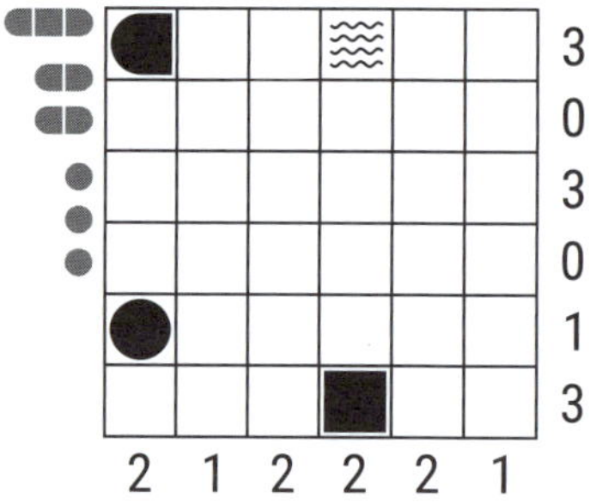

#22

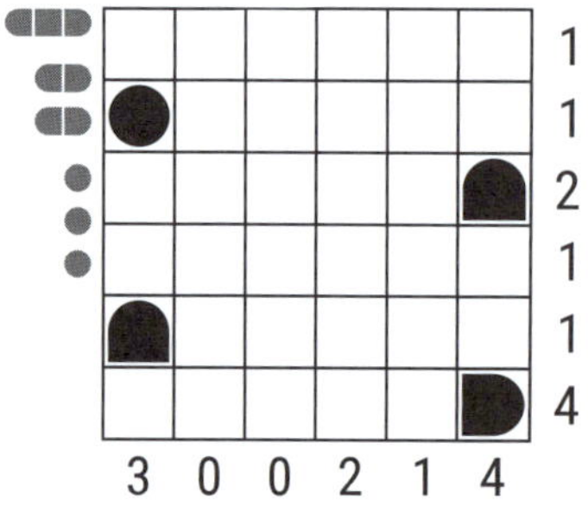

#23

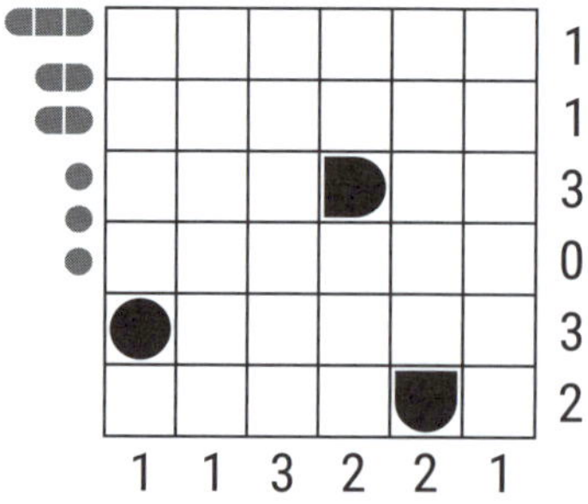

02 BARCOS (batalla naval)

#24

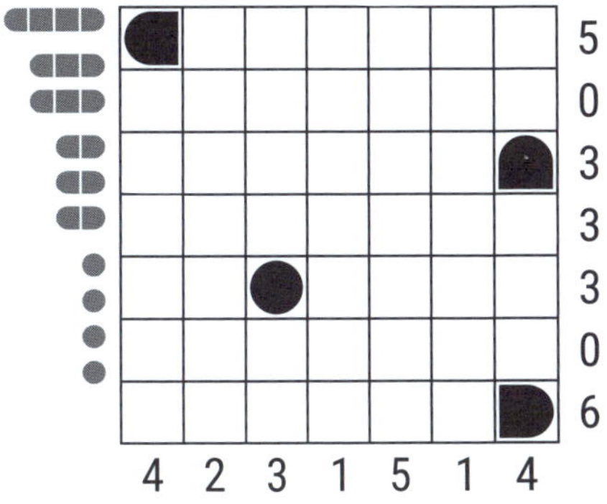

#25

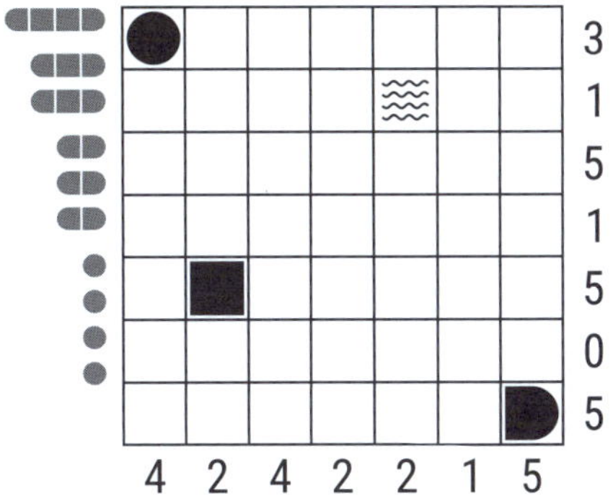

#26

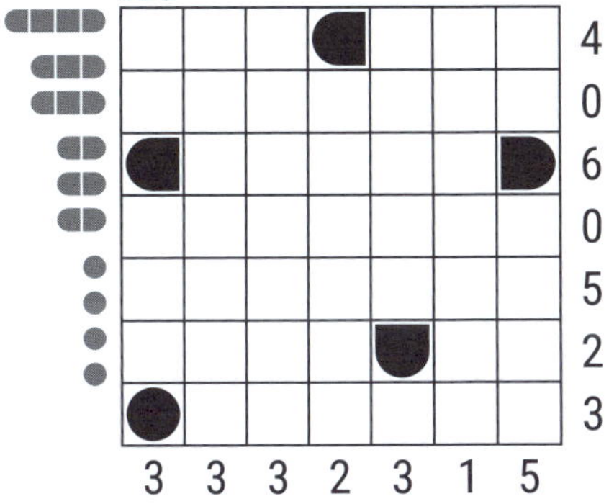

#27

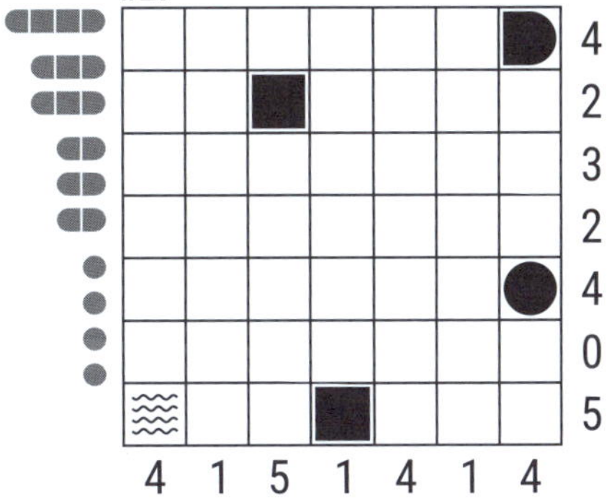

#28

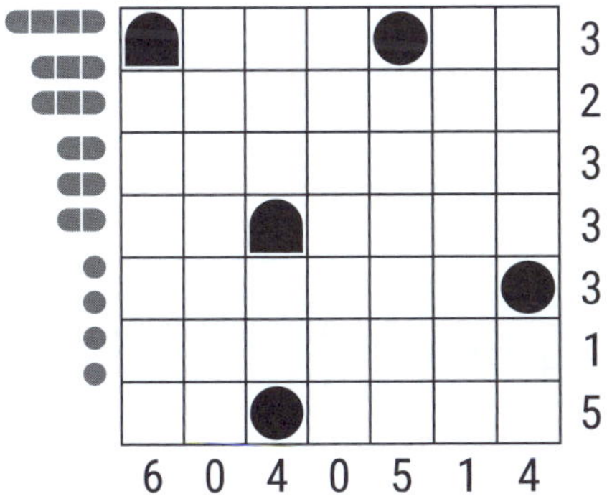

#29

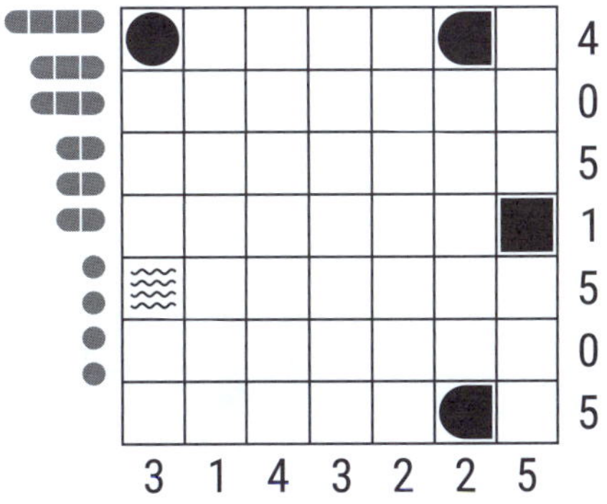

02

BARCOS (batalla naval)

#30

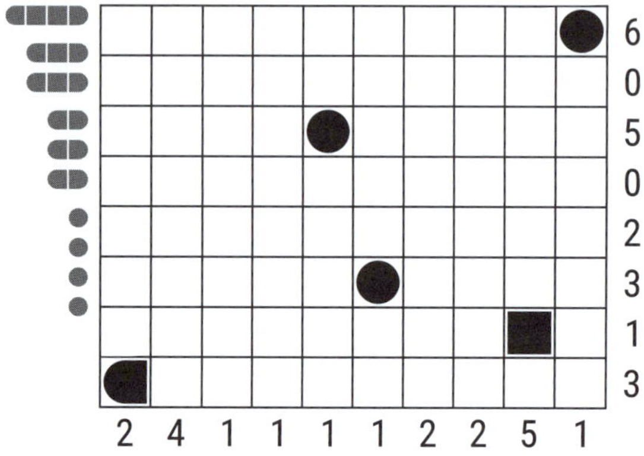

#31

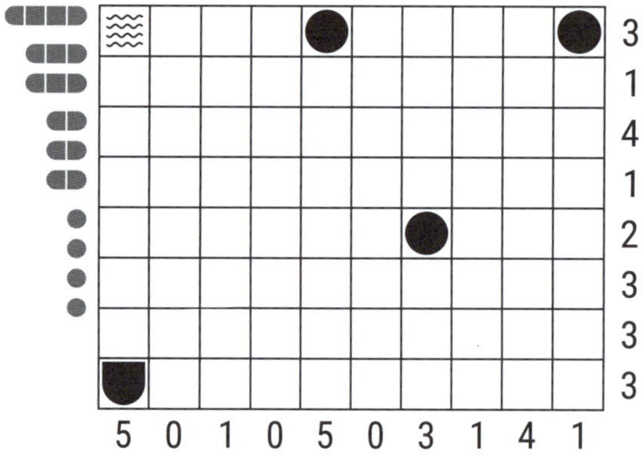

#32

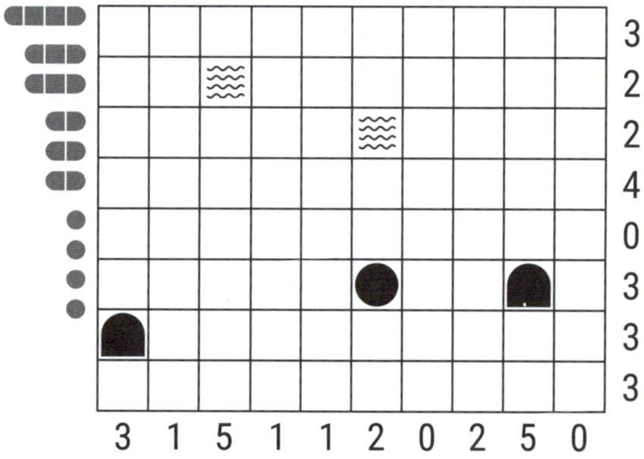

02

BARCOS (soluciones)

#00

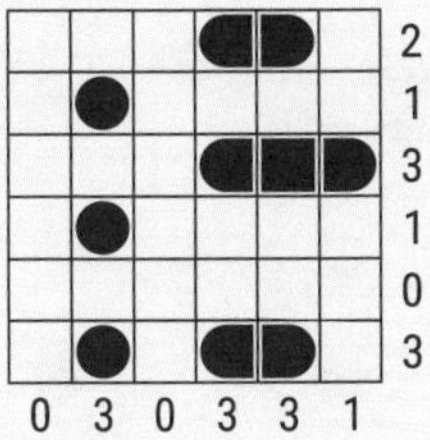

#01

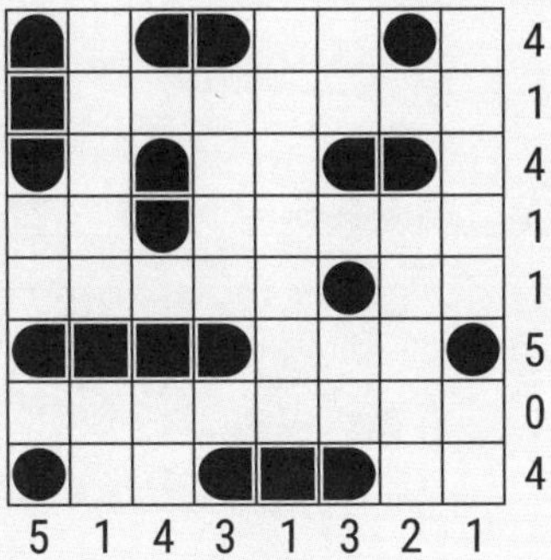

#02

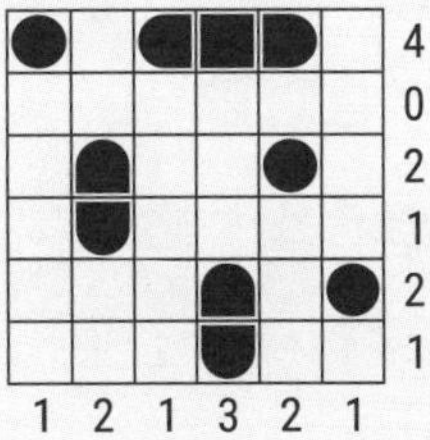

#03

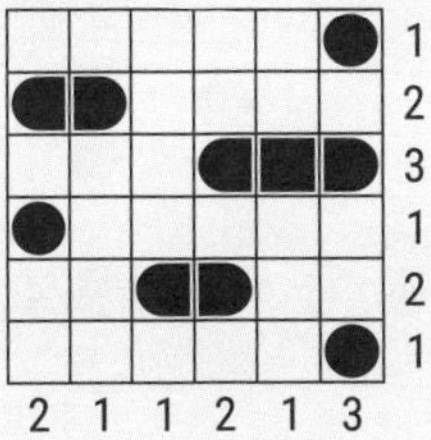

#04

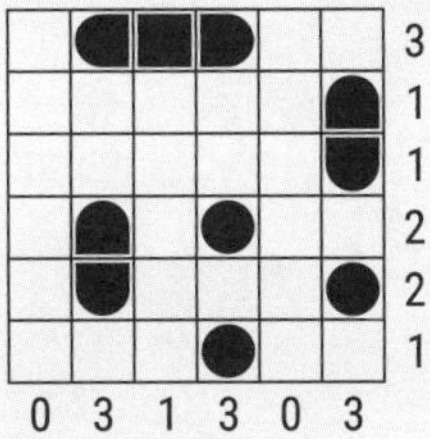

#05

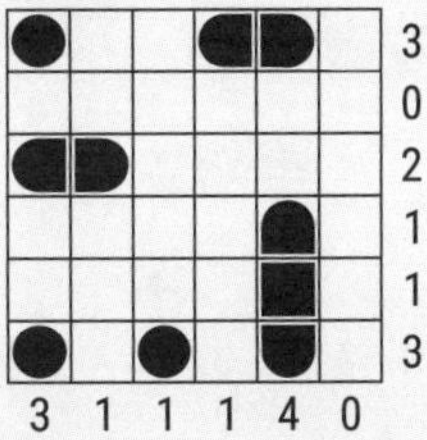

#06

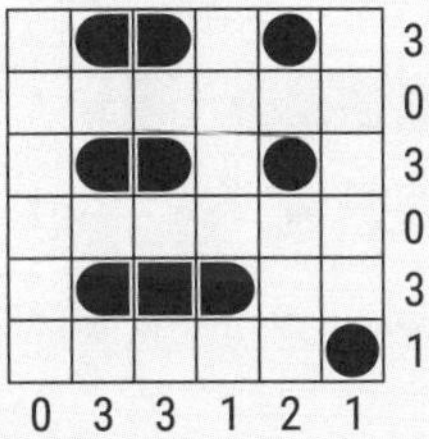

#07

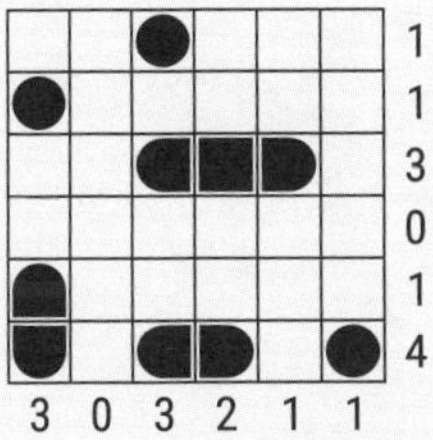

#08

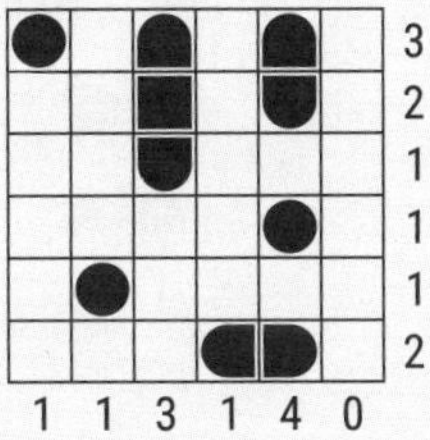

#09

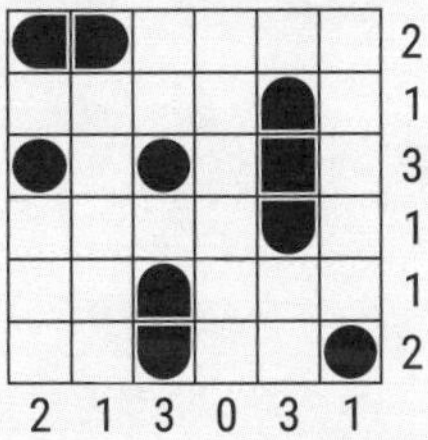

#10

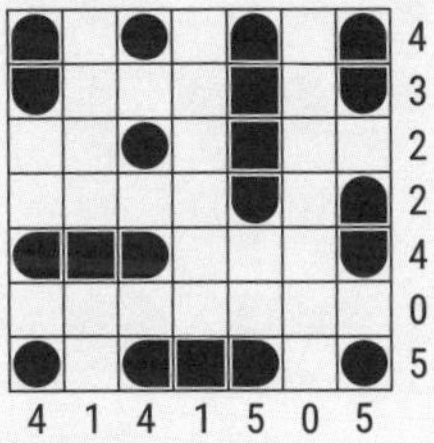

#11

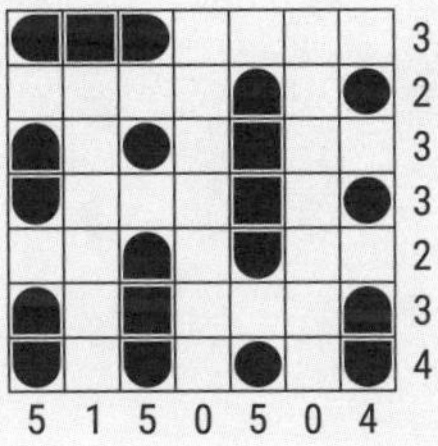

#12

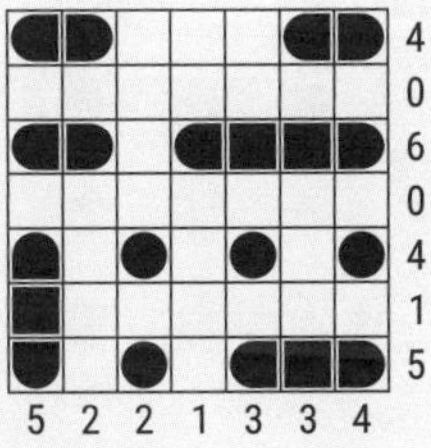

#13

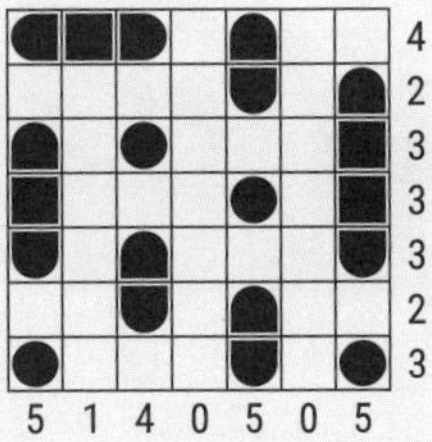

#14

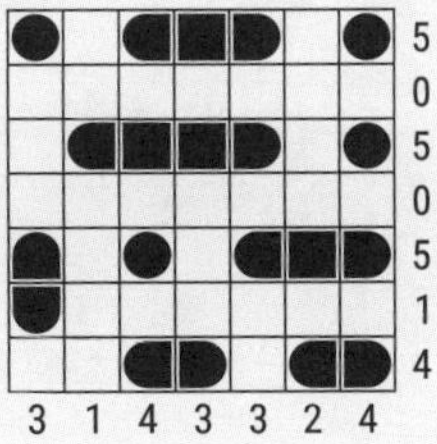

#15

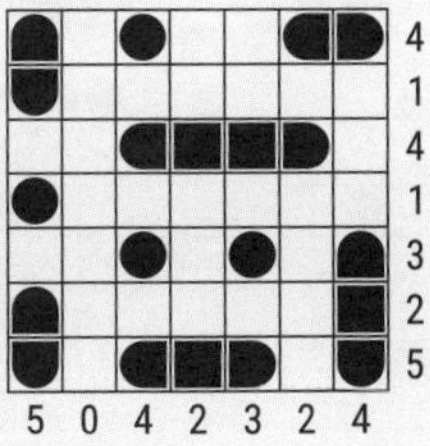

02 BARCOS (soluciones)

#16

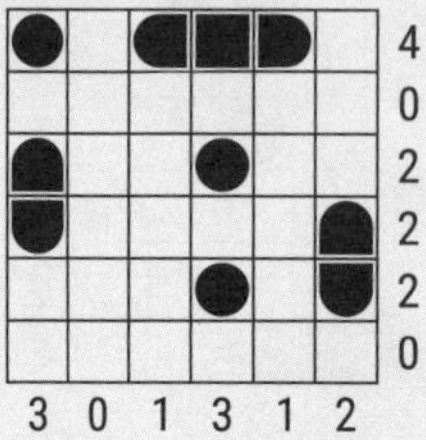

#17

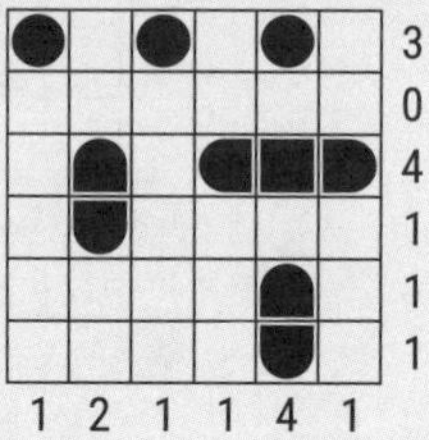

#18

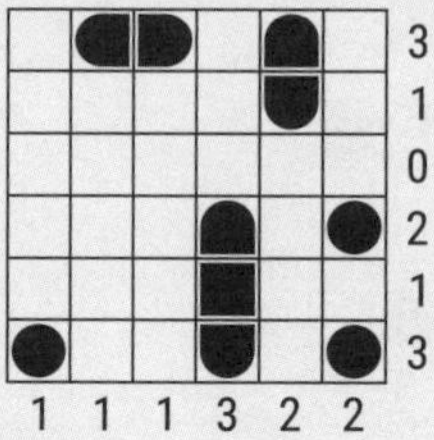

#19

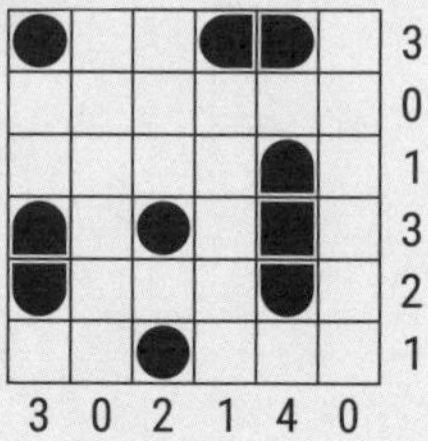

#20

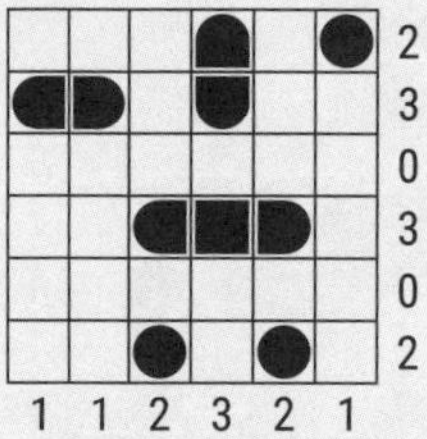

#21

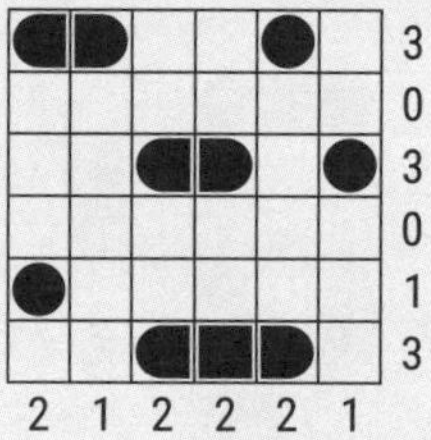

#22

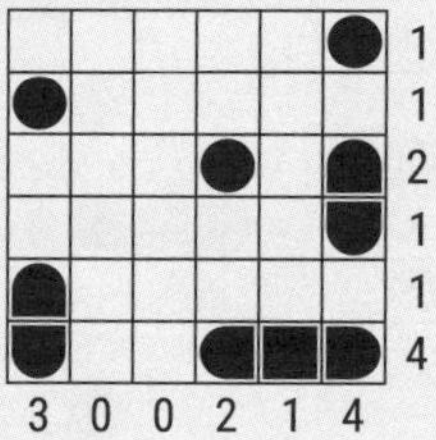

#23

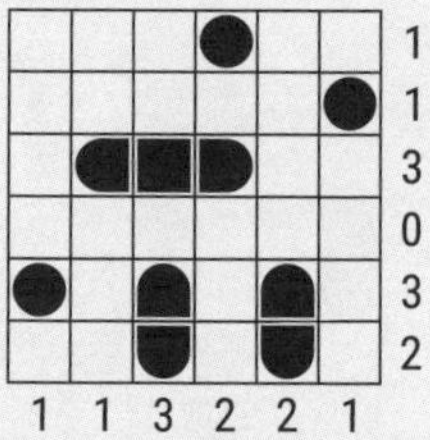

#24

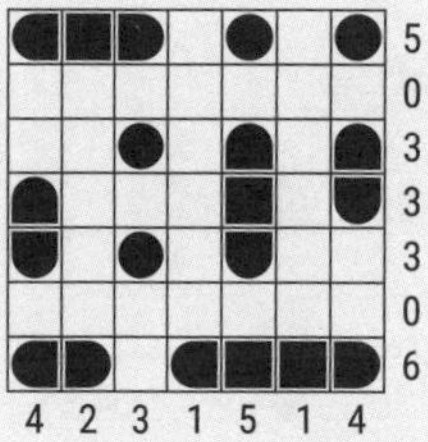

#25

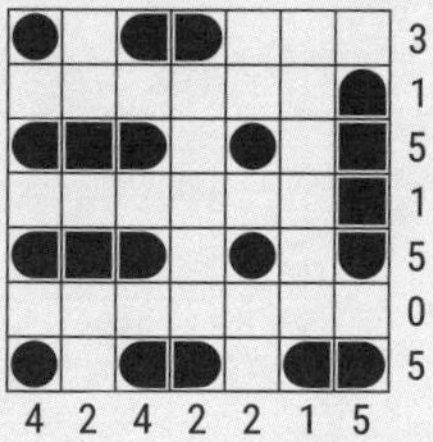

#26

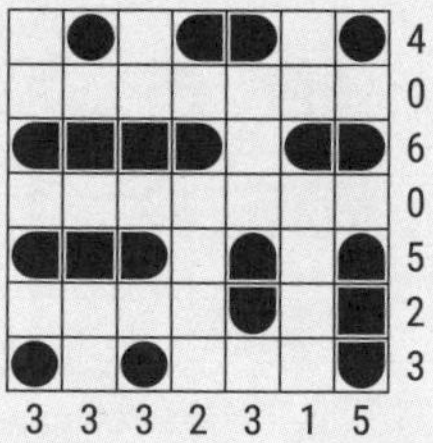

#27

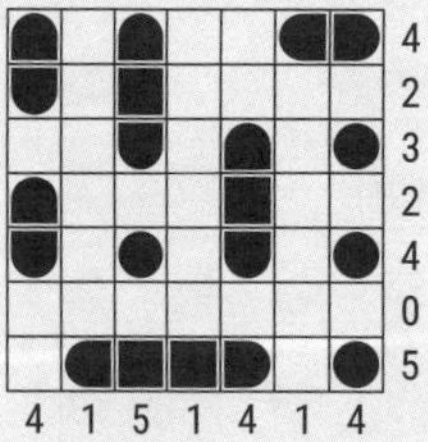

#28

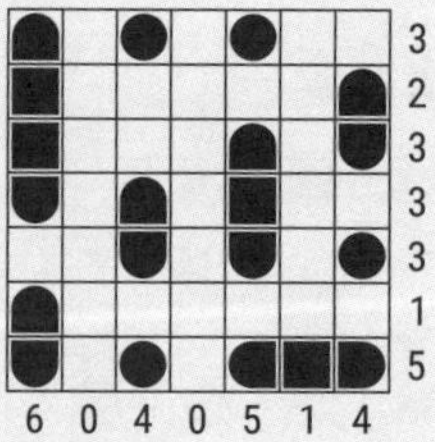

#29

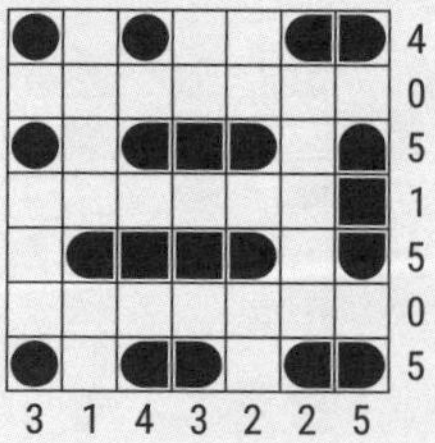

#30

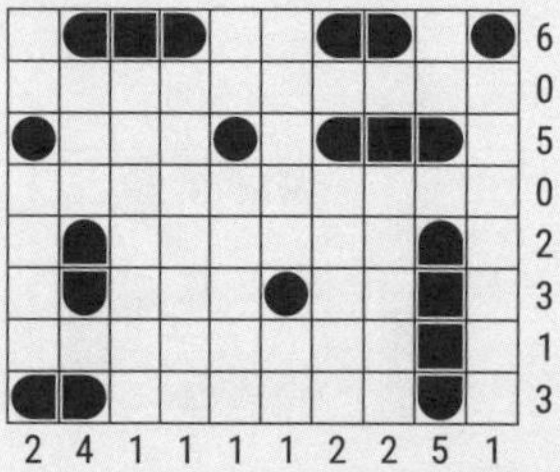

#31

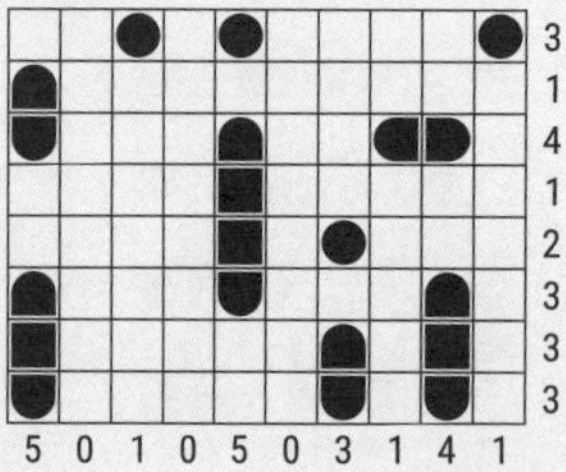

#32

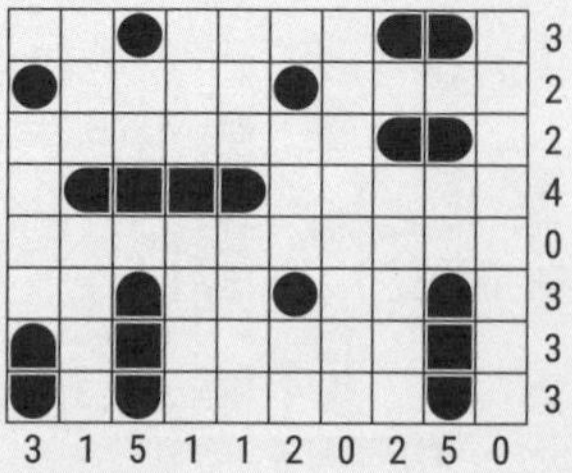

03

PUENTES (hashi)

El objetivo es unir los círculos ("islas") por líneas rectas ("puentes") teniendo en cuenta que:

- El número dentro de la "isla" indica el número de puentes que parten de ella.
- No puede haber más de 2 puentes entre 2 islas.
- Todos los puentes debe ser verticales u horizontales, nunca en diagonal.
- Los puentes no pueden cruzarse, ni quebrarse, ni atravesar islas.
- Desde una isla se debe poder llegar a otra cualquiera: no pueden quedar aisladas.

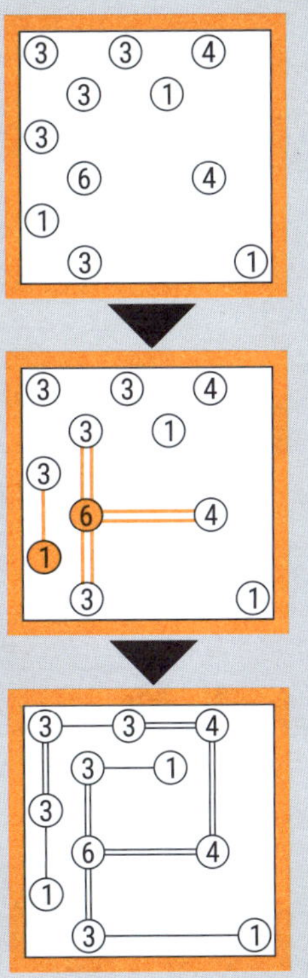

Ejemplo resuelto, para que puedas entender mejor en qué consiste el pasatiempo.

#00

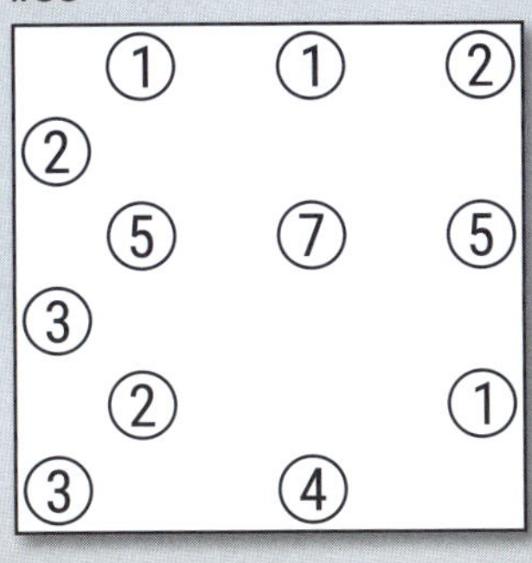

CONSEJOS para resolver el pasatiempo:

1. Cada pasatiempo tiene una solución única.
2. Todos los puentes se deducen de forma lógica: no hace falta adivinar.
3. Comienza por islas en las que se deducen sus puentes directamente por sus números: 8 en una isla interior, 6 en islas de los lados y 4 en islas de las esquinas.
4. Luego sigue con aquellas a las que solo les faltaría un puente: un 7 en el interior, un 5 en los laterales o un 3 en las esquinas.
5. Marca con una X las islas que ya tienen todos sus puentes.

#01

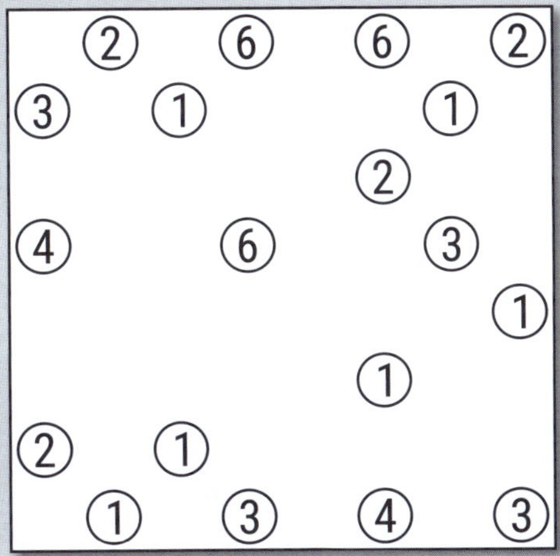

¿Sabías que...

Hashi es el nombre simplificado de hashiwokakero, nombre con que lo bautizó **Nikoli**, una famosa editorial de pasatiempos japonesa. Tiene diferentes nombres según el país donde se publica: Chopsticks (Inglaterra), Ai-Ki_Ai (Francia).

03 PUENTES (hashi)

#02

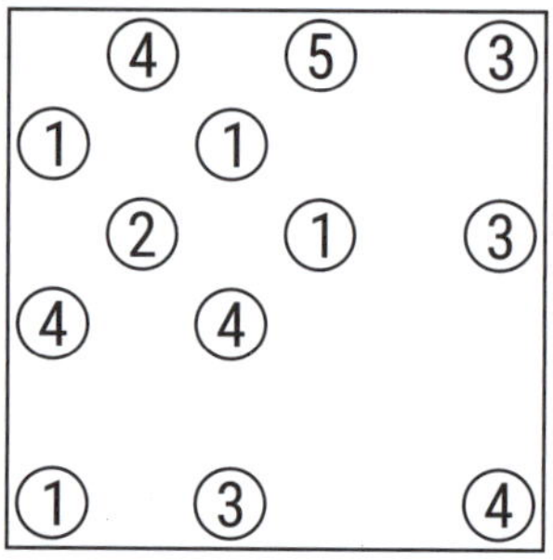

#03

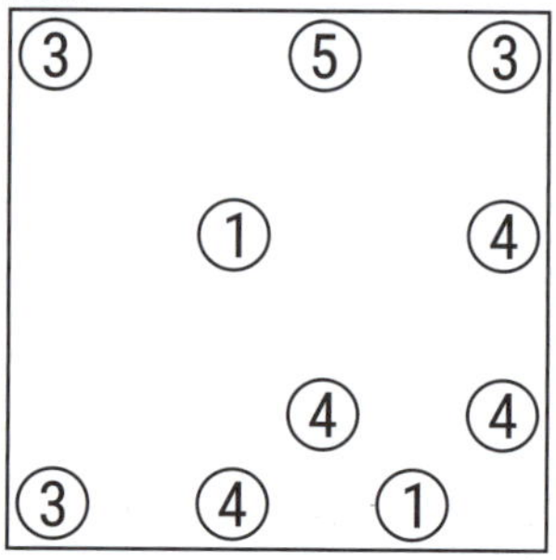

#04

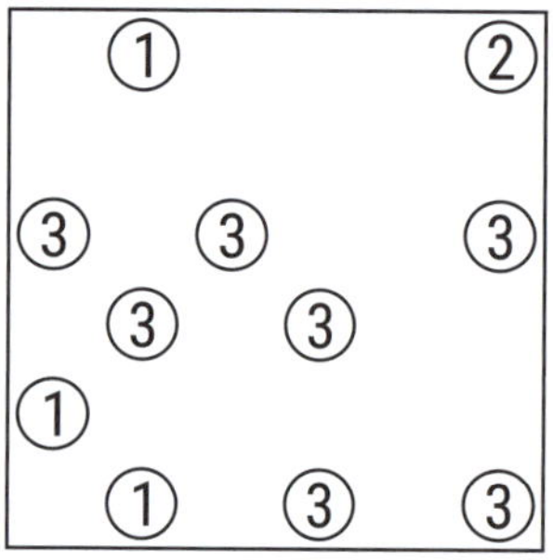

#05

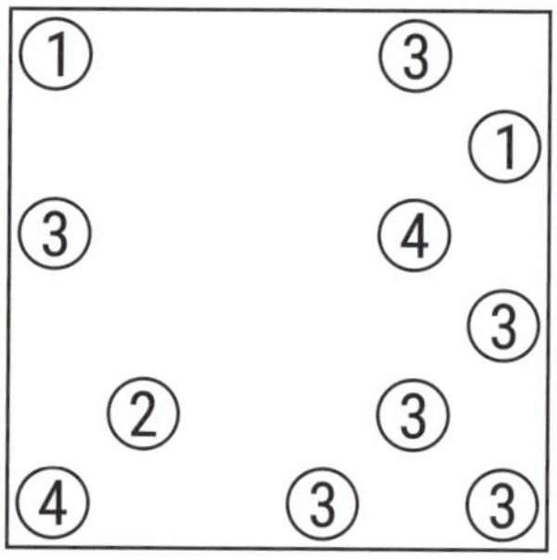

#06

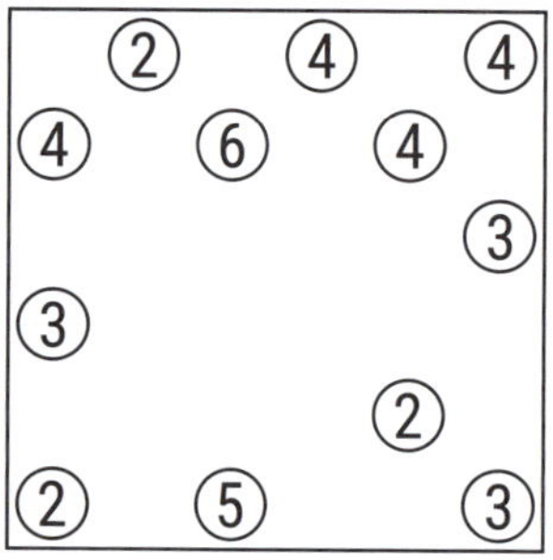

#07

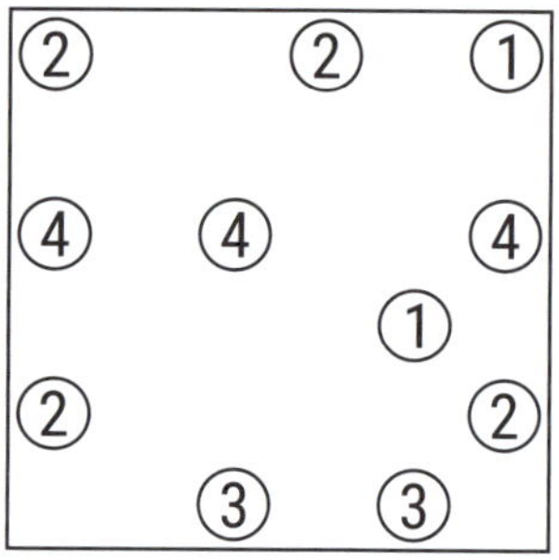

#08

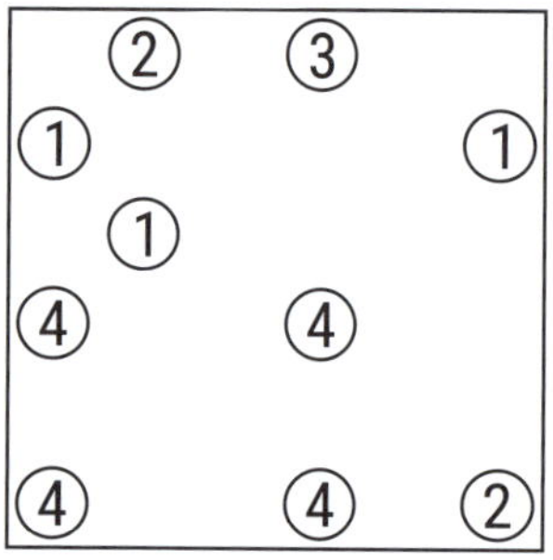

#09

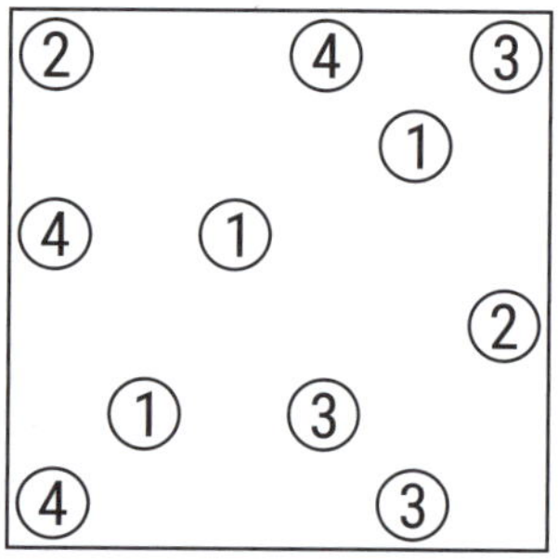

03 PUENTES (hashi)

#10

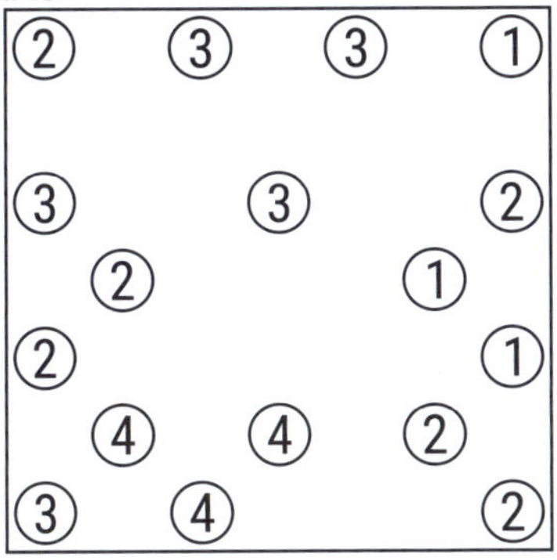

#11

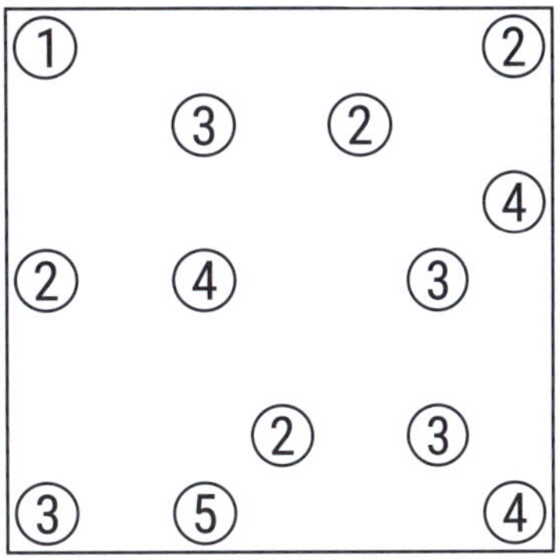

#12

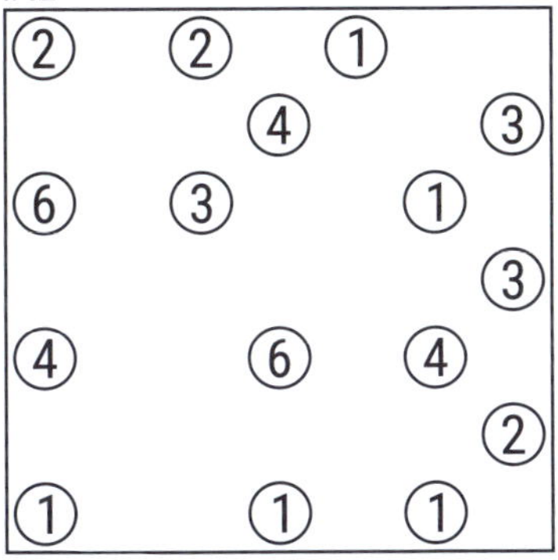

#13

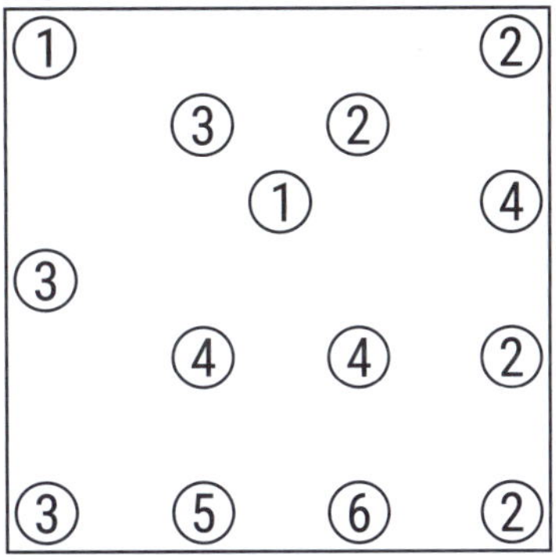

#14

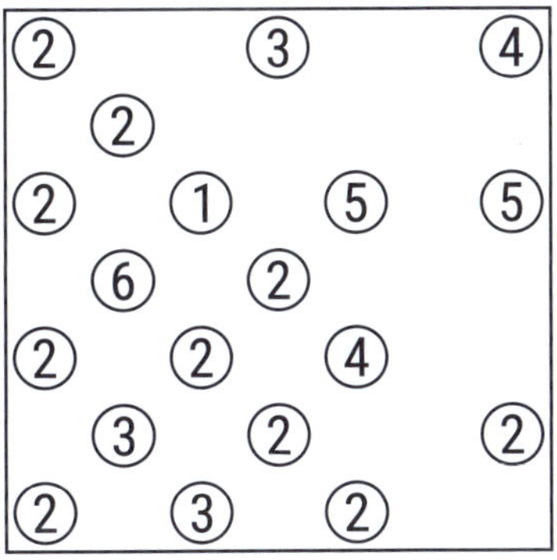

#15

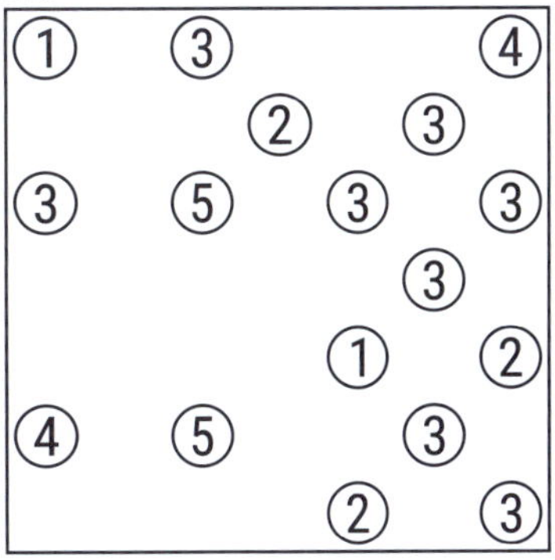

03 PUENTES (hashi)

#16

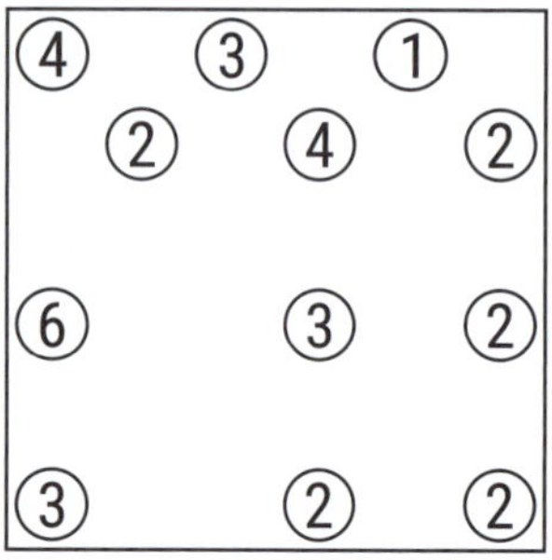

#17

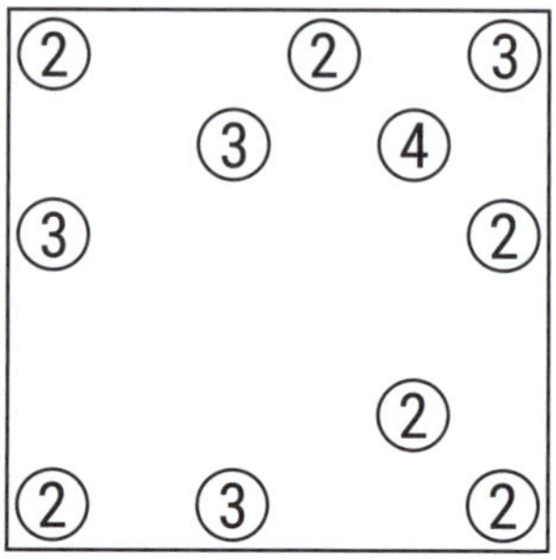

#18

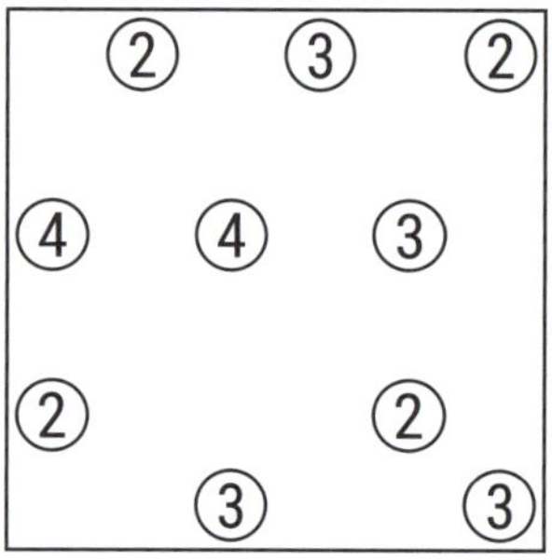

#19

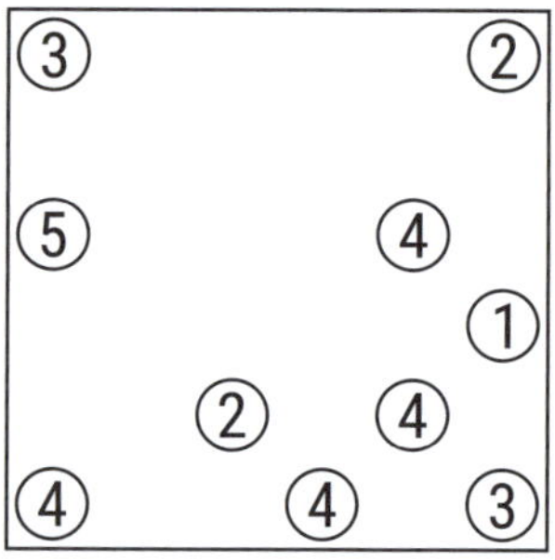

#20

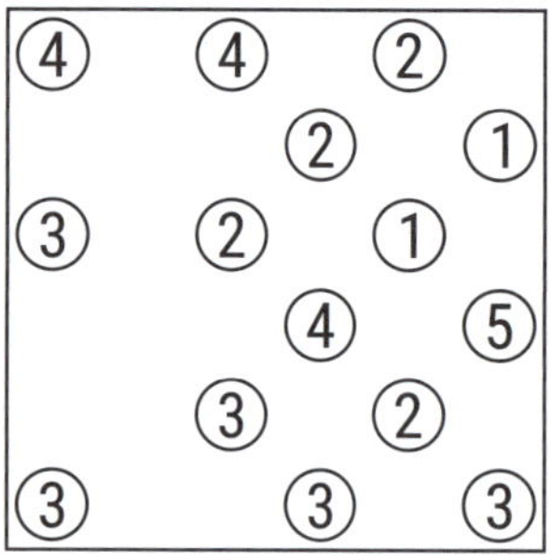

#21

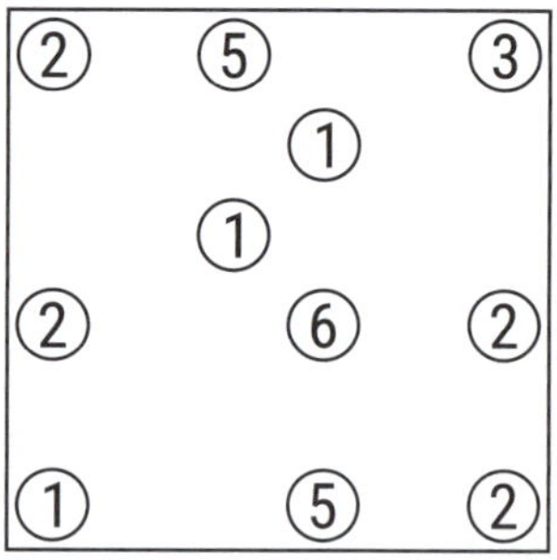

#22

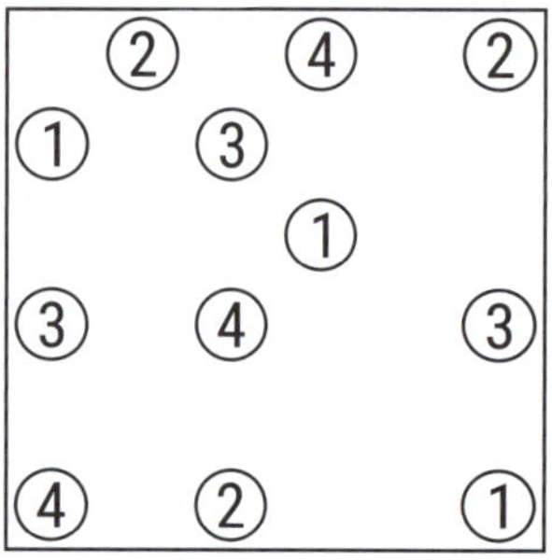

#23

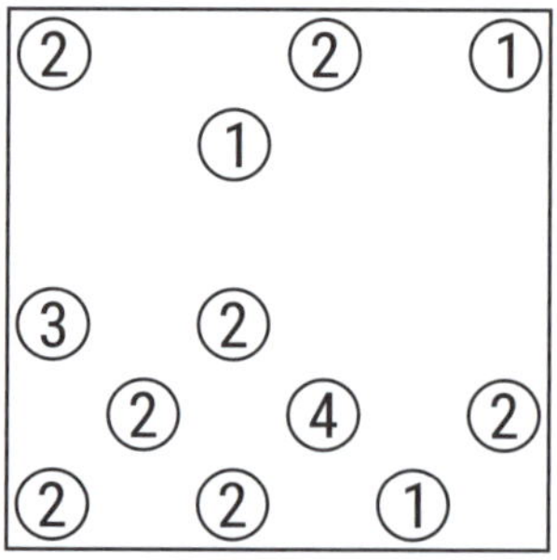

#03 PUENTES (hashi)

#24

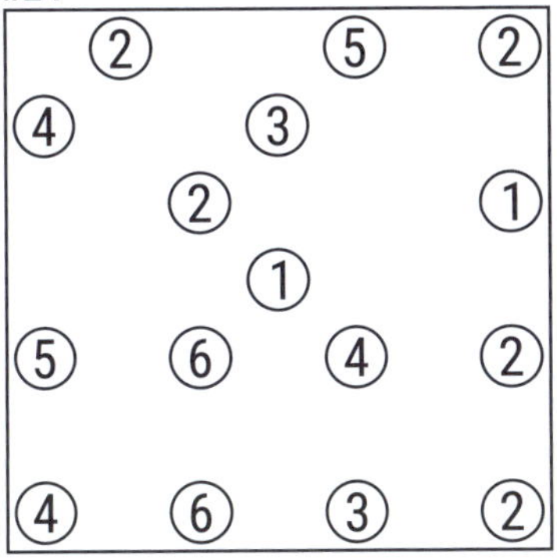

#25

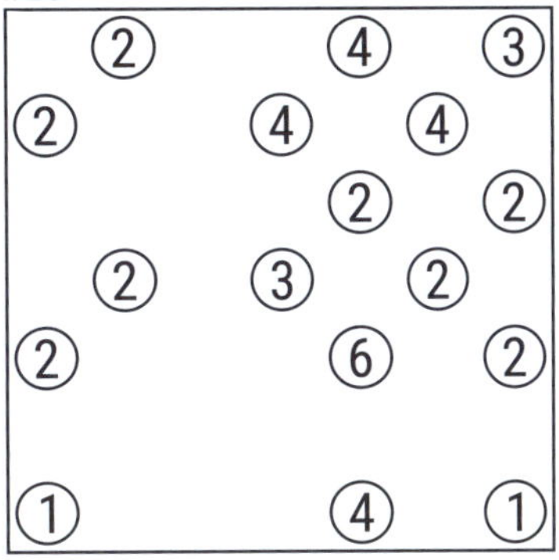

#26

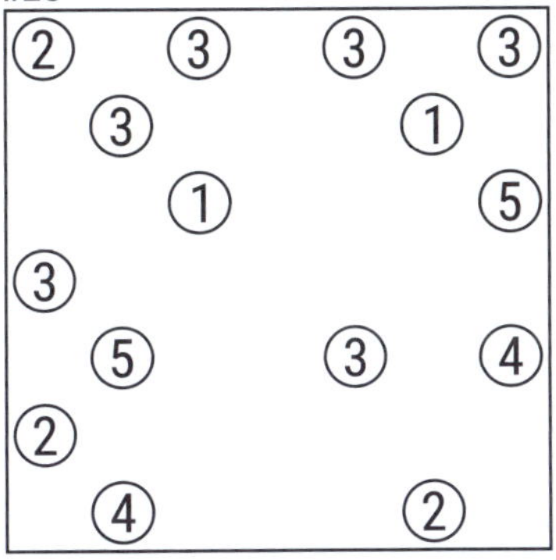

#27

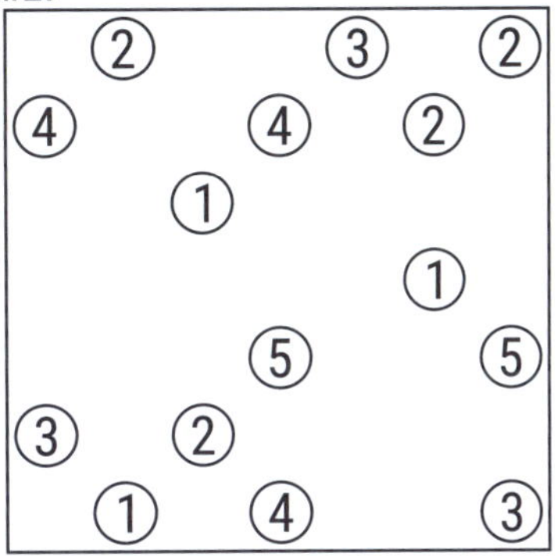

#28

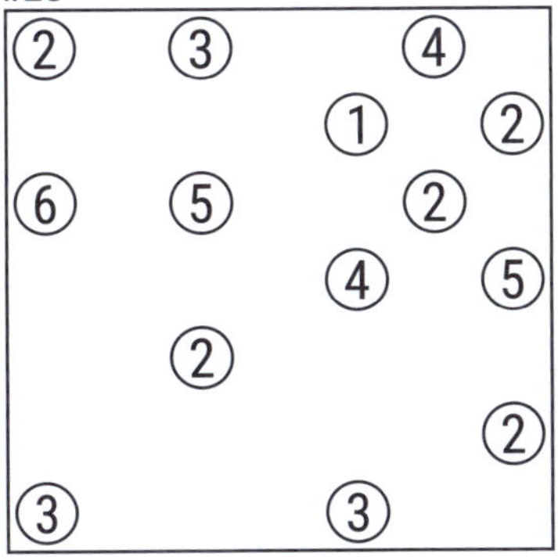

#29

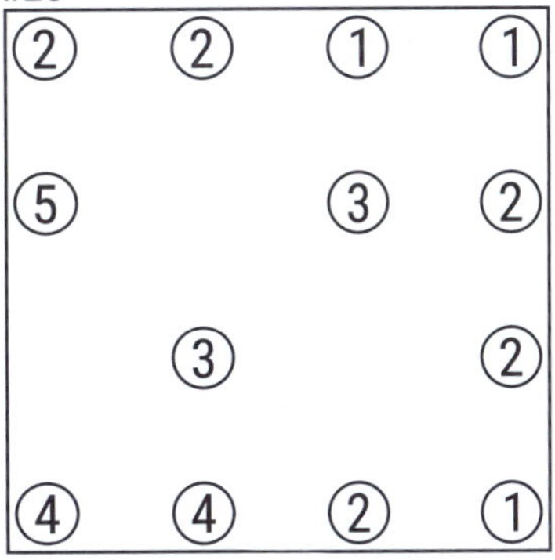

03

PUENTES (hashi)

#30

3		4					3			2		2
				2								
					3		6		4			
2		3		5						1		4
					2				2			
				3			3					2
3		5				3				1		

#31

4		4		4				3				2
	3		3									
4					2			2				3
2			3		4					1		2
	2											
1		3			5		2			2		3

#32

4			3			2		3			2	
				1						2		4
			1			5			4		2	
5				4						2		3
							1		2		1	
	2			4		5				5		2
2			2		2			1				

03

PUENTES (soluciones)

#00

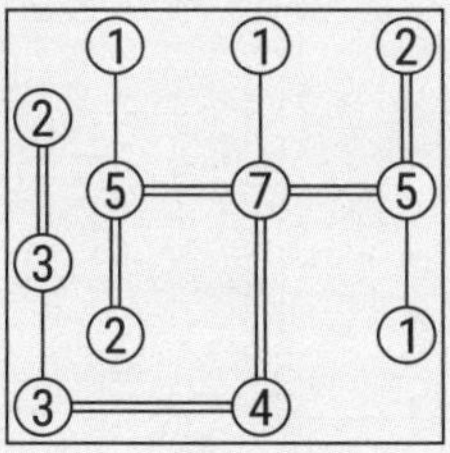

#01

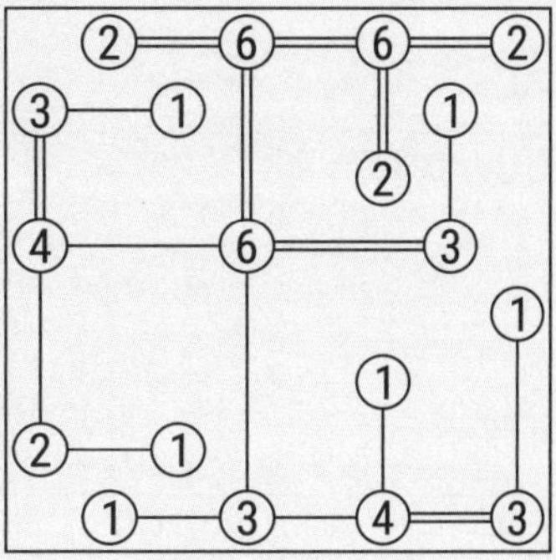

#02

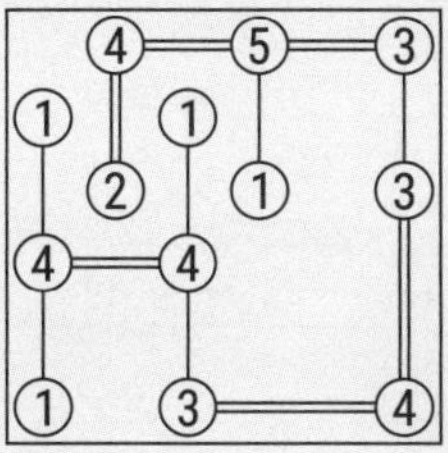

#03

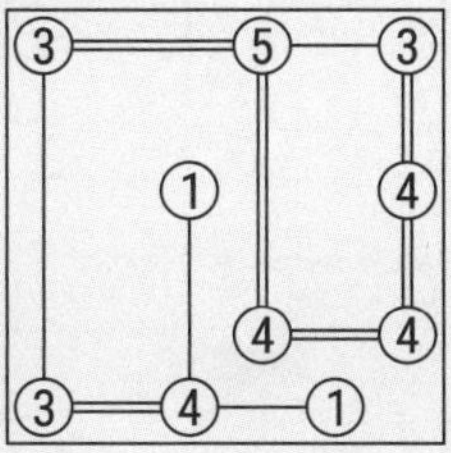

#04

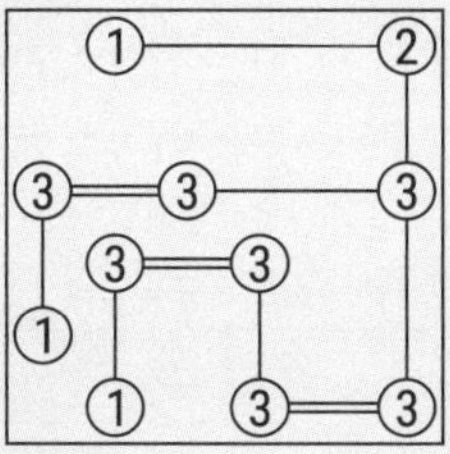

#05

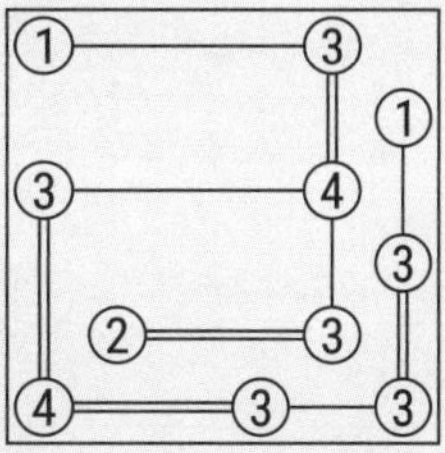

#06

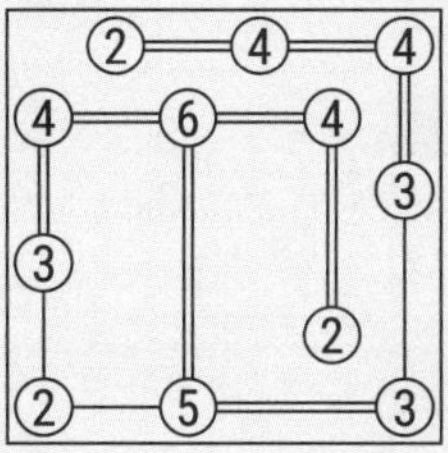

#07

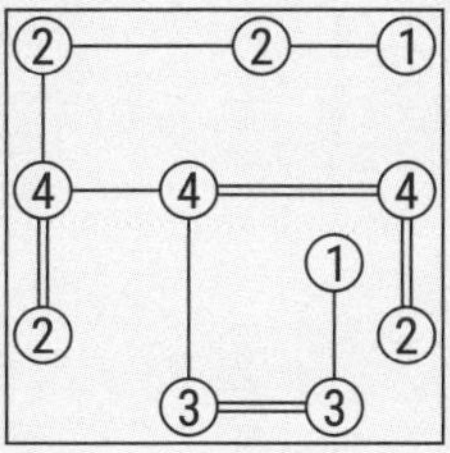

#08

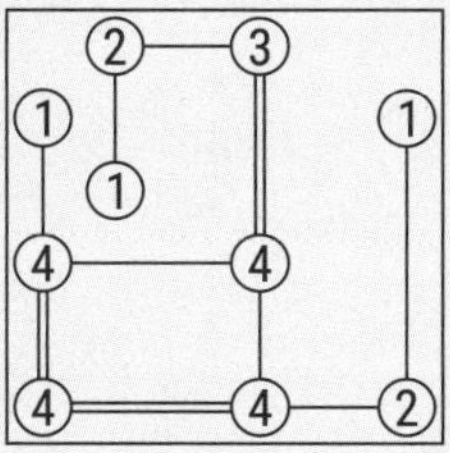

#09

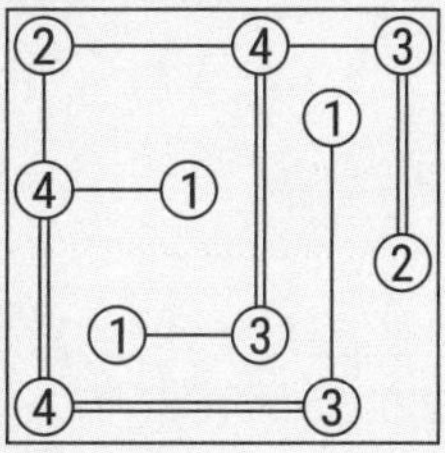

#10

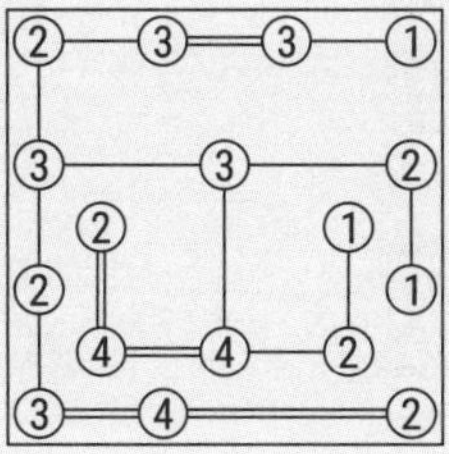

#11

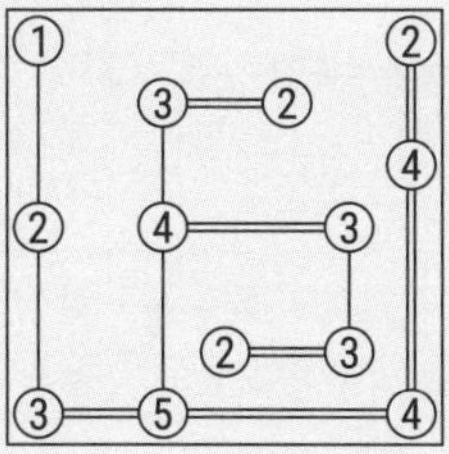

#12

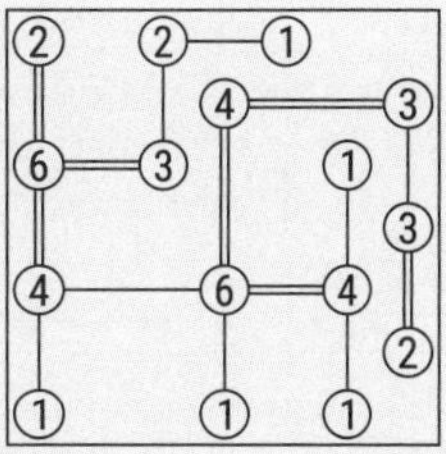

#13

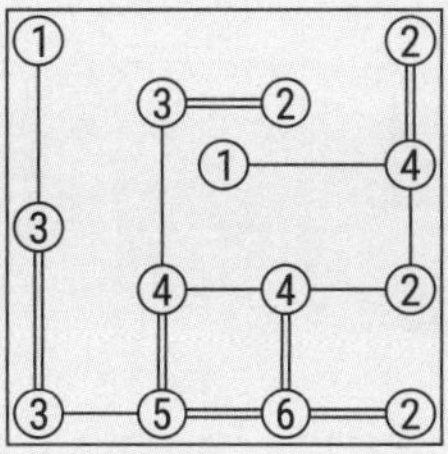

#14

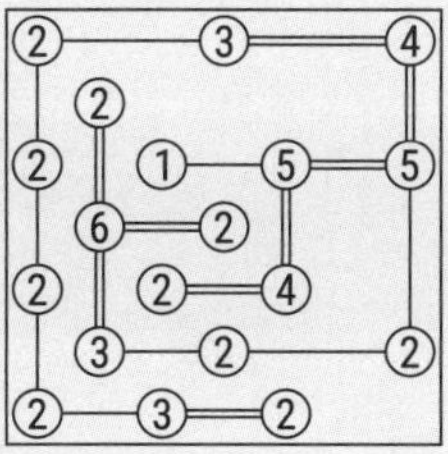

#15

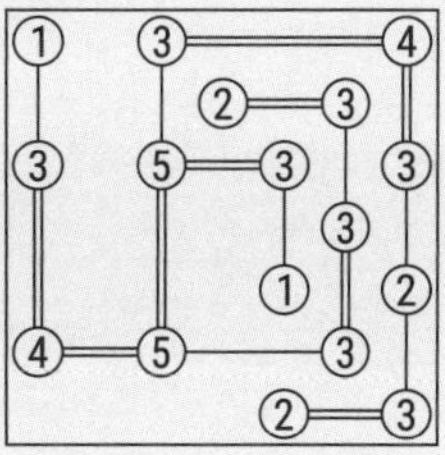

03

PUENTES (soluciones)

#16

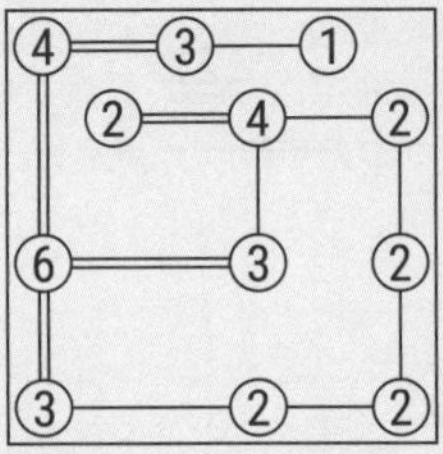

#17

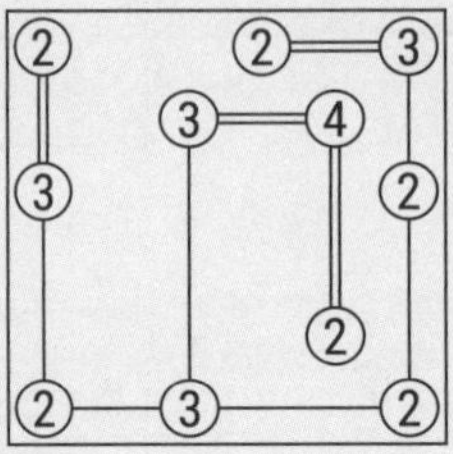

#18

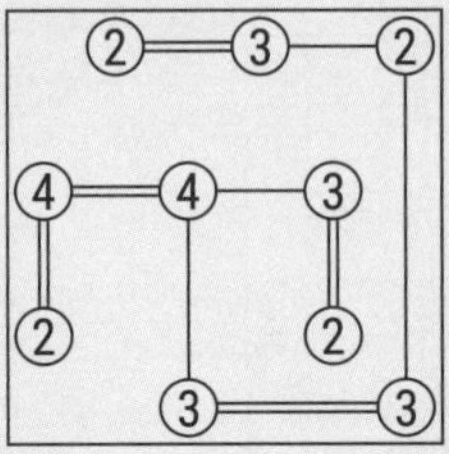

#19

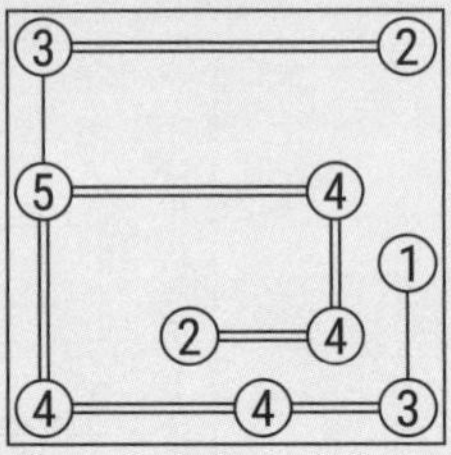

#20

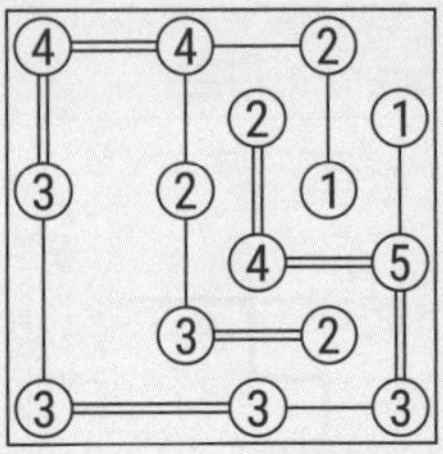

#21

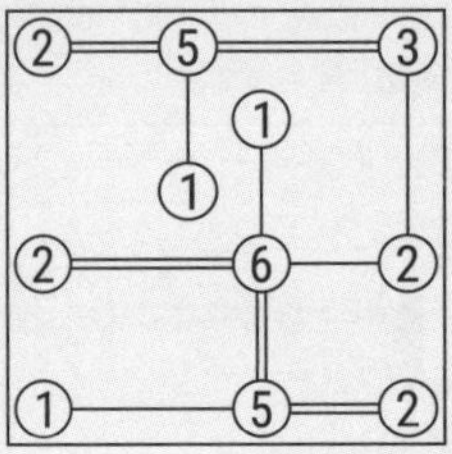

#22

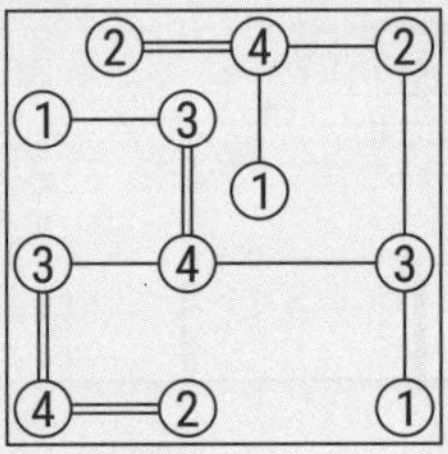

#23

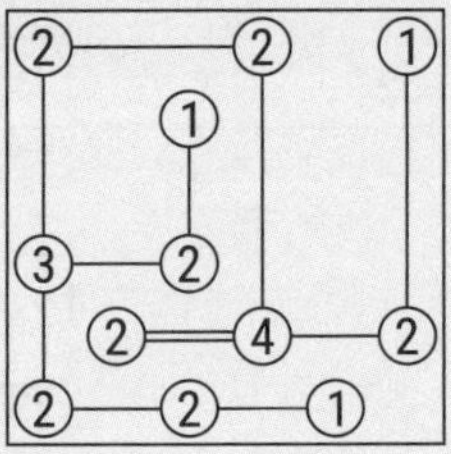

#24

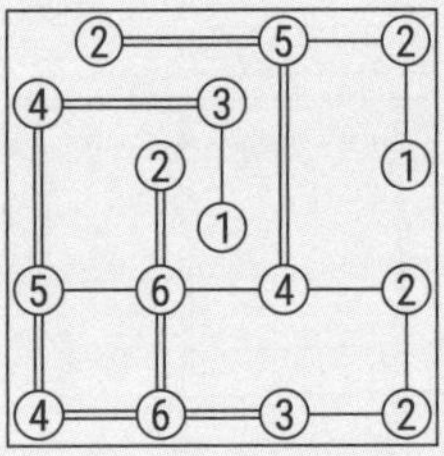

#25

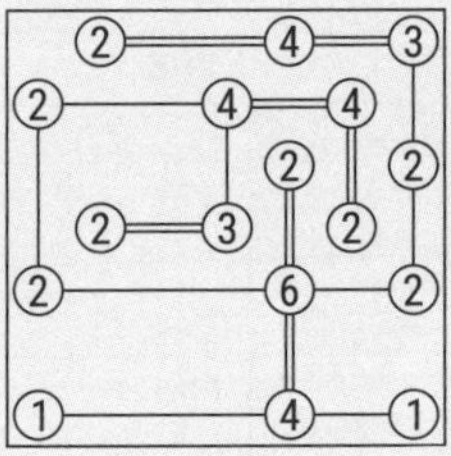

#26

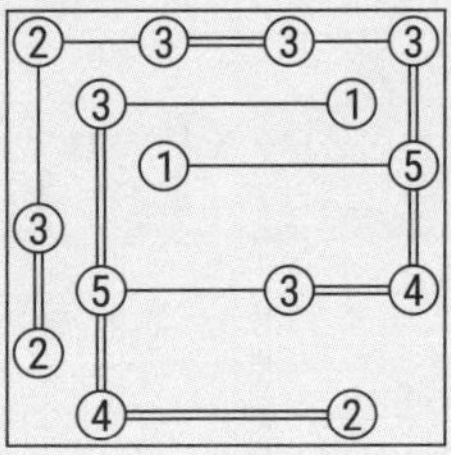

#27

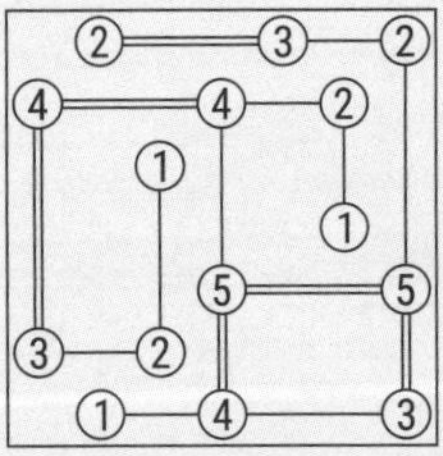

#28

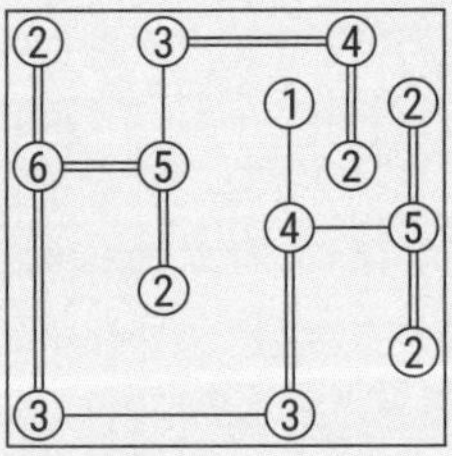

#29

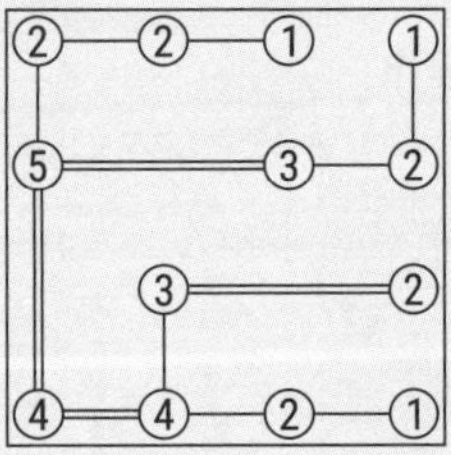

#30

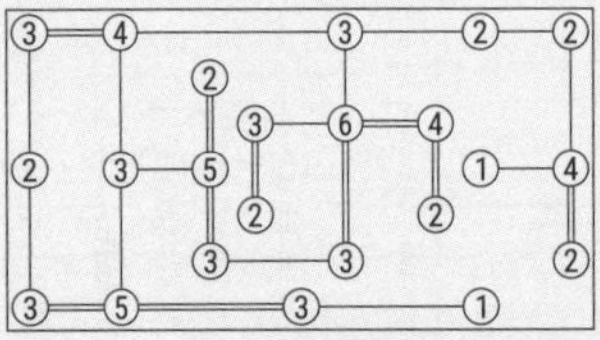

#31

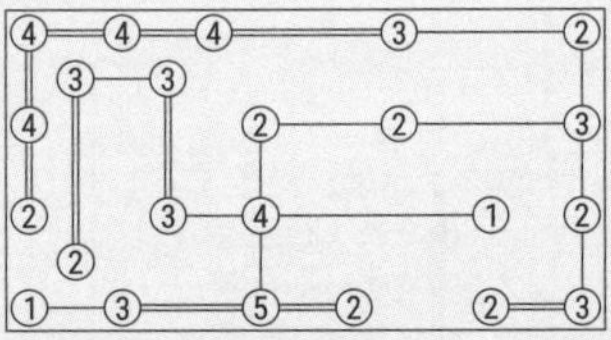

#32

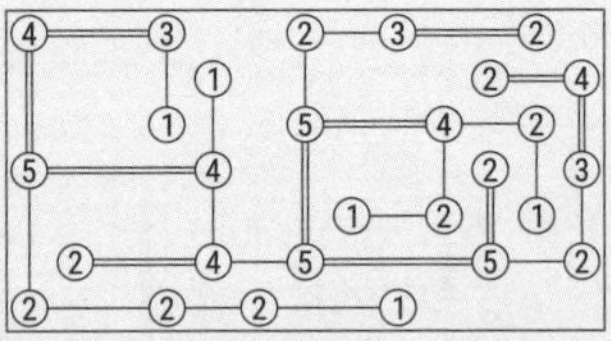

04

ESTRELLAS (star battle)

El objetivo es situar en la cuadrícula estrellas de tal forma que cada fila, cada columna y cada región contengan la misma cantidad de ellas. Las casillas con estrella no debe ser contiguas, ni siquiera en diagonal.

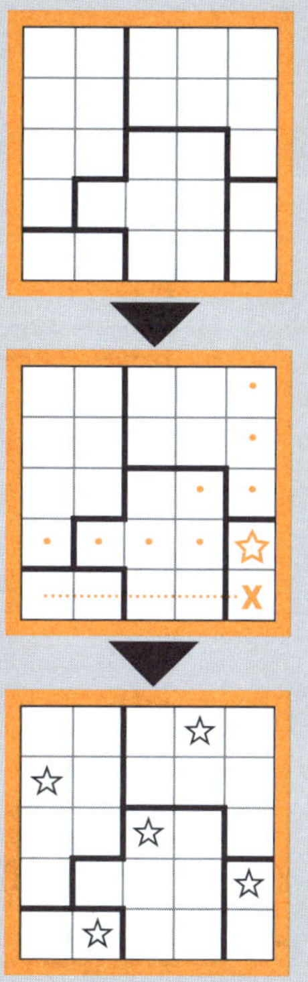

Ejemplo resuelto, para que puedas entender mejor en qué consiste el pasatiempo.

#00

CONSEJOS para resolver el pasatiempo:

1. Cada pasatiempo tiene una solución única.
2. Todas las estrellas se deducen de forma lógica: no hace falta adivinar.
3. Comienza por las áreas más pequeñas e intenta deducir dónde colocar una estrella.
4. Si una región es de una casilla de ancha, ya sabes que en su fila no podrá haber estrellas, ni en horizontal ni en vertical.
5. Una vez que estás seguro con una estrella, ya podrás poner X en las casillas alineadas con ella, y también en las casillas contiguas diagonales.

#01

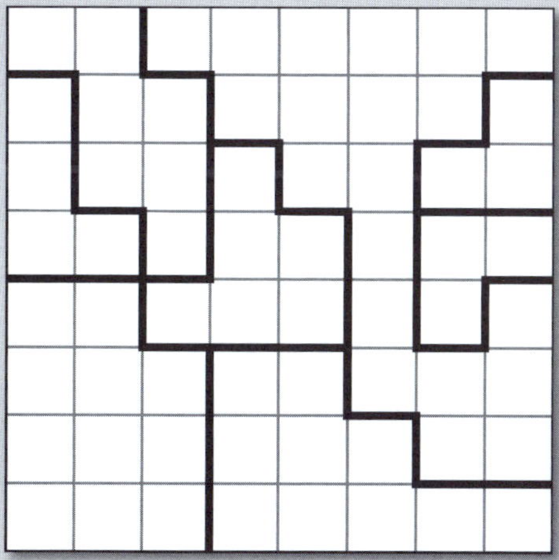

¿Sabías que...

Este pasatiempo se utiliza como prueba en el Campeonato Mundial de Rompecabezas que se celebra en Arnhem, ciudad de los Países Bajos. Se atribuye a **Hans Eendebak**, un diseñador holandés de juegos, que lo presentó en 2003.

04 ESTRELLAS (star battle)

#02

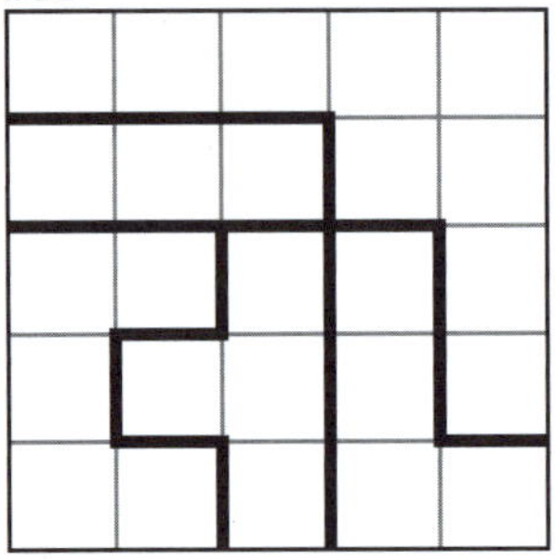

#03

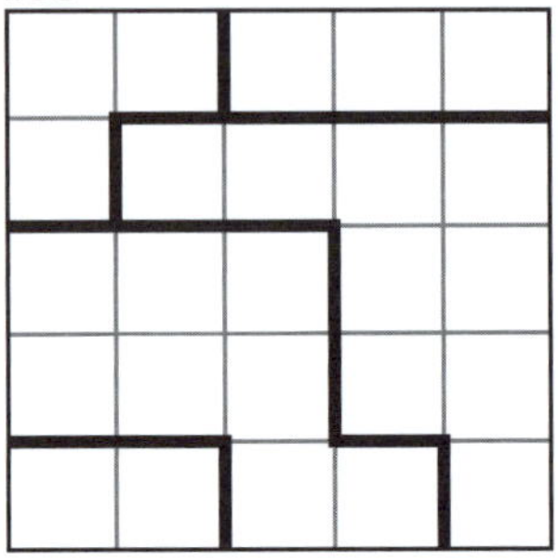

#04

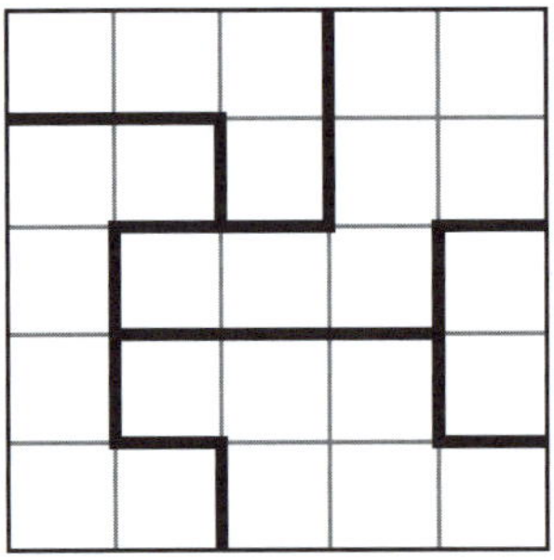

#05

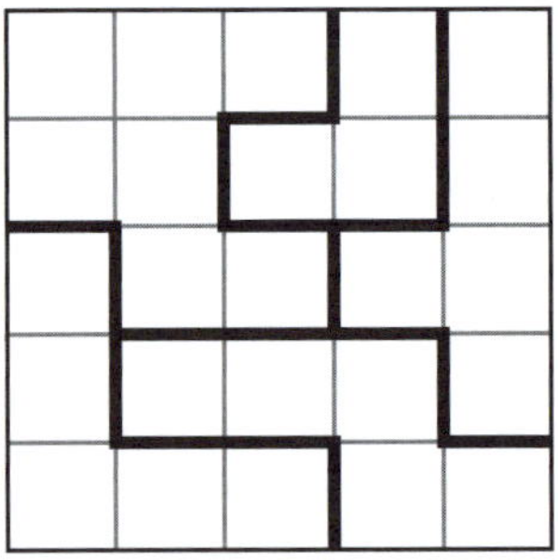

#06

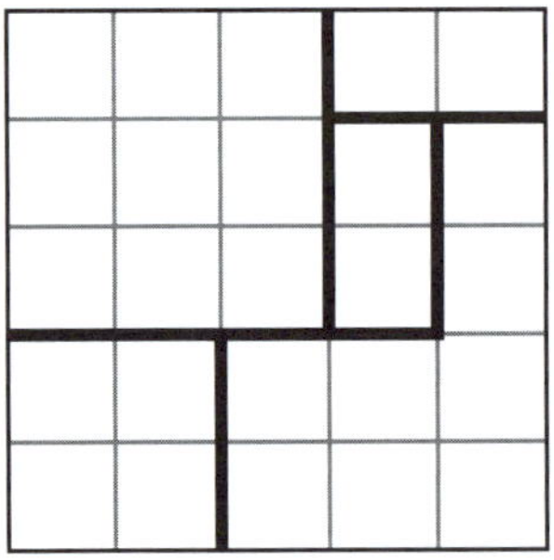

#07

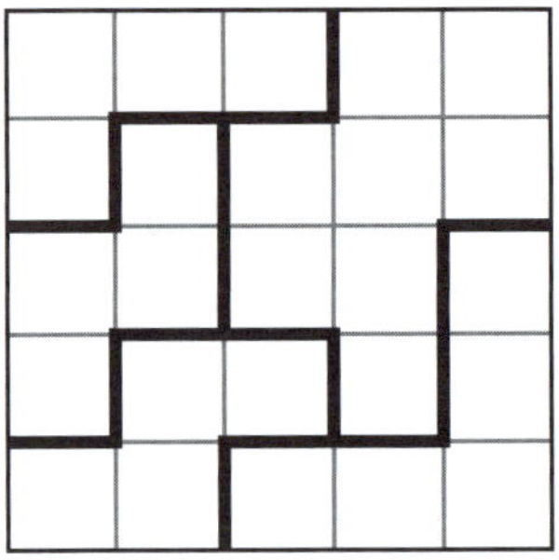

#08

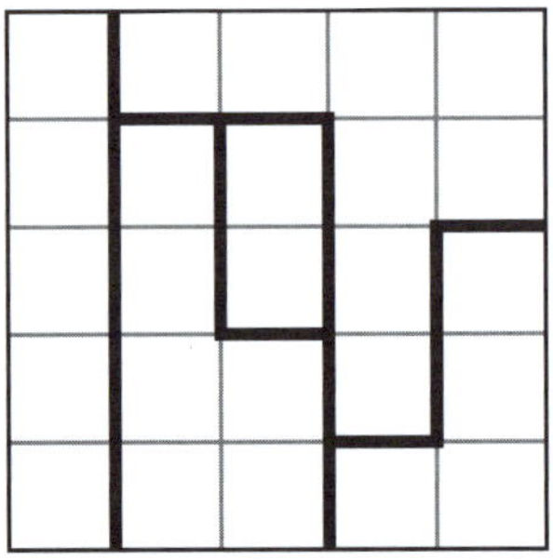

#09

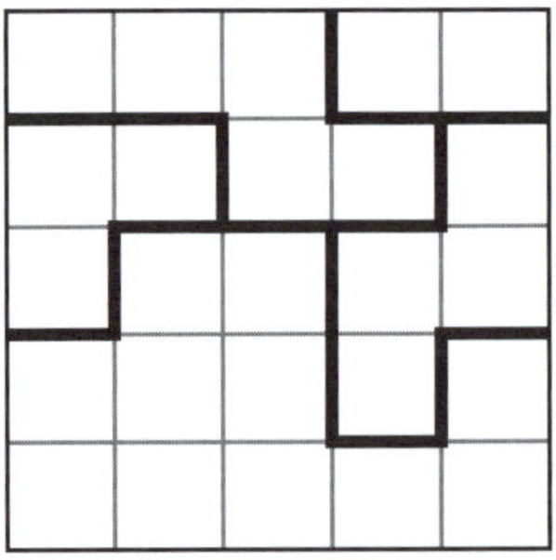

04 ESTRELLAS (star battle)

#10

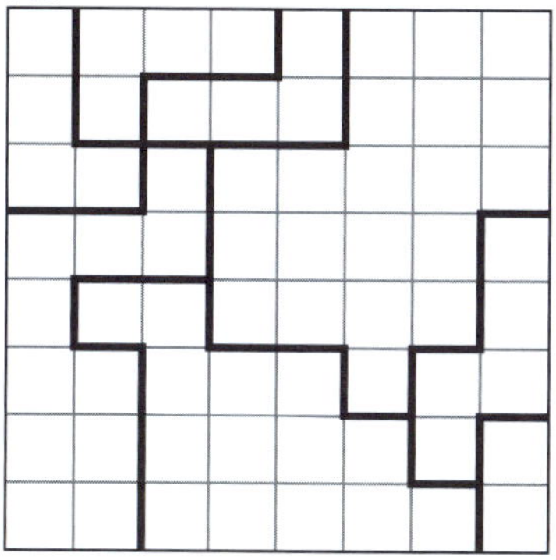

#11

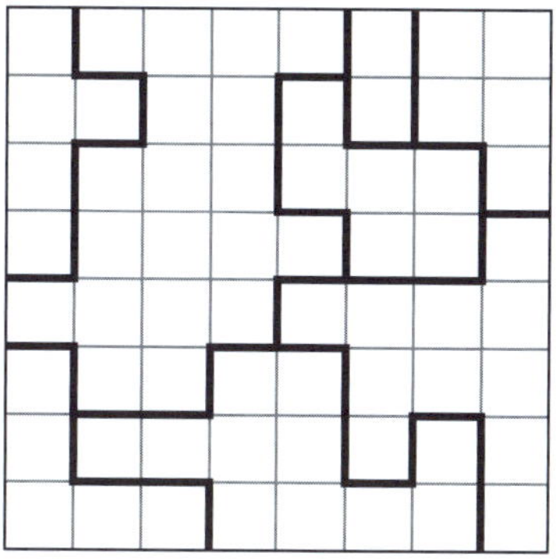

#12

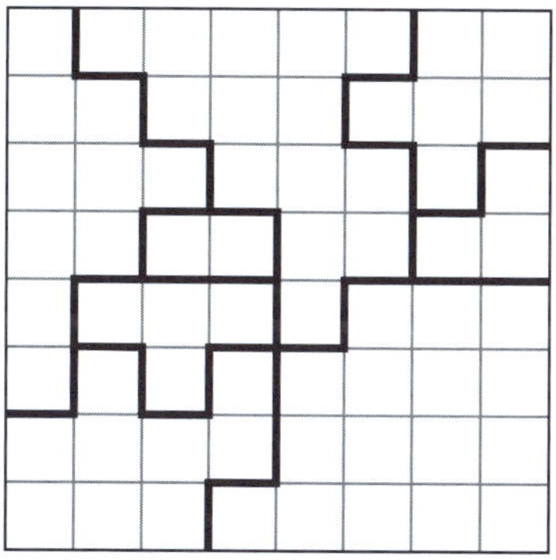

#13

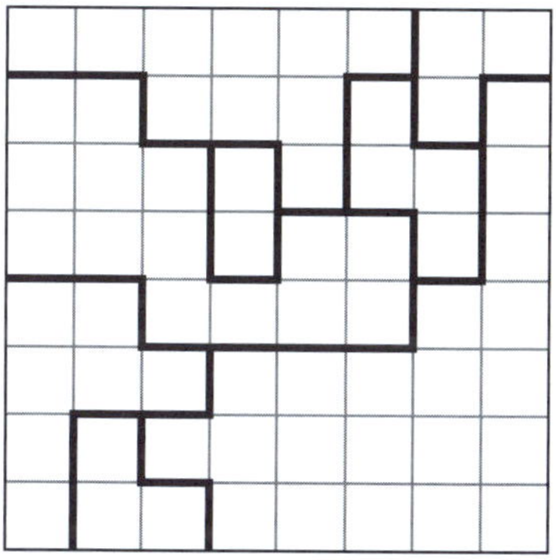

#14

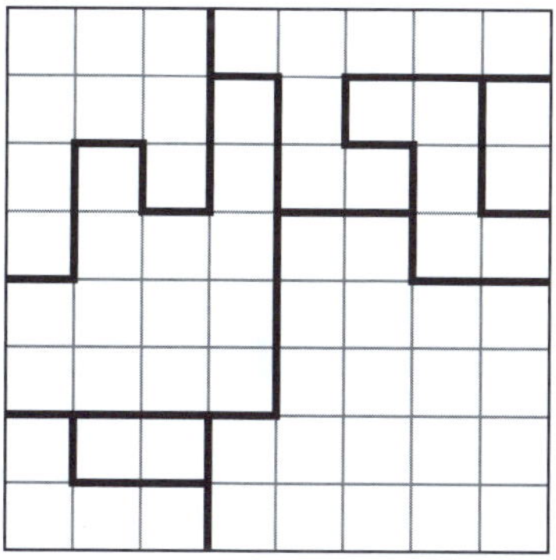

#15

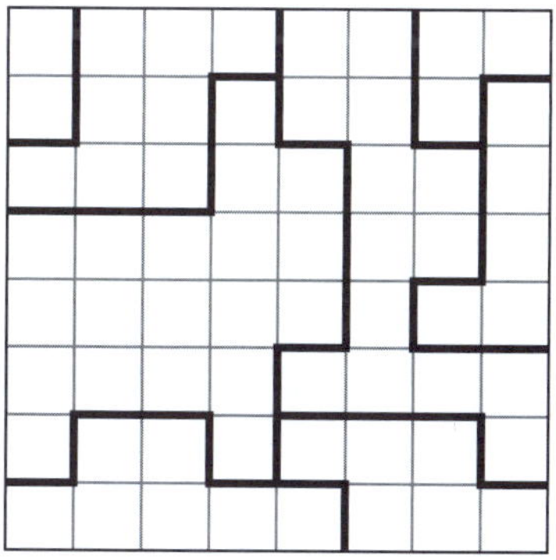

04

ESTRELLAS [star battle]

#16

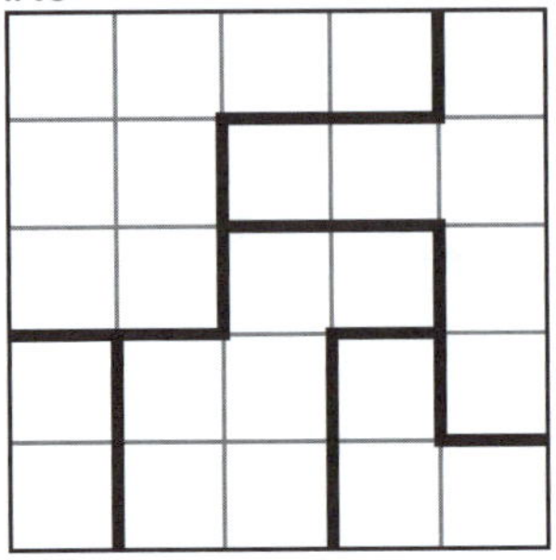

#17

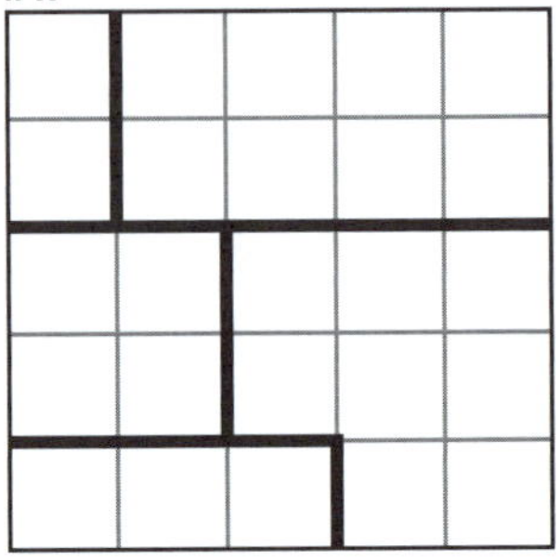

#18

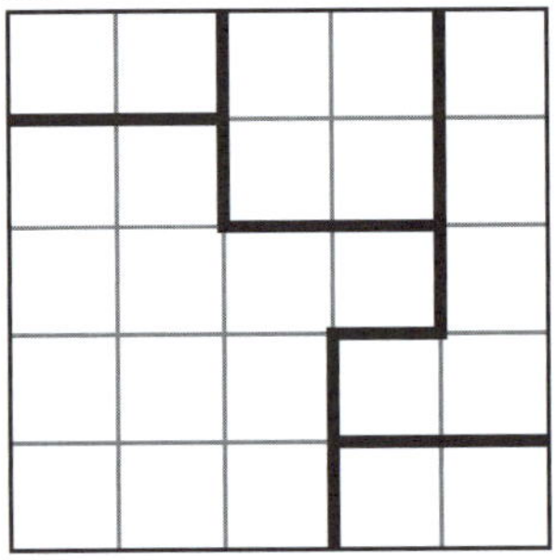

#19

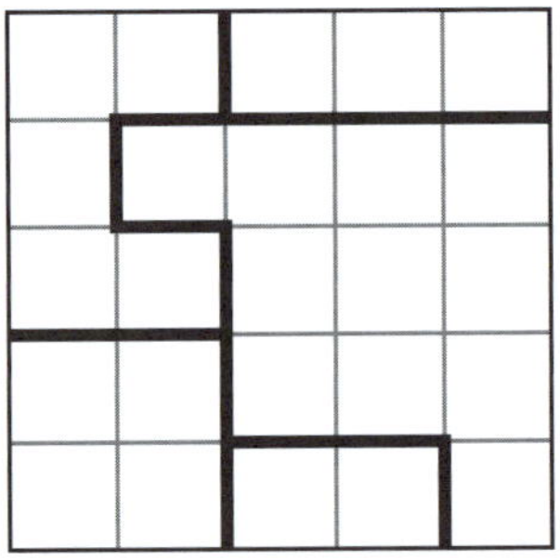

#20

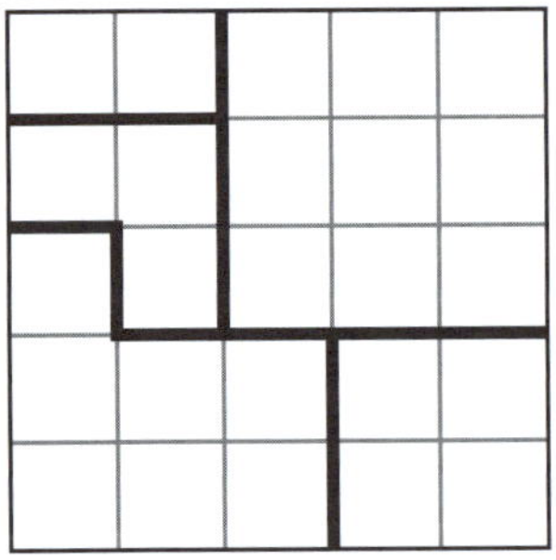

#21

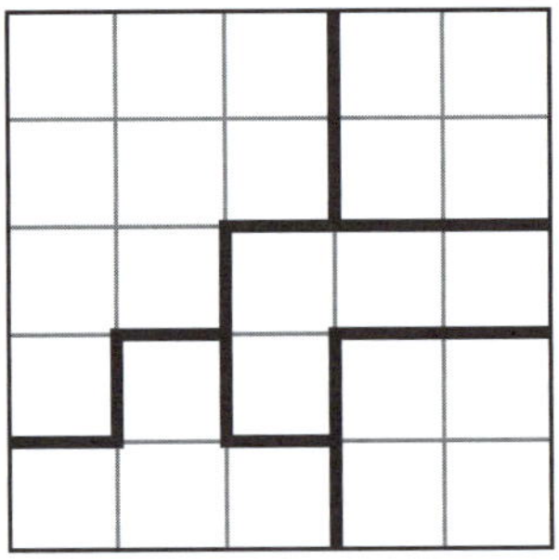

#22

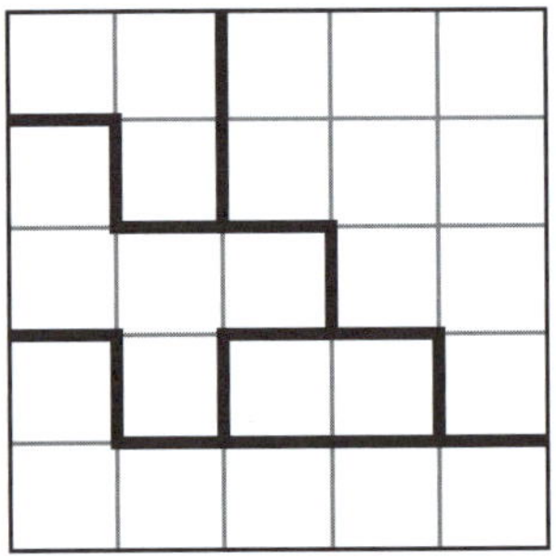

#23

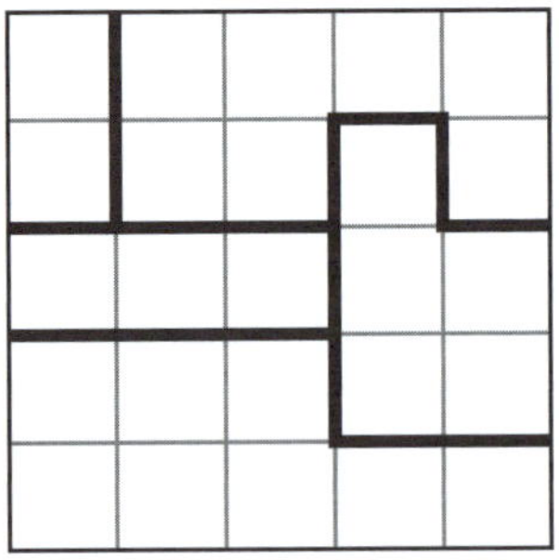

04 ESTRELLAS (star battle)

#24

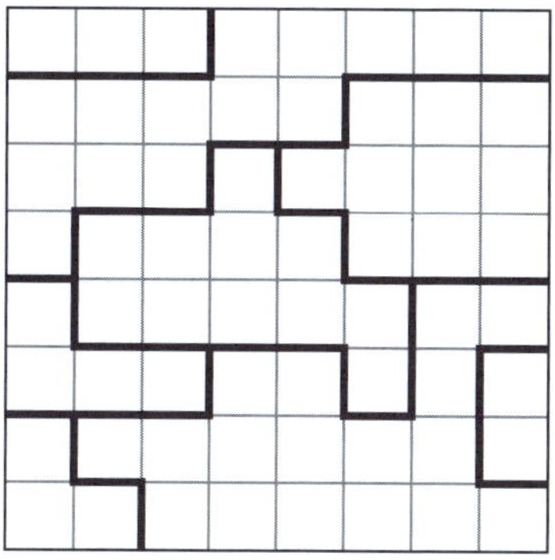

#25

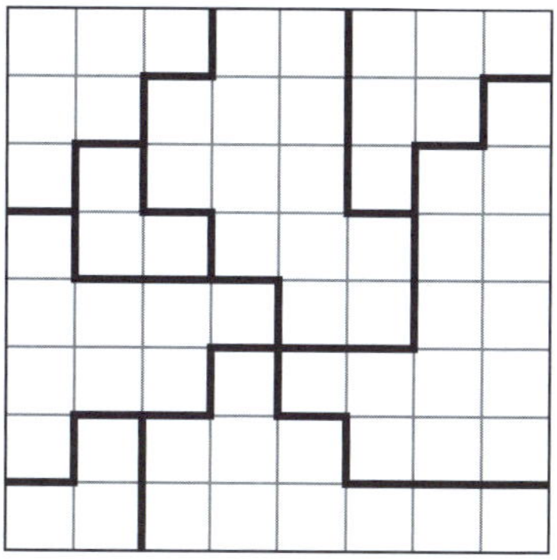

#26

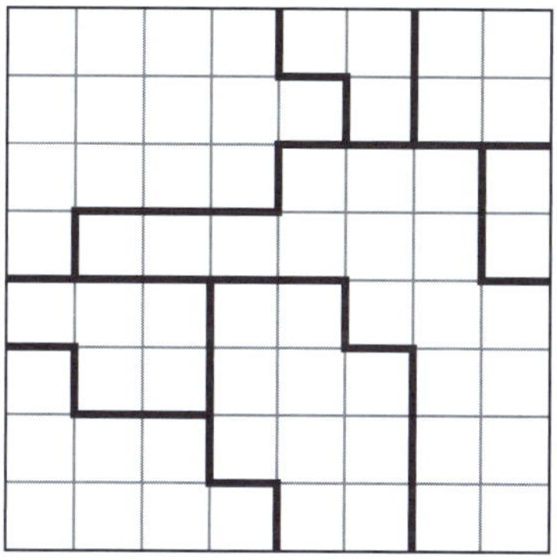

#27

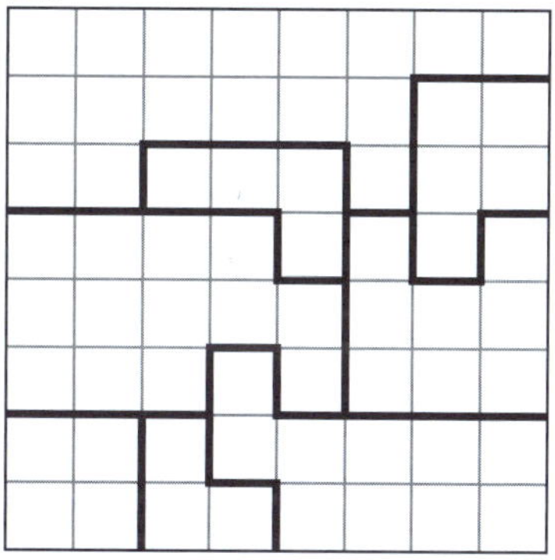

#28

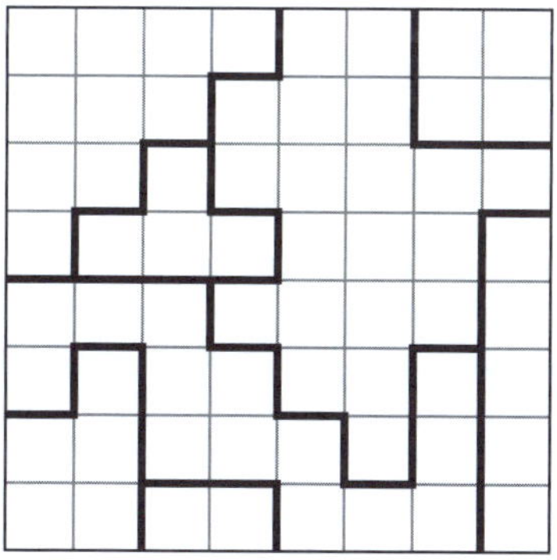

#29

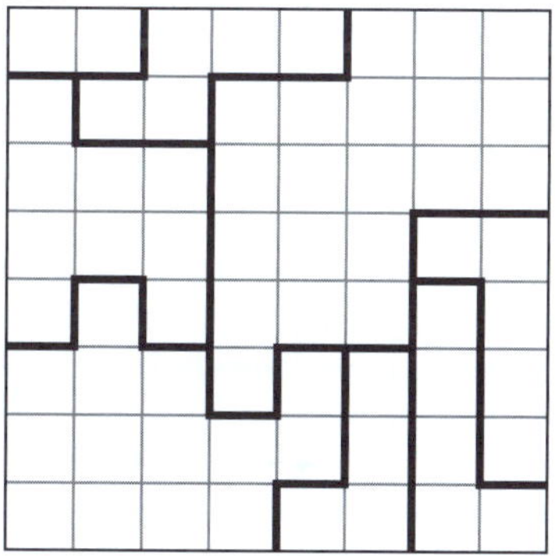

04

ESTRELLAS (star battle)

#30

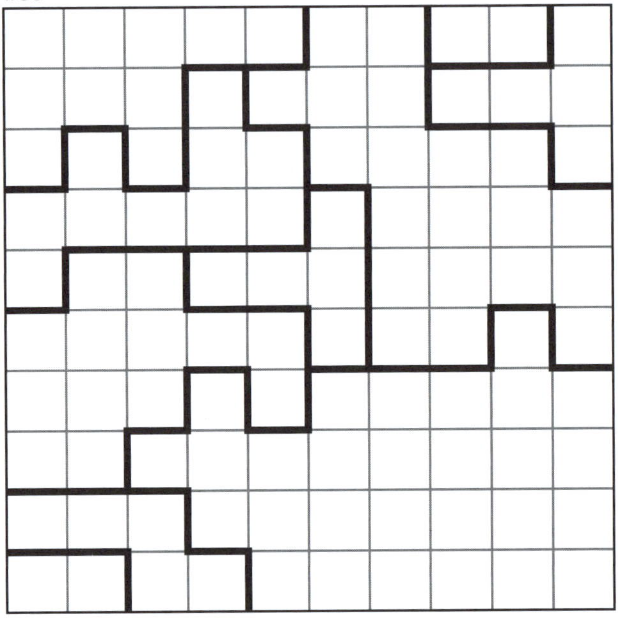

#31

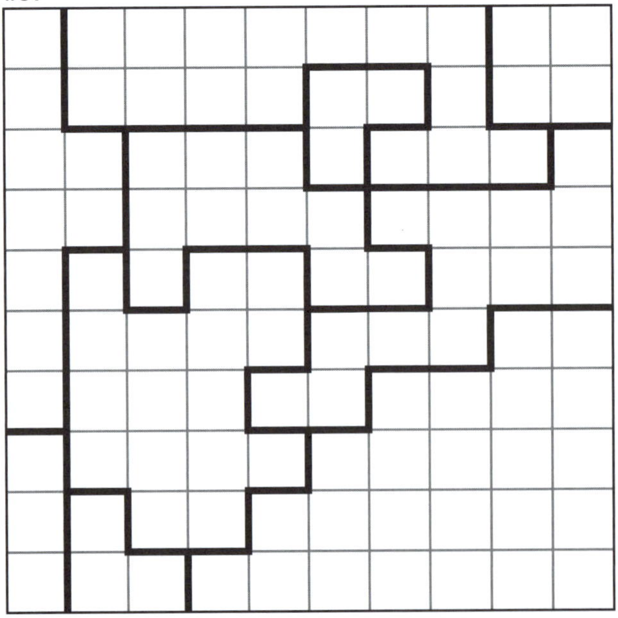

04

ESTRELLAS (soluciones)

#01

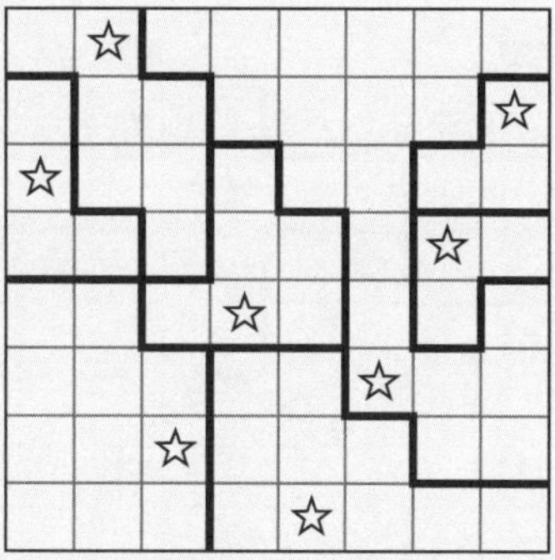

#00

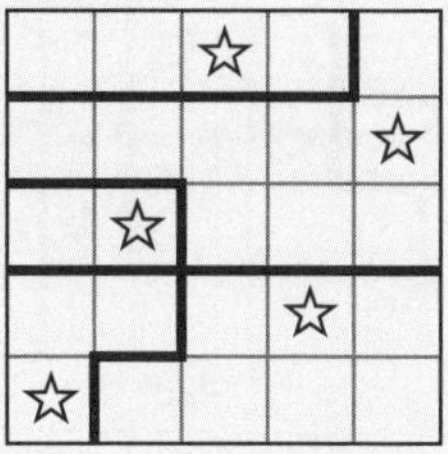

#02

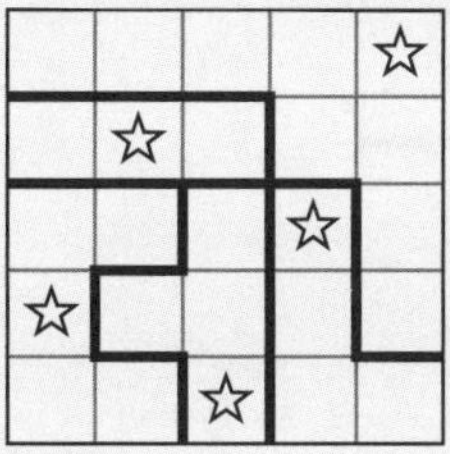

#03

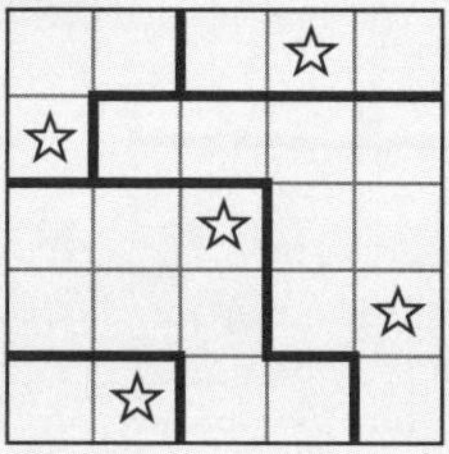

#04

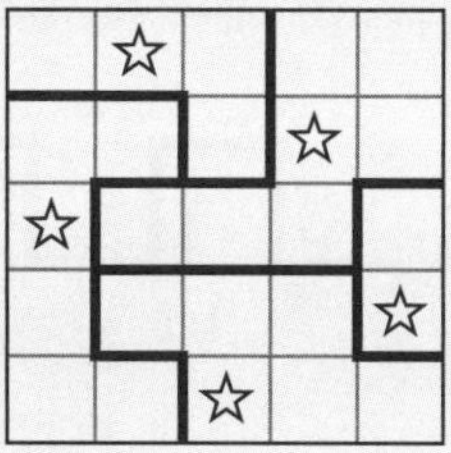

#05

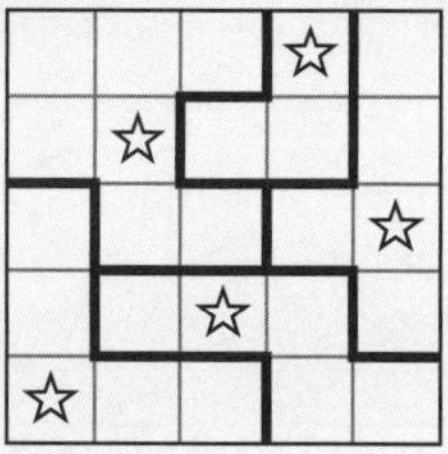

#06

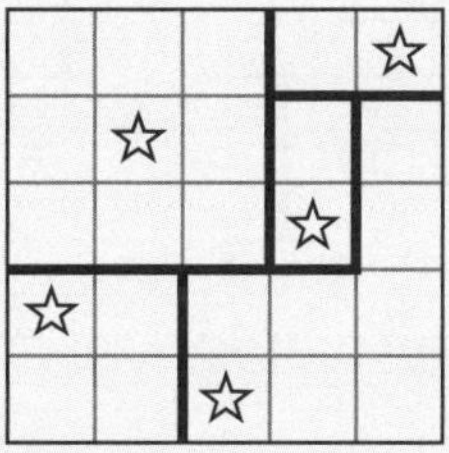

#07

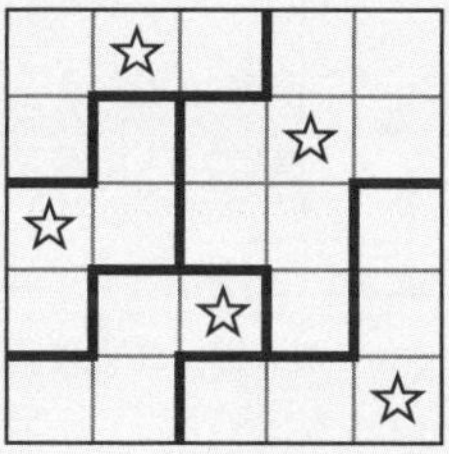

#08

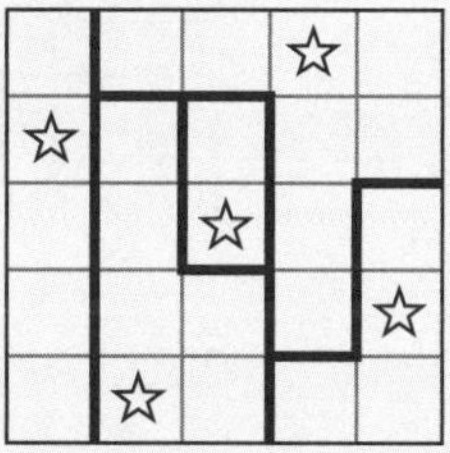

#09

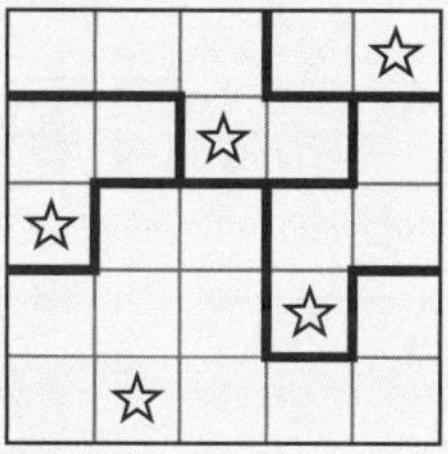

#10

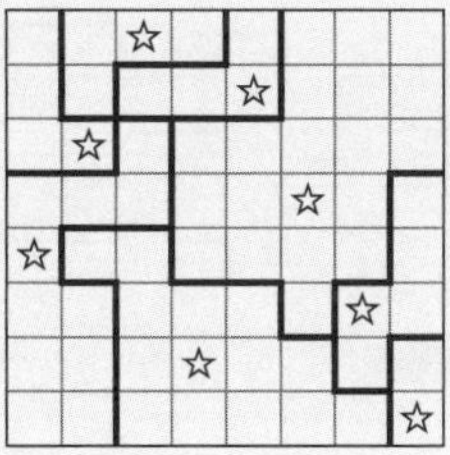

#11

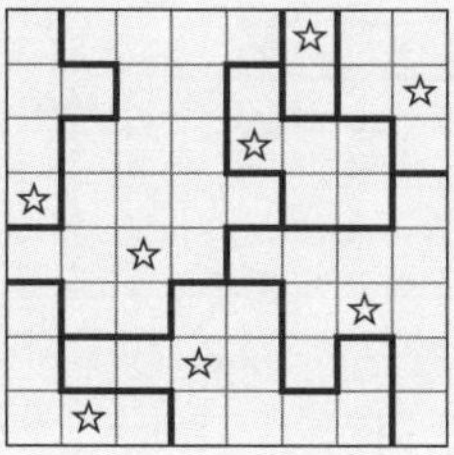

#12

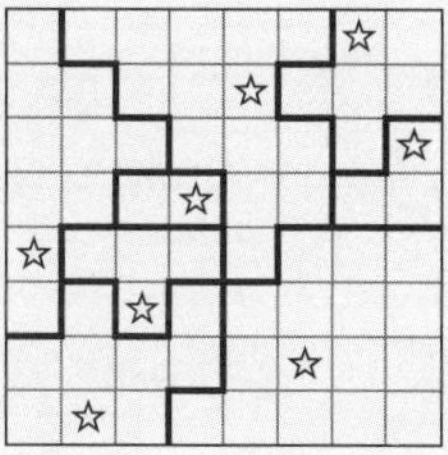

#13

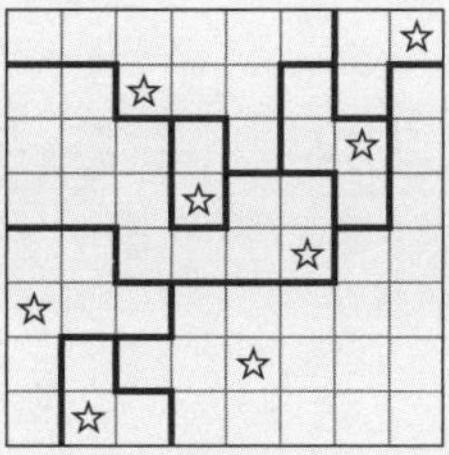

#14

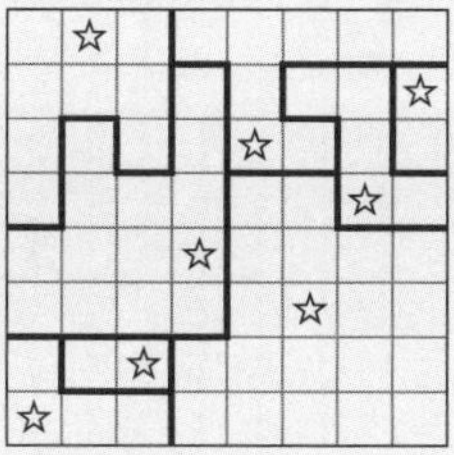

#15

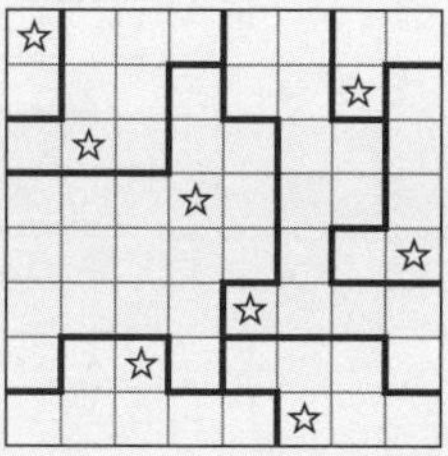

04 ESTRELLAS (soluciones)

#16

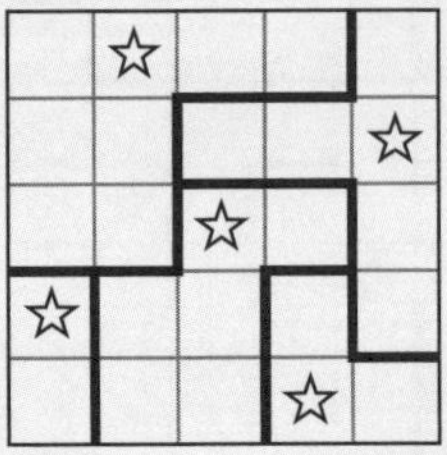

#17

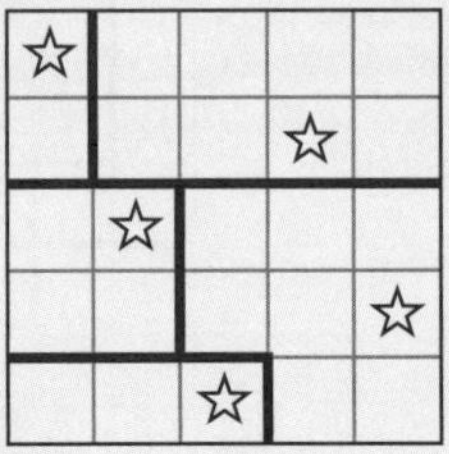

#18

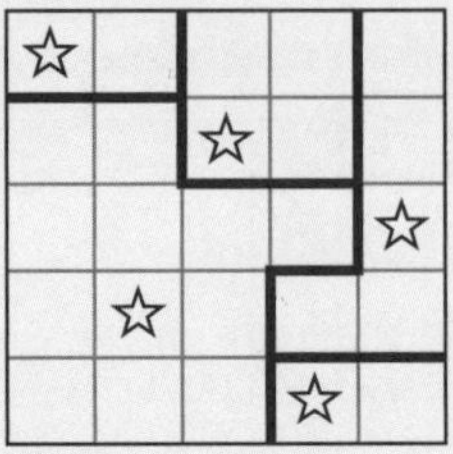

#19

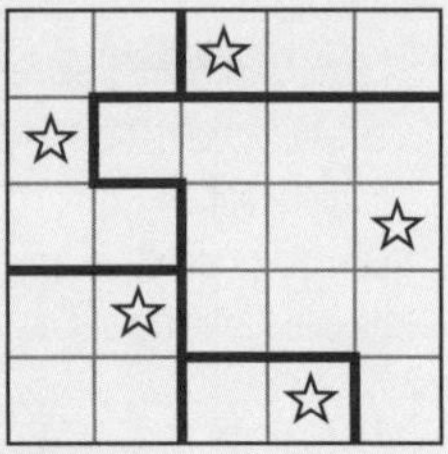

#20

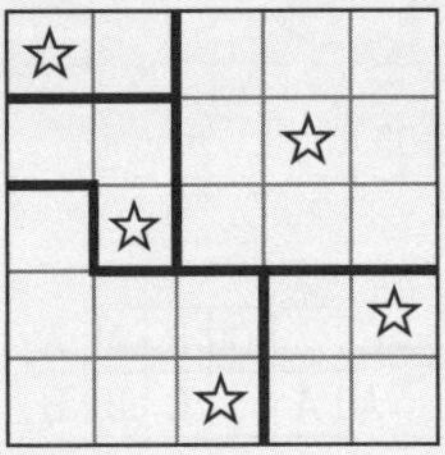

#21

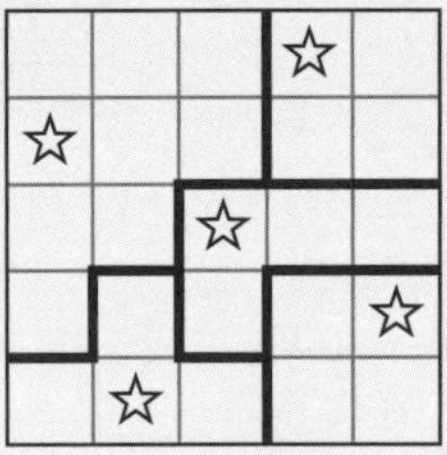

#22

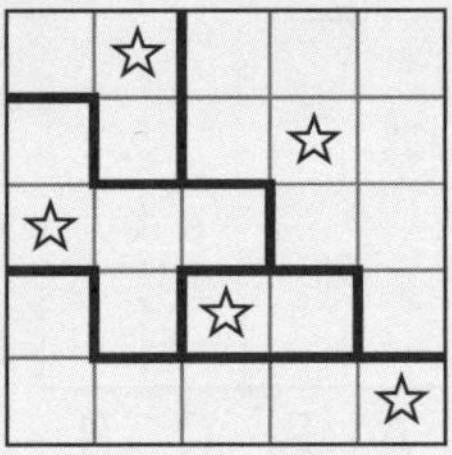

#23

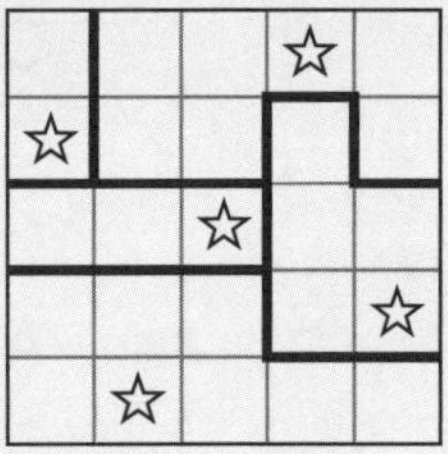

#24

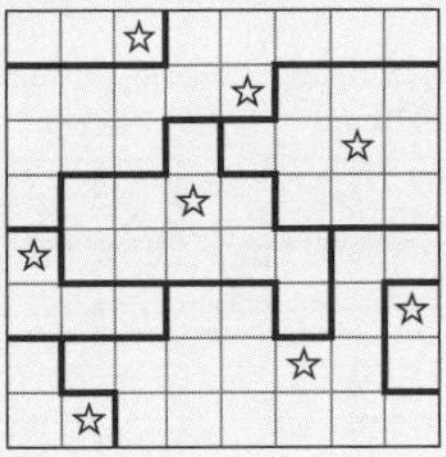

#25

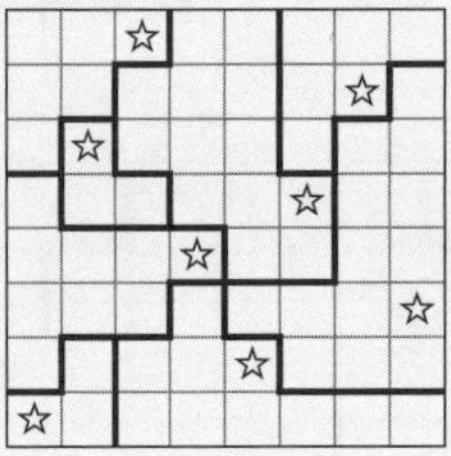

#26

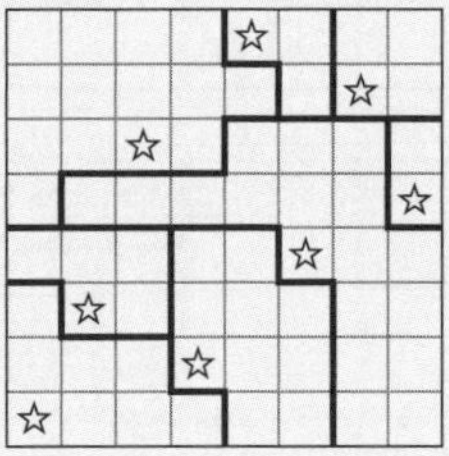

#27

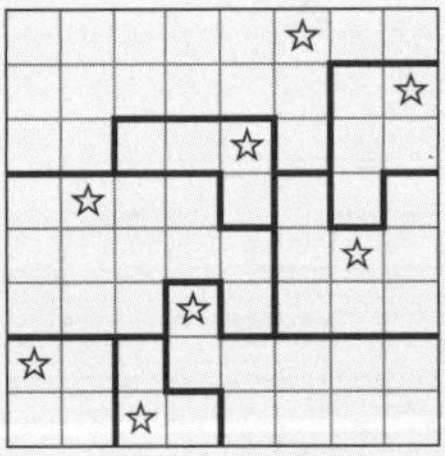

#28

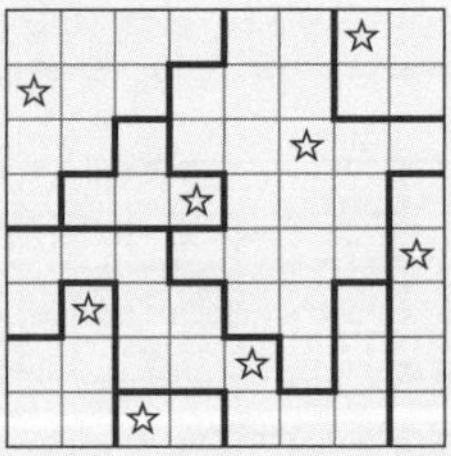

#29

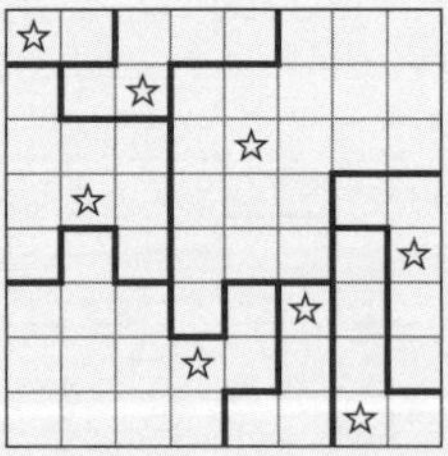

#30

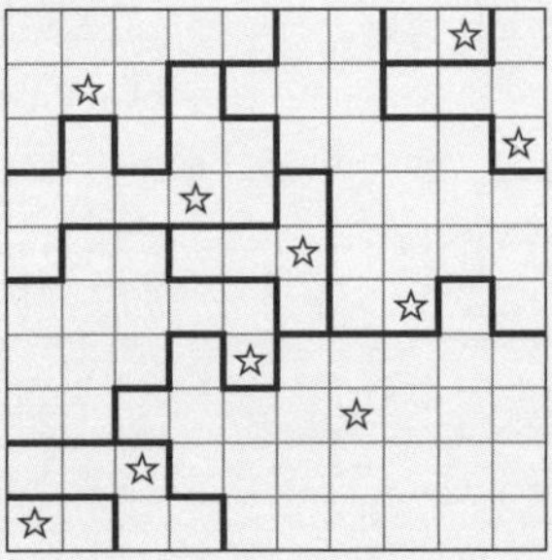

#31

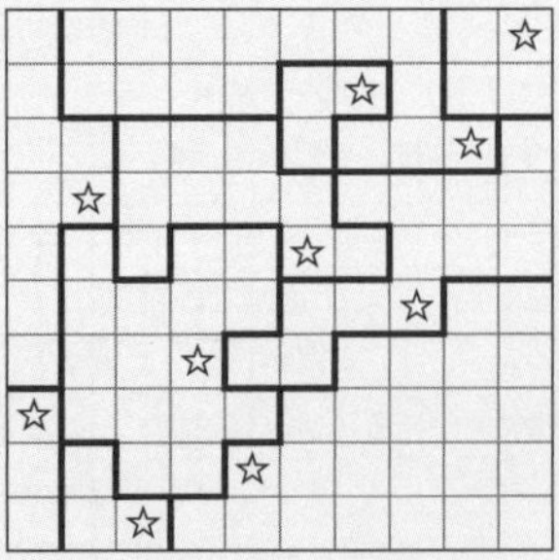

05

CRISTUS (easy as abc)

El objetivo es rellenar el tablero de letras y huecos teniendo en cuenta que:

- No se debe repetir ninguna letra en cada columna o fila.
- Hay una casilla vacía por fila o columna que tampoco puede estar alineada con otra vacía.
- Las letras exteriores son pistas que indican cuál es la primera letra que se encuentra en su fila o columna correspondiente, sin contar las vacías que pudiera haber.
- Las letras a colocar son las primeras del abecedario (ABC...), según el número de casillas del tablero y las propias pistas exteriores.

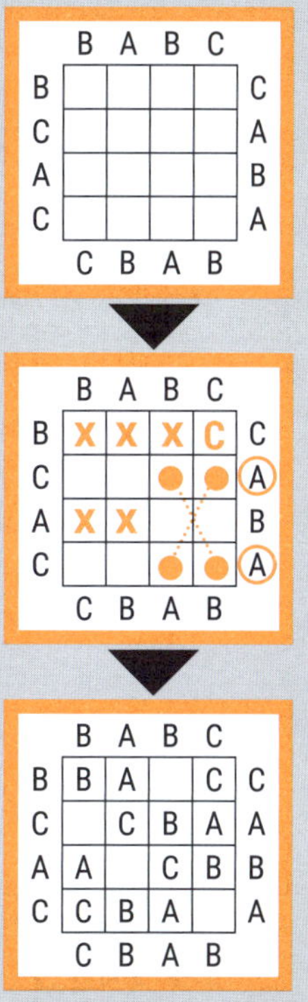

Ejemplo resuelto, para que puedas entender mejor en qué consiste el pasatiempo.

#00

	B	C	B	A	
C					A
B					C
C					A
A					B
	A	B	C	B	

CONSEJOS para resolver el pasatiempo:

1. Cada pasatiempo tiene una solución única.
2. Todas las letras se deducen de forma lógica: no hace falta adivinar.
3. Suele ser interesante comenzar por aquella letra que se repite en un borde, para marcar las que podemos deducir que no pueden ser de las otras letras del mismo borde.
4. En cualquier caso, suele ser más fácil encontrar las letras que no pueden ser que las que son.
5. También es interesante escribir en pequeño las que pueden ser en algunas casillas.

#01

	E	C	A	D	A	B	
E							B
D							A
A							C
E							A
C							D
B							E
	B	A	E	C	D	E	

¿Sabías que...

El easy as abc es también conocido como abc end view o last man standing debido a su semejanza estructural con los sudokus, suele incluirse en concursos de rompecabezas. Nuestro título cristus es un sinónimo de abecedario, según el diccionario de la RAE.

05

CRISTUS [easy as abc]

#02	B	A	C	A	
B					A
A					C
C					A
A					B
	A	C	A	B	

#03	C	C	B	A	
C					A
B					A
A					B
A					C
	A	B	C	C	

#04	B	C	A	B	
B					A
A					B
C					A
A					C
	C	A	B	C	

#05	B	A	C	A	
B					A
A					C
A					B
C					A
	C	B	A	B	

#06	A	C	B	B	
A					B
A					B
C					A
B					C
	B	B	A	C	

#07	C	C	A	B	
C					B
A					B
B					C
B					A
	B	B	C	A	

#08	C	A	B	A	
C					A
B					C
B					C
A					B
	A	C	A	B	

#09	A	C	B	A	
A					B
C					A
B					C
A					B
	B	A	C	B	

05

CRISTUS [easy as abc]

#10

		D	B	E	B		
							A
C							
							E
A							
B							A
	E	E			C		

#11

	D	A	D	B			
D							
							B
D							A
E							D
							D
		E	B	A	C	D	

#12

		A	E	D	C		
							B
C							D
D							E
							E
A							C
		D	A	E	B		

#13

		E		C		C	
D							
E							B
B							
A							
D							
C							
	C	D		E	B	A	

#14

	B	C	A		E	A	
B							A
							B
E							A
B							
		A	B	E		D	

#15

		E	A	D	B		
B							
							E
							D
D							E
B							A
	C			E	D		

05

CRISTUS (easy as abc)

#16

			B		
C					
					B
B					C
B					A
			A		

#17

	B		B		
A					
					A
					C
C					
	C	B	A		

#18

		B	B	C	
A					
B					A
					B
	C	A			

#19

	B	C	A		
B					
					B
	A			B	

#20

			B		
C					B
					C
A					
	A		C	C	

#21

	B				
A					C
B					A
C					B
		A			

#22

			C	A	
B					
C					
A					
	C		B	C	

#23

	B		A	B	
B					A
					C
	A	B			

05

CRISTUS (easy as abc)

#24

			C	E			
							C
A							B
C							A
							C
	B	D			B		

#25

		D	B		B		
A							
D							B
							D
C							
							A
							B
	E	B	A	C			

#26

	A	C		A			
							E
							C
E							
E							C
D							A
			E	E			

#27

	A			B			
							C
D							A
A							C
	E			D	B		

#28

		B	D	A	C		
							C
A							B
C							A
B							E
	A	E			D		

#29

		D		A			
E							A
							C
E							C
A							D
D							
	D		C		E		

05

CRISTUS (easy as abc)

#30

	C	A	G		B	A	D	F	
C									F
B			E	F					D
C						F	A		E
D			F		E			G	G
						D			A
			C						G
G							F		C
F									B
	F	D	A		C	G		B	

#31

				D	E	A	F		
							F		F
		C							F
F				B					G
A			D						E
D		G	A						
G					C	E			A
B							D		C
F									D
	F	E		A	G	B	G	D	

05

CRISTUS (soluciones)

#00

	B	C	B	A	
C		C	B	A	A
B	B	A		C	C
C	C	B	A		A
A	A		C	B	B
	A	B	C	B	

#01

	E	C	A	D	A	B	
E	E	C	A	D		B	B
D	D	B	C	E	A		A
A	A	D	B		E	C	C
E		E	D	B	C	A	A
C	C		E	A	B	D	D
B	B	A		C	D	E	E
	B	A	E	C	D	E	

#02

	B	A	C	A	
B	B		C	A	A
A		A	B	C	C
C	C	B	A		A
A	A	C		B	B
	A	C	A	B	

#03

	C	C	B	A	
C	C		B	A	A
B	B	C	A		A
A		A	C	B	B
A	A	B		C	C
	A	B	C	C	

#04

	B	C	A	B	
B	B	C	A		A
A	A		C	B	B
C	C	B		A	A
A		A	B	C	C
	C	A	B	C	

#05

	B	A	C	A	
B	B		C	A	A
A		A	B	C	C
A	A	C		B	B
C	C	B	A		A
	C	B	A	B	

#06

	A	C	B	B	
A	A	C	B		B
A		A	C	B	B
C	C	B		A	A
B	B		A	C	C
	B	B	A	C	

#07

	C	C	A	B	
C	C		A	B	B
A	A	C	B		B
B	B	A		C	C
B		B	C	A	A
	B	B	C	A	

#08

	C	A	B	A	
C	C		B	A	A
B	B	A	C		C
B		B	A	C	C
A	A	C		B	B
	A	C	A	B	

#09

	A	C	B	A	
A	A	C	B		B
C	C	B		A	A
B	B		A	C	C
A		A	C	B	B
	B	A	C	B	

#10

		D	B	E	B		
	C	D		E	B	A	A
C		C	B	A	E	D	
	D	A	C	B		E	E
A	A	B	E		D	C	
B	B	E	D	C	A		A
	E		A	D	C	B	
	E	E			C		

#11

	D	A	D	B			
D	D	A		B	E	C	
	C		D	E	A	B	B
D		D	E	C	B	A	A
	B	C	A	D		E	
E	E	B	C	A	D		D
	A	E	B		C	D	D
		E	B	A	C	D	

#12

		A	E	D	C		
		A	E	D	C	B	B
	E	C	D	B		A	
C	C	E	B		A	D	D
D	D	B	C	A	E		E
	B		A	C	D	E	E
A	A	D		E	B	C	C
		D	A	E	B		

#13

		E		C		C	
D	D	E	B		A	C	
E	E	A		C	D	B	B
B	B	C	E	A		D	
A	A	B	C	D	E		
D		D	A	B	C	E	
C	C		D	E	B	A	
	C	D		E	B	A	

#14

	B	C	A		E	A	
B	B	C		D	E	A	A
	D	E	A		C	B	B
	A		D	C	B	E	
E	E	D	C	B	A		A
B		B	E	A	D	C	
	C	A	B	E		D	
		A	B	E		D	

#15

		E	A	D	B		
B	B	E	A	D		C	
	A		D	C	B	E	E
	E	A		B	C	D	D
D	D	C	B	A	E		E
	C	D	E		A	B	
B		B	C	E	D	A	A
	C			E	D		

05

CRISTUS (soluciones)

#16

			B		
C	C	A	B		
	A		C	B	B
B		B	A	C	C
B	B	C		A	A
			A		

#17

	B		B		
A		A	B	C	
	B	C		A	A
	A	B	C		C
C	C		A	B	
	C	B	A		

#18

		B	B	C	
A	A		B	C	
B		B	C	A	A
	B	C	A		
	C	A		B	B
	C	A			

#19

	B	C	A		
	B	C		A	
B		B	A	C	
	C	A	B		B
	A		C	B	
	A			B	

#20

			B		
C	C	A		B	B
		C	B	A	
	B		A	C	C
A	A	B	C		
	A		C	C	

#21

	B				
	B	C	A		
A	A		B	C	C
B		B	C	A	A
C	C	A		B	B
		A			

#22

			C	A	
	A	B	C		
B	B	C		A	
C	C		A	B	
A		A	B	C	
	C		B	C	

#23

	B		A	B	
		C	A	B	
B	B		C	A	A
	C	A	B		
	A	B		C	C
	A	B			

#24

			C	E			
	D	B		E	A	C	C
A	A	E	C		D	B	B
C	C		D	B	E	A	A
	E	C	B	A		D	
	B	A	E	D	C		C
		D	A	C	B	E	
	B	D			B		

#25

		D	B		B		
A	A	D	B	E		C	
D	D	E	C	A	B		B
	B	A	E		C	D	D
C		C	D	B	A	E	
	C	B		D	E	A	A
	E		A	C	D	B	B
	E	B	A	C			

#26

	A	C		A			
	A	C	B		D	E	E
	B		D	A	E	C	C
E		E	C	D	A	B	
E	E	D	A	B	C		C
D	D	B	E	C		A	A
	C	A		E	B	D	
			E	E			

#27

	A			B			
	A	D	C	B		E	
	B	E	D	A	C		C
D	D	B		C	E	A	A
A		A	B	E	D	C	C
	C		E	D	A	B	
	E	C	A		B	D	
	E			D	B		

#28

		B	D	A	C		
	E	B	D	A	C		C
A		A	C	D	E	B	B
C	C	D		E	B	A	A
	D		E	B	A	C	
B	B	C	A		D	E	E
	A	E	B	C		D	
	A	E			D		

#29

		D		A			
	C	D		A	B	E	
E		E	B	C	D	A	A
	B		D	E	A	C	C
E	E	B	A	D	C		C
A	A	C	E	B		D	D
D	D	A	C		E	B	
	D		C		E		

#30

	C	A	G		B	A	D	F	
C	C	A	G	E	B		D	F	F
B	B	G	E	F		A	C	D	D
C		C	B	G	D	F	A	E	E
D	D	B	F	A	E	C		G	G
	E	F		C	G	D	B	A	A
	A	E	C	D	F	B	G		G
G	G		D	B	A	E	F	C	C
F	F	D	A		C	G	E	B	B
	F	D	A		C	G		B	

#31

				D	E	A	F		
	C	B	G	D	E	A	F		F
	E	C	B	G	A	D		F	F
F		F	E	B	D	C	A	G	G
A	A		D	F	B	G	C	E	E
D	D	G	A	C	F		E	B	
G	G	D	F		C	E	B	A	A
B	B	A		E	G	F	D	C	C
F	F	E	C	A		B	G	D	D
	F	E		A	G	B	G	D	

06

MÁS O MENOS (futoshiki)

El objetivo es rellenar las casillas con los números que le faltan teniendo en cuenta que:

- Los signos de mayor que (>) o menor que (<) indican la correlación entre las parejas de números entre los que se encuentran.
- Si no hubiera signo de comparación quiere decir que podría ser cualquiera.
- Los números de cada fila o columna deben ser diferentes.
- Salvo que se especifique lo contrario, en las diagonales se pueden repetir números.

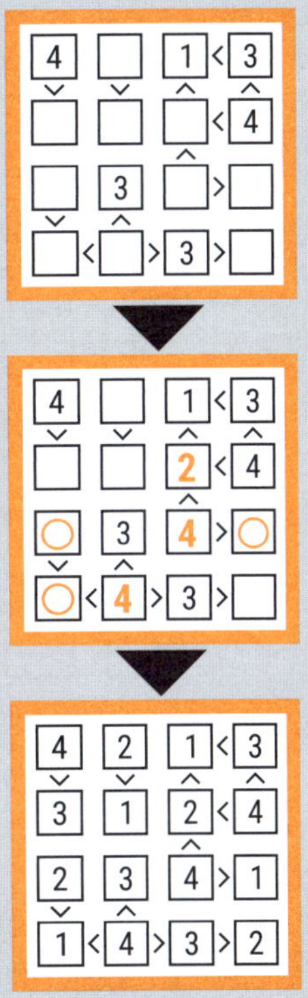

Ejemplo resuelto, para que puedas entender mejor en qué consiste el pasatiempo.

#00

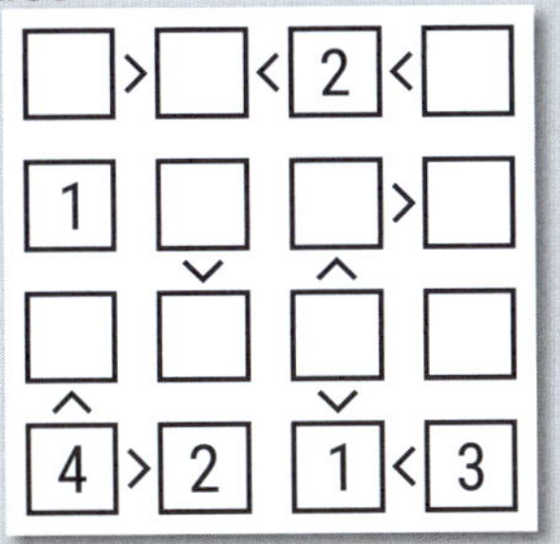

CONSEJOS para resolver el pasatiempo:

1. Cada pasatiempo tiene una solución única.
2. Todos los números se deducen de forma lógica: no hace falta adivinar.
3. Si una fila o columna tiene una sola casilla vacía, ya es obligado el número a colocar en ella.
4. Hay que ir comprobando continuamente para ver si, como consecuencia de los números que vamos colocando, se va repitiendo el punto anterior.
5. Sería interesante buscar cadenas de desigualdades, normalmente empezando por 1 o terminando por el número más alto posible, de donde es posible deducir los demás o los que no pueden ser.

#01

¿Sabías que...

El futoshiki fue inventado en 2001 por **Tamaki Seto**. Es otra de las variantes que se generan a partir de los cuadrados latinos inspirados en **Leonhard Euler**. Se conoce por otros nombres como more or less, hutosiki o unequal.

06 MÁS O MENOS (futoshiki)

#02

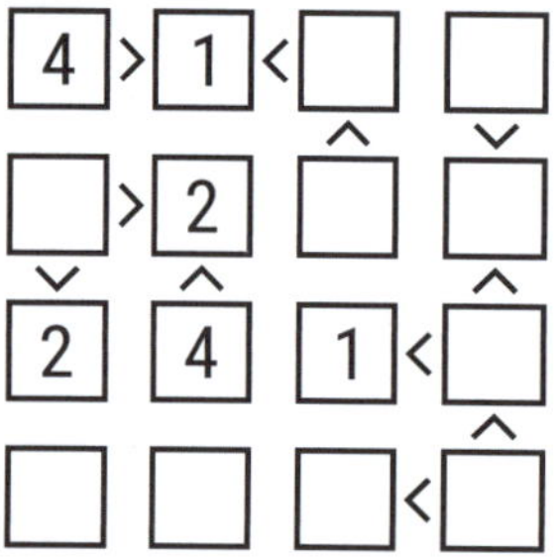

#03

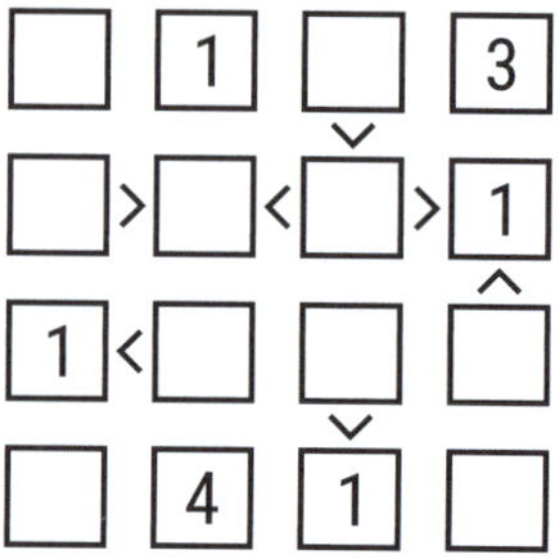

#04

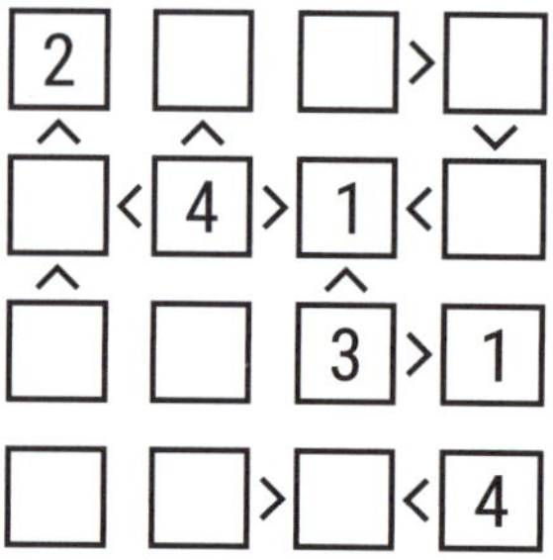

#05

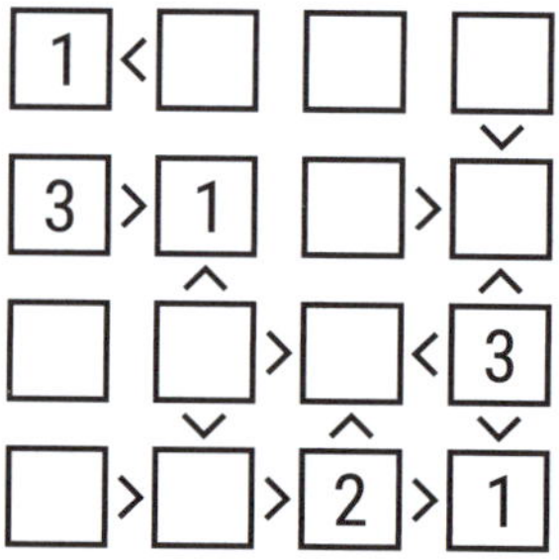

#06

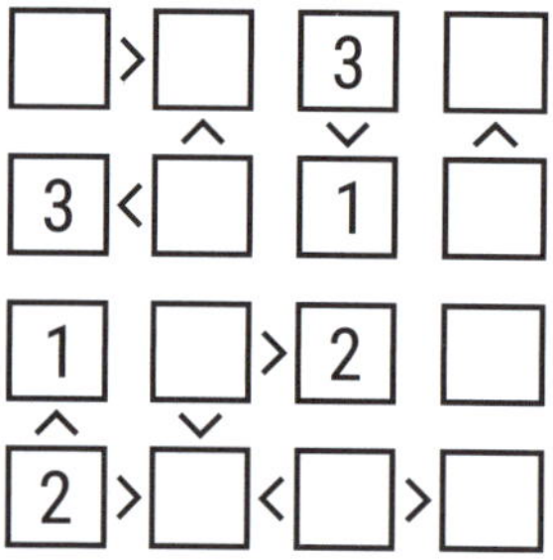

#07

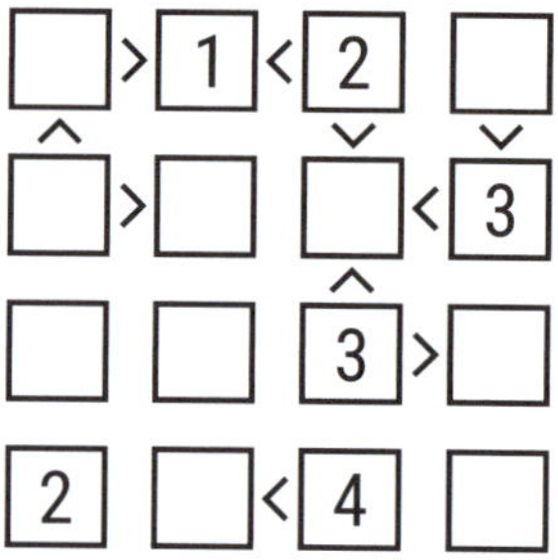

#08

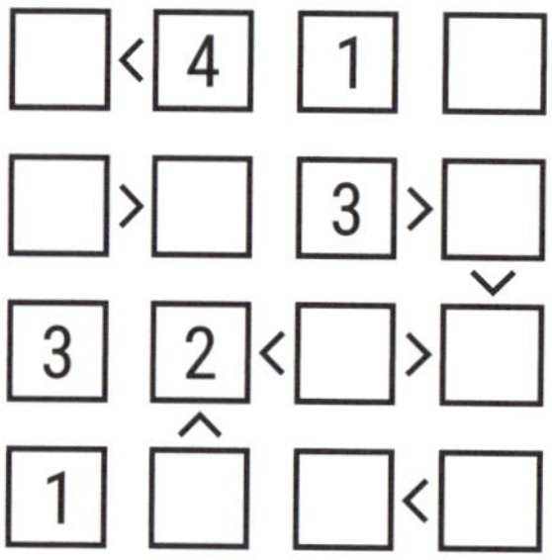

#09

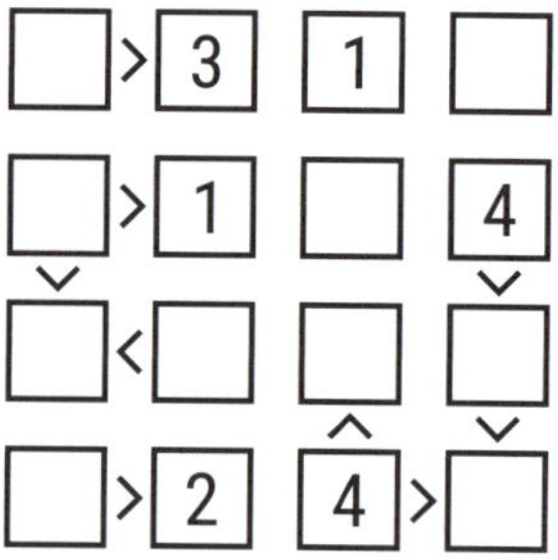

06 MÁS O MENOS (futoshiki)

#10

#11

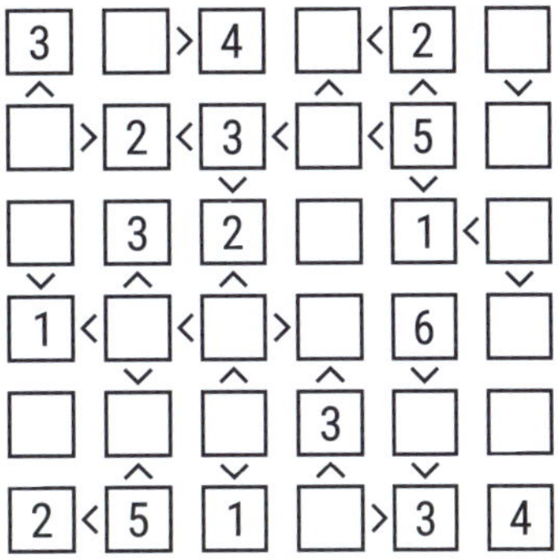

#12

#13

#14

#15

06 MÁS O MENOS (futoshiki)

#16

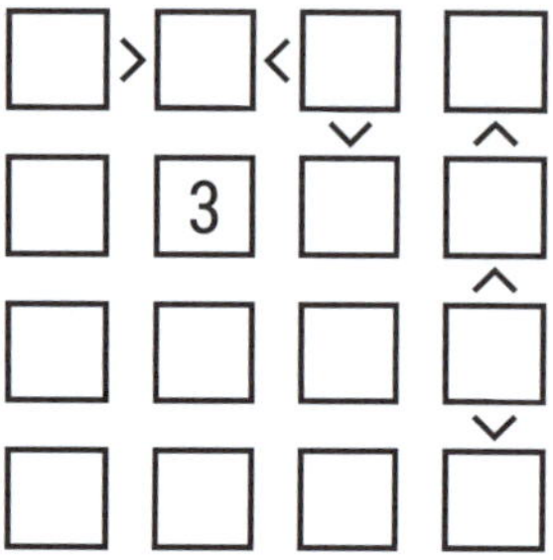

#17

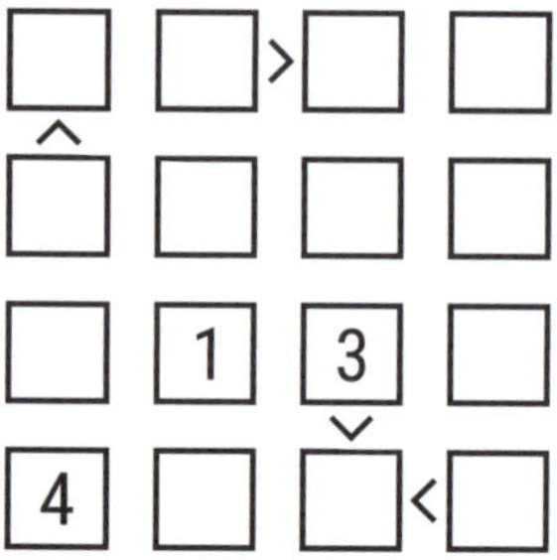

#18

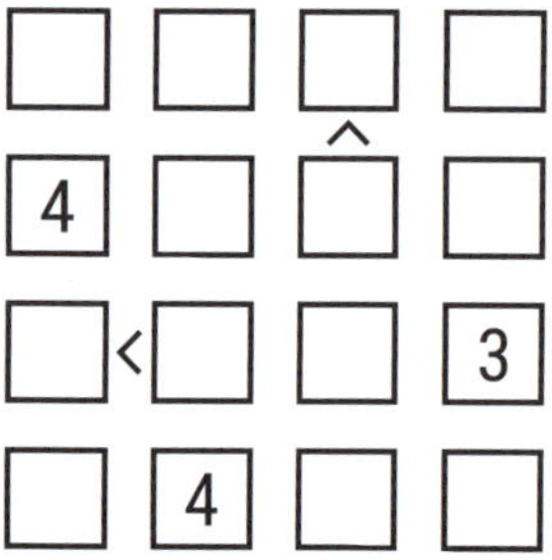

#19

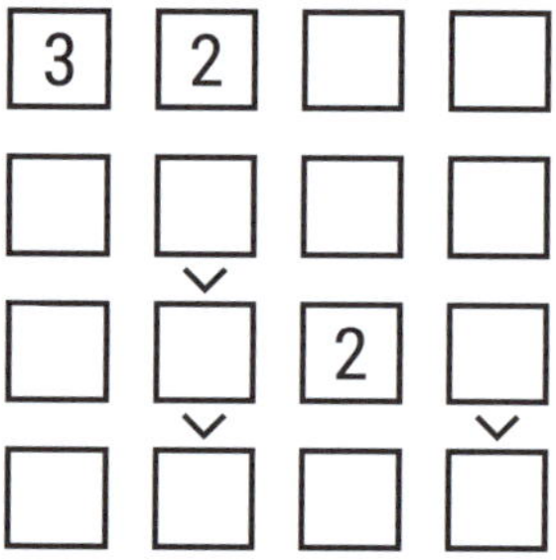

#20

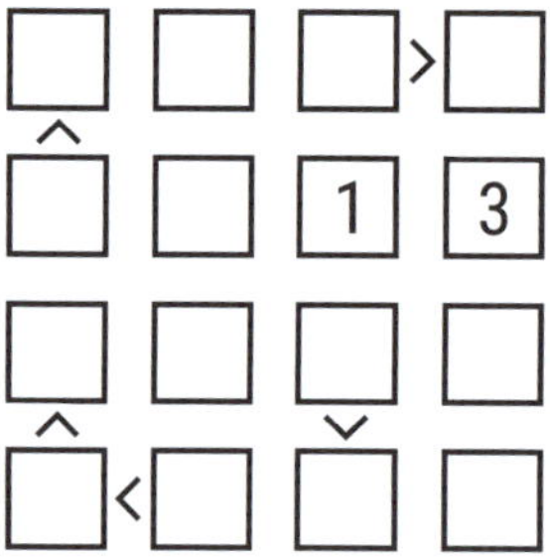

#21

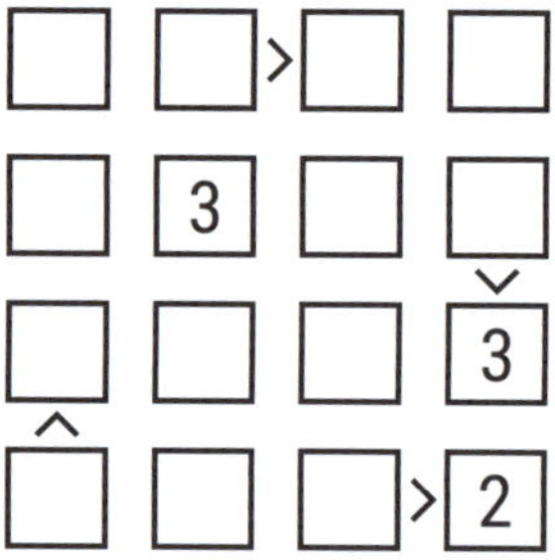

#22

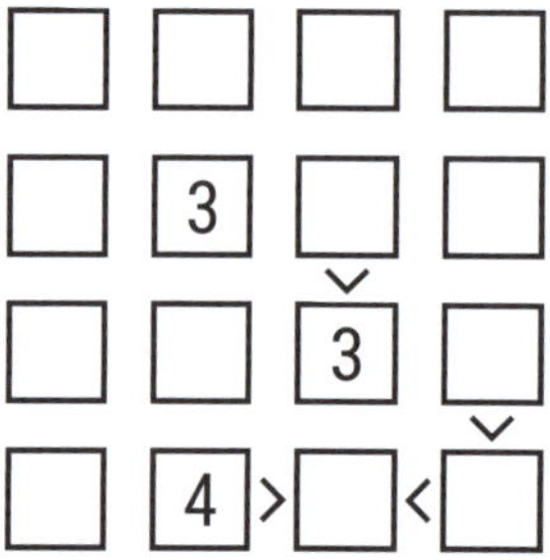

#23

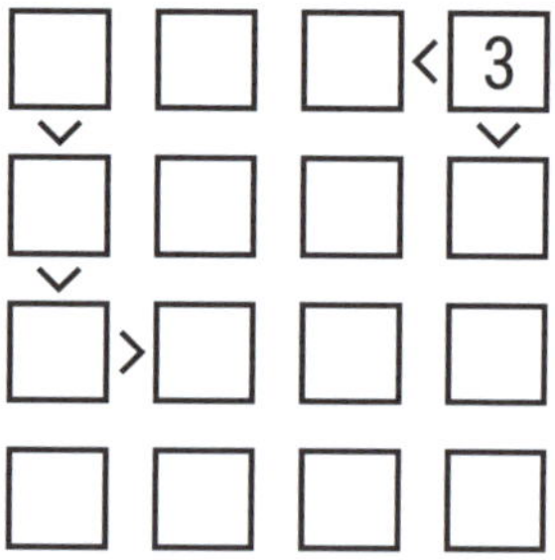

06 MÁS O MENOS (futoshiki)

#24

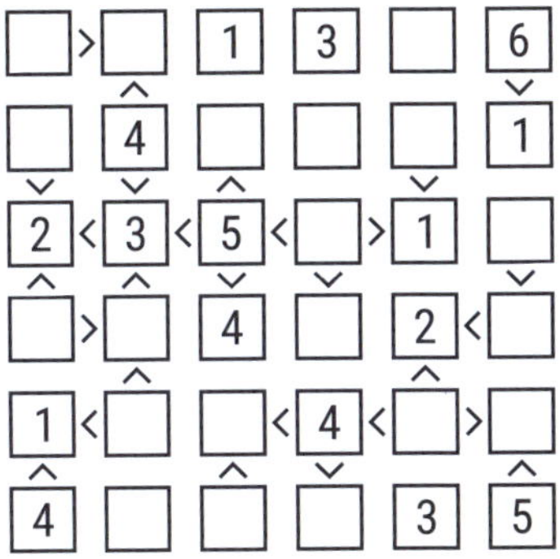

#25

#26

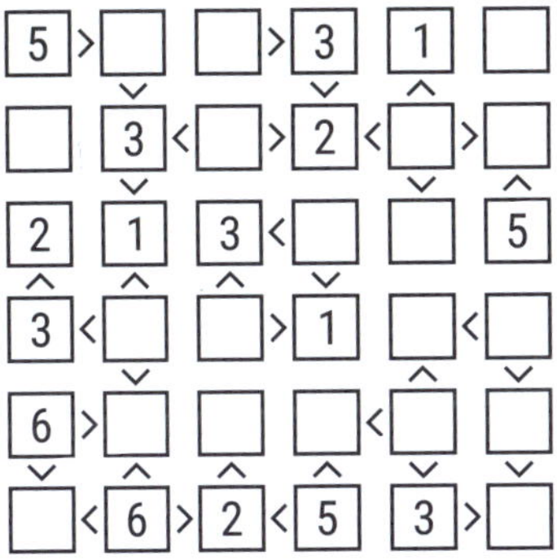

#27

#28

#29

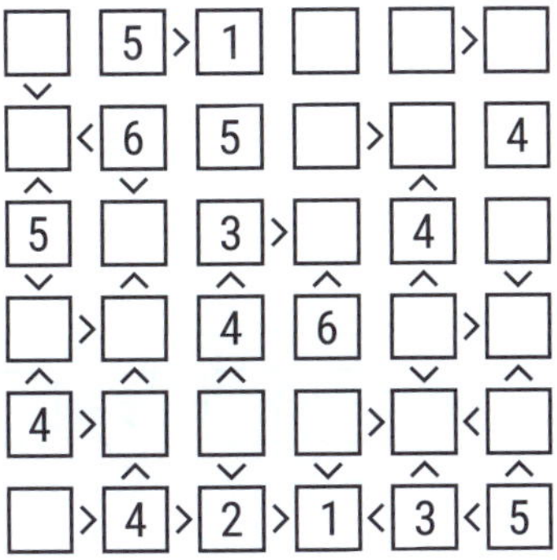

06

MÁS O MENOS (futoshiki)

#30

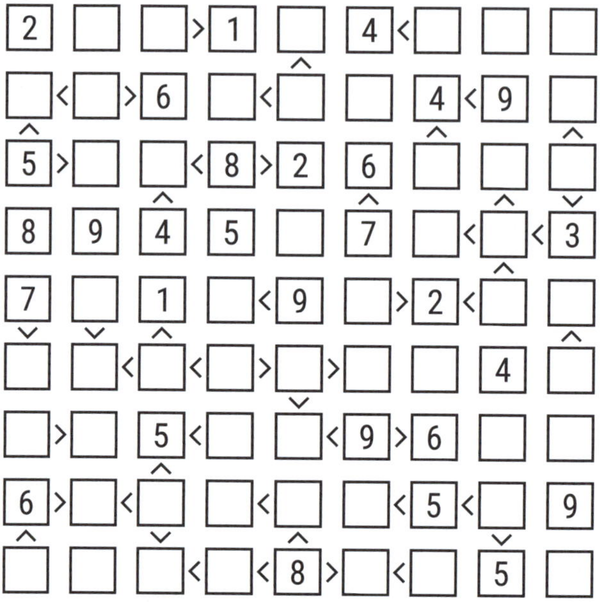

#31

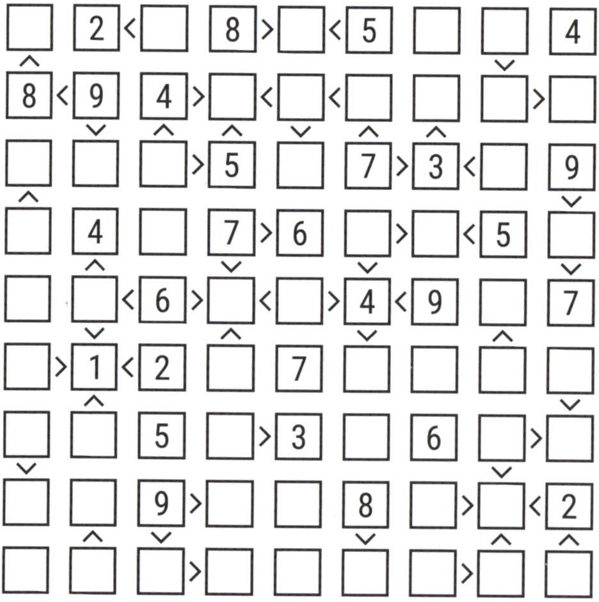

06 MÁS O MENOS (soluciones)

#00

3 > 1 < 2 < 4

1 4 3 > 2

2 3 4 1

4 > 2 1 < 3

#01

5 3 < 4 1 2 6

4 5 > 2 < 3 6 > 1

1 < 4 < 6 5 3 2

2 > 1 < 5 < 6 4 > 3

3 < 6 1 2 < 5 4

6 2 < 3 4 > 1 5

#02

4 > 1 < 3 2

3 > 2 4 1

2 4 1 < 3

1 3 2 < 4

#03

2 1 4 3

4 > 2 < 3 > 1

1 < 3 2 4

3 4 1 2

#04

2 1 4 > 3

3 < 4 > 1 < 2

4 2 3 > 1

1 3 > 2 < 4

#05

1 < 2 3 4

3 > 1 4 > 2

2 4 > 1 < 3

4 > 3 > 2 > 1

#06

4 > 2 3 1

3 < 4 1 2

1 3 > 2 4

2 > 1 < 4 > 3

#07

3 > 1 < 2 4

4 > 2 1 < 3

1 4 3 > 2

2 3 < 4 1

#08

2 < 4 1 3

4 > 1 3 > 2

3 2 < 4 > 1

1 3 2 < 4

#09

4 > 3 1 2

2 > 1 3 4

1 < 4 2 3

3 > 2 4 > 1

#10

1 < 3 5 4 6 > 2

4 < 5 > 2 1 < 3 6

6 4 > 3 5 2 1

5 > 1 6 > 2 < 4 > 3

2 6 > 4 > 3 > 1 5

3 2 > 1 < 6 > 5 4

#11

3 6 > 4 1 < 2 5

6 > 2 < 3 < 4 < 5 1

4 3 2 5 1 < 6

1 < 4 < 5 > 2 6 3

5 1 6 3 4 2

2 < 5 1 6 > 3 4

#12

3 < 4 6 5 > 2 1

5 < 6 1 3 4 > 2

2 < 5 4 > 1 6 3

1 2 < 3 4 < 5 < 6

4 > 1 2 < 6 3 5

6 > 3 < 5 2 1 < 4

#13

5 2 6 > 4 > 3 > 1

4 6 3 < 5 > 1 < 2

1 < 4 > 2 3 < 6 5

3 1 < 5 2 4 6

6 5 4 1 2 < 3

2 3 1 6 5 4

#14

1 < 5 4 2 3 6

4 > 1 3 < 5 < 6 2

5 < 6 1 < 4 > 2 3

2 4 < 6 3 > 1 < 5

3 > 2 5 < 6 > 4 1

6 3 2 > 1 < 5 4

#15

3 < 4 > 2 < 6 5 > 1

1 3 5 > 4 6 > 2

6 > 5 4 > 2 1 3

2 1 6 5 3 < 4

5 > 2 > 1 3 4 6

4 6 > 3 1 < 2 5

06

MÁS O MENOS (soluciones)

#16

3	2	4	1
4	3	1	2
2	1	3	4
1	4	2	3

#17

1	4	2	3
3	2	4	1
2	1	3	4
4	3	1	2

#18

2	3	1	4
4	1	3	2
1	2	4	3
3	4	2	1

#19

3	2	4	1
2	4	1	3
1	3	2	4
4	1	3	2

#20

1	3	4	2
4	2	1	3
2	1	3	4
3	4	2	1

#21

3	4	2	1
2	3	1	4
1	2	4	3
4	1	3	2

#22

4	1	2	3
2	3	4	1
1	2	3	4
3	4	1	2

#23

4	2	1	3
3	4	2	1
2	1	3	4
1	3	4	2

#24

5	2	1	3	4	6
3	4	2	5	6	1
2	3	5	6	1	4
6	5	4	1	2	3
1	6	3	4	5	2
4	1	6	2	3	5

#25

5	2	4	3	1	6
3	1	2	5	6	4
6	5	1	4	2	3
2	3	5	6	4	1
4	6	3	1	5	2
1	4	6	2	3	5

#26

5	4	6	3	1	2
1	3	5	2	6	4
2	1	3	6	4	5
3	5	4	1	2	6
6	2	1	4	5	3
4	6	2	5	3	1

#27

2	1	6	4	3	5
4	6	5	3	2	1
3	4	1	6	5	2
5	3	2	1	6	4
1	5	3	2	4	6
6	2	4	5	1	3

#28

3	2	5	6	1	4
5	3	4	2	6	1
6	5	1	3	4	2
1	6	2	4	3	5
4	1	3	5	2	6
2	4	6	1	5	3

#29

2	5	1	4	6	3
1	6	5	3	2	4
5	1	3	2	4	6
3	2	4	6	5	1
4	3	6	5	1	2
6	4	2	1	3	5

#30

2	5	9	1	3	4	7	6	8
3	8	6	2	7	5	4	9	1
5	4	3	8	2	6	9	1	7
8	9	4	5	6	7	1	2	3
7	6	1	4	9	8	2	3	5
1	2	7	9	5	3	8	4	6
4	3	5	7	1	9	6	8	2
6	1	8	3	4	2	5	7	9
9	7	2	6	8	1	3	5	4

#31

6	2	3	8	1	5	7	9	4
8	9	4	2	5	6	1	7	3
1	6	8	5	2	7	3	4	9
3	4	1	7	6	9	2	5	8
2	5	6	1	8	4	9	3	7
4	1	2	9	7	3	8	6	5
9	7	5	4	3	2	6	8	1
7	3	9	6	4	8	5	1	2
5	8	7	3	9	1	4	2	6

07

PUNTADAS (stitches)

El objetivo es hacer agujeros en la cuadrícula para conectar cada región con todas sus vecinas con exactamente una línea (puntada) teniendo en cuenta que:

- La longitud de cada puntada es igual a la de una casilla, es decir, que conecta ortogonalmente dos casillas adyacentes de diferentes regiones.
- Dos puntadas no pueden compartir un agujero.
- El número en el borde del tablero indica cuántos agujeros debe haber en la fila o columna correspondiente.

Ejemplo resuelto, para que puedas entender mejor en qué consiste el pasatiempo.

#00

CONSEJOS para resolver el pasatiempo:

1. Cada pasatiempo tiene una solución única.
2. Todas las puntadas se deducen de forma lógica: no hace falta adivinar.
3. Si el número exterior es 0, ya podemos marcar con X todas las casillas alineadas con él, porque deben estar vacías (sin agujeros).
4. Del mismo modo, si el número exterior es igual al número de casillas de lado del tablero, implica que ya podemos llenar toda ella con agujeros.
5. A medida que se sitúan casillas vacías es importante revisar los números exteriores por si hay nuevas posibilidades.
6. Si dos regiones están en contacto solo por una línea, ya podemos situar ahí sendos agujeros y su puntada.

#01

¿Sabías que...

En la Revolución francesa se hicieron famosas las *tricoteuses*, que hacían punto mientras bajaba la cuchilla de la guillotina, dando popularidad a estas labores. El pasatiempo puntadas es mucho más moderno, pero recuerda a las labores de las tejedoras.

07

PUNTADAS (stitches)

#02

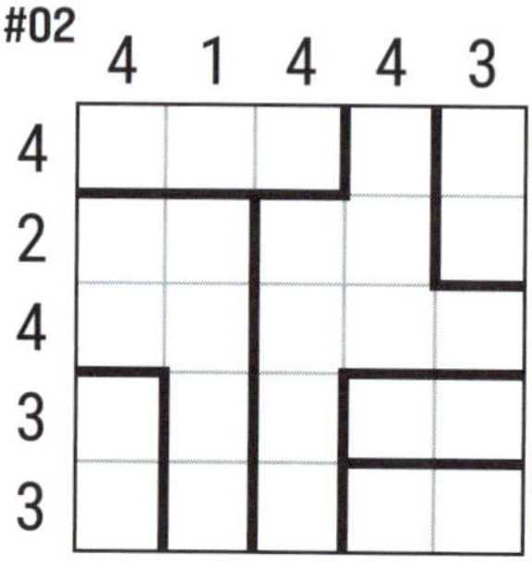

#03

#04

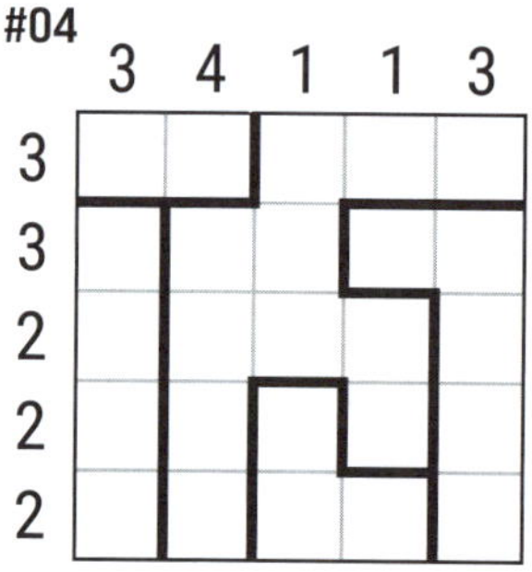

#05

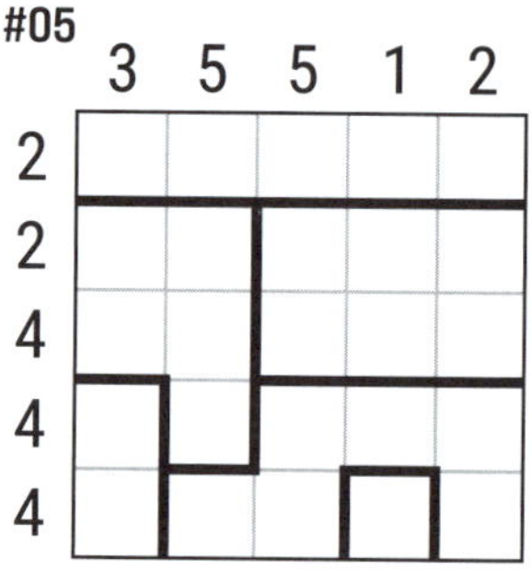

#06

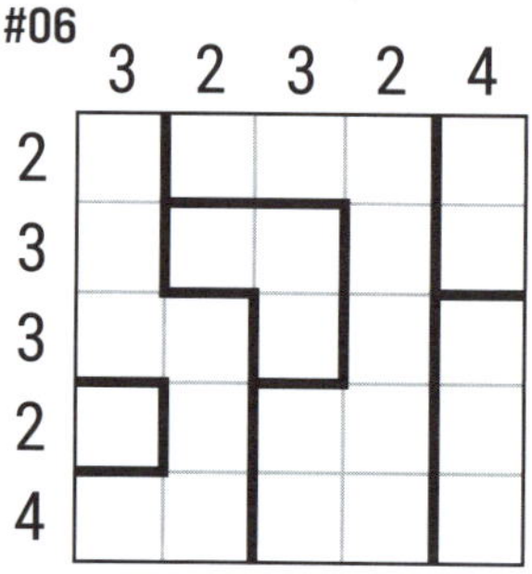

#07

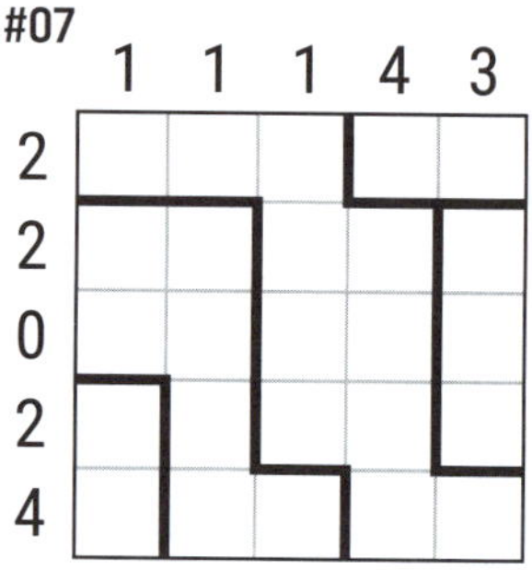

#08

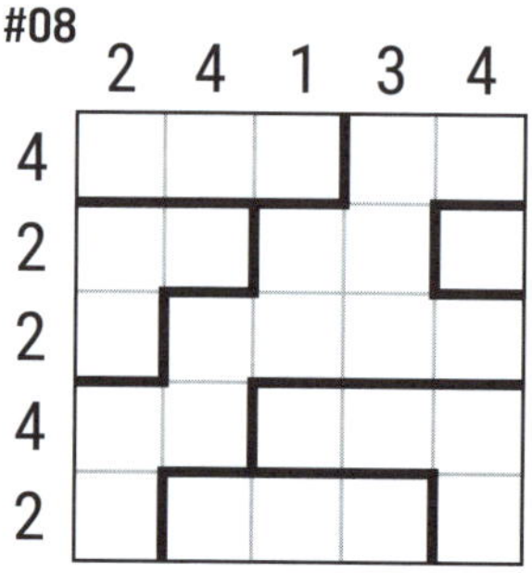

#09

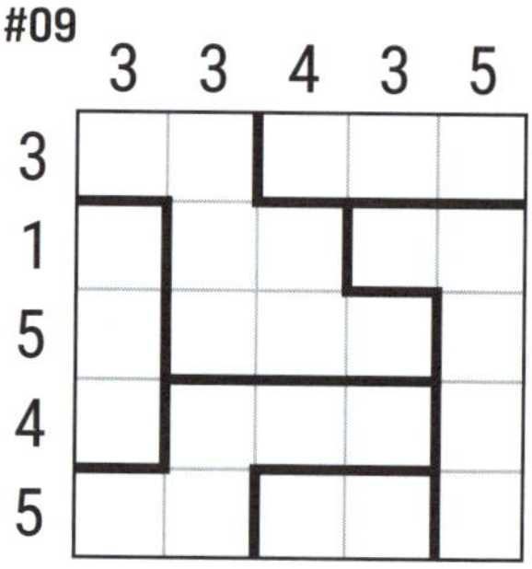

07 PUNTADAS (stitches)

#10

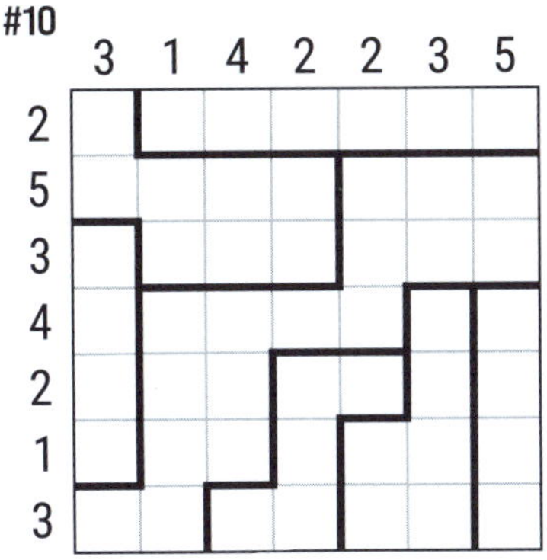

#11

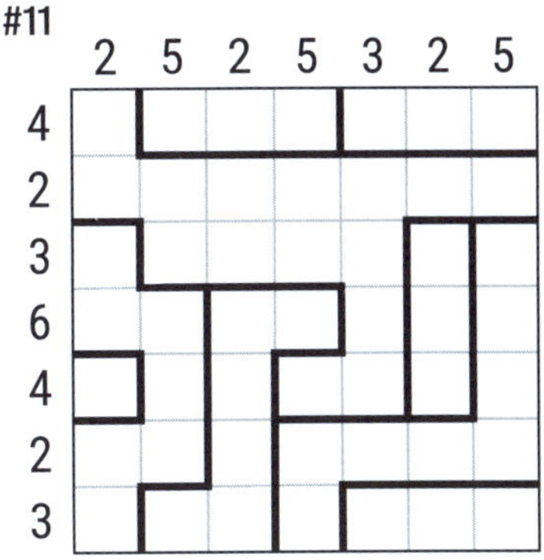

#12

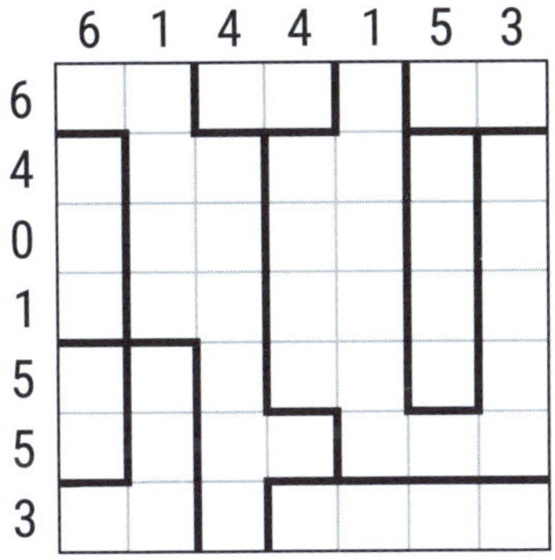

#13

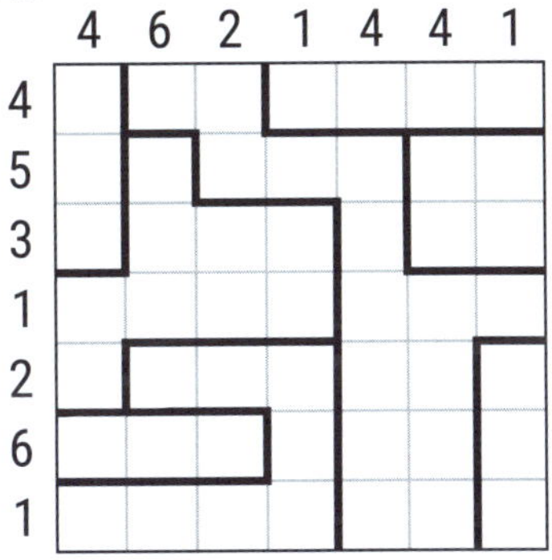

#14

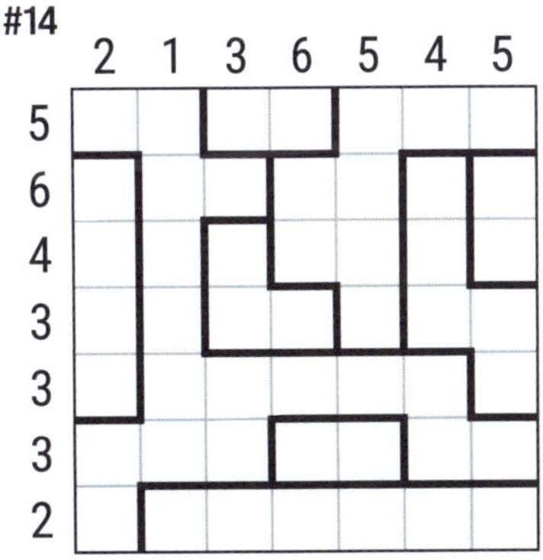

#15

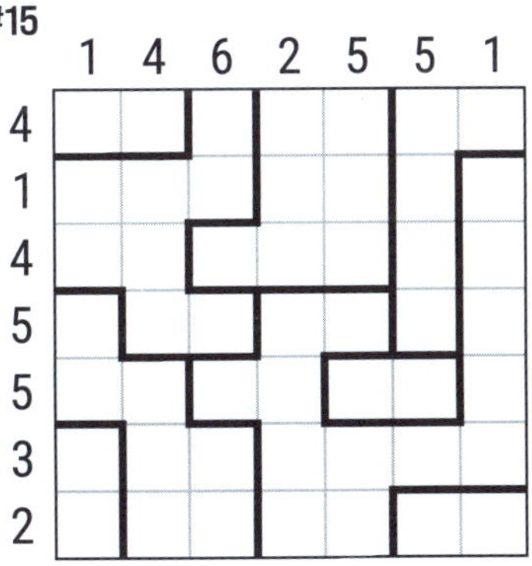

07 PUNTADAS (stitches)

#16

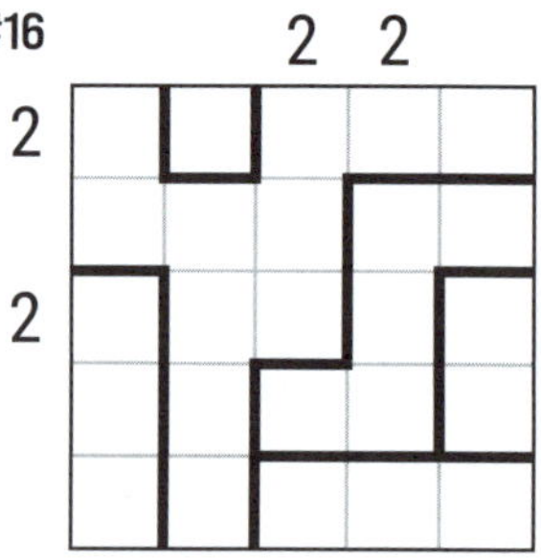

#17

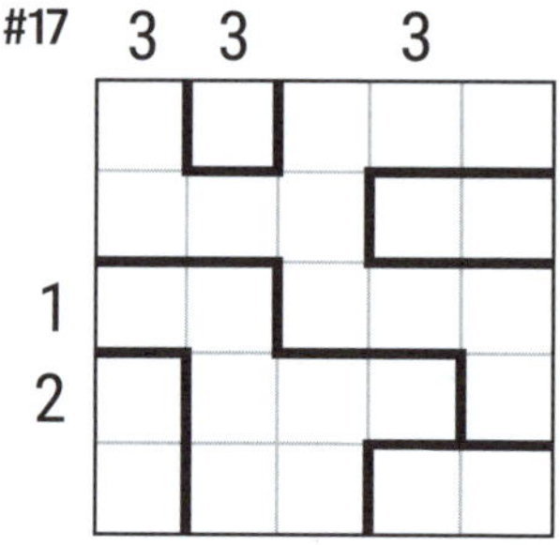

#18

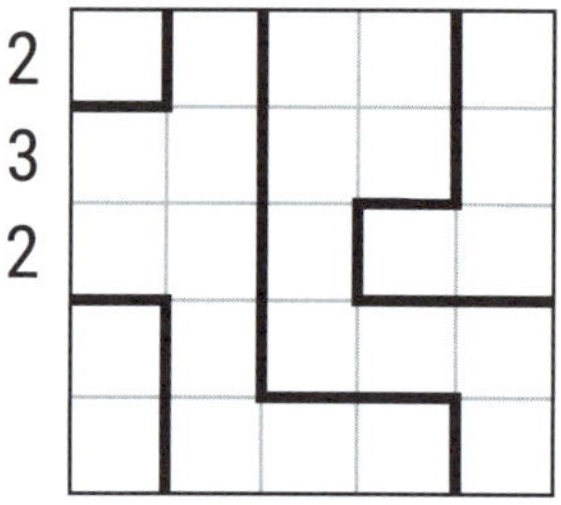

#19

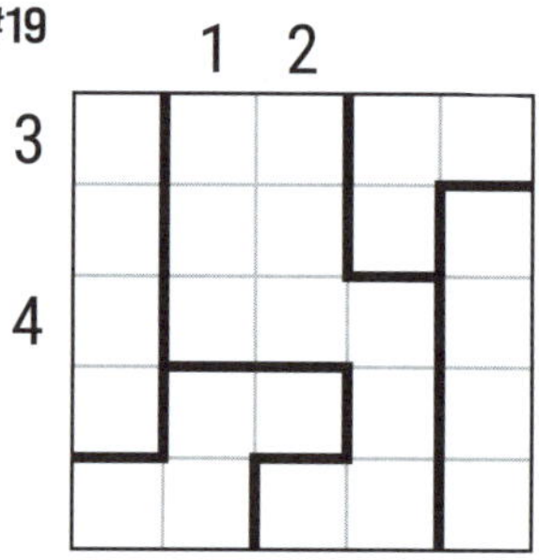

#20

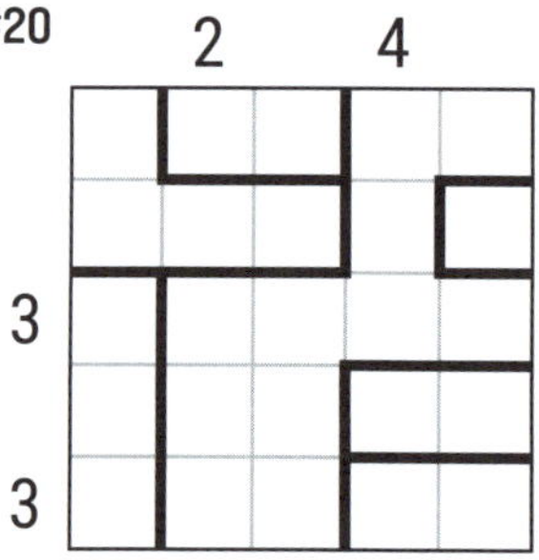

#21

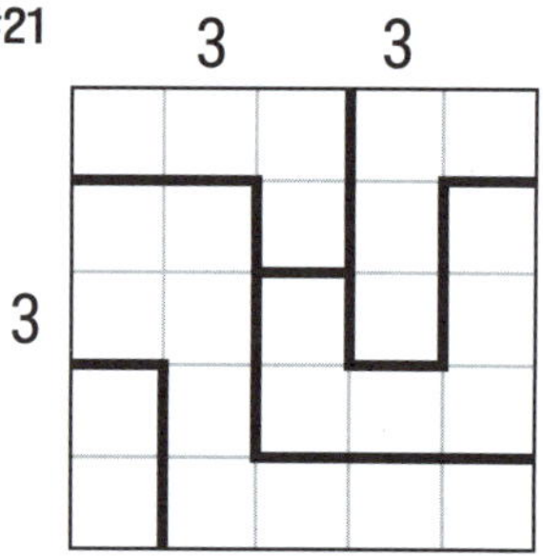

#22

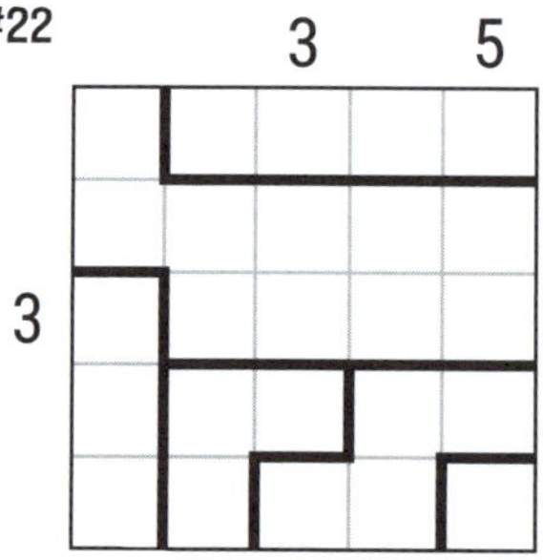

#23

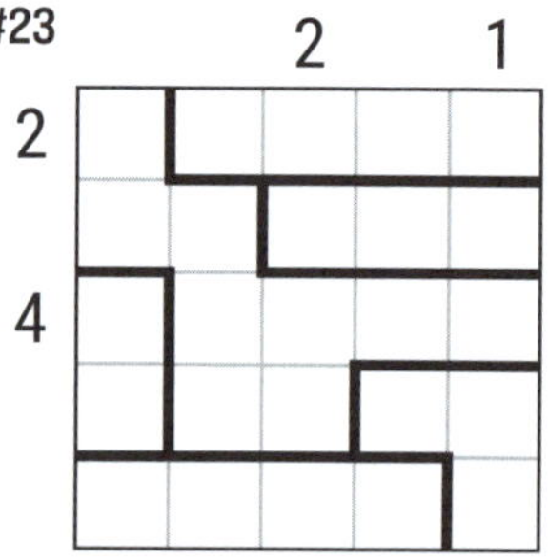

07 PUNTADAS (stitches)

#24

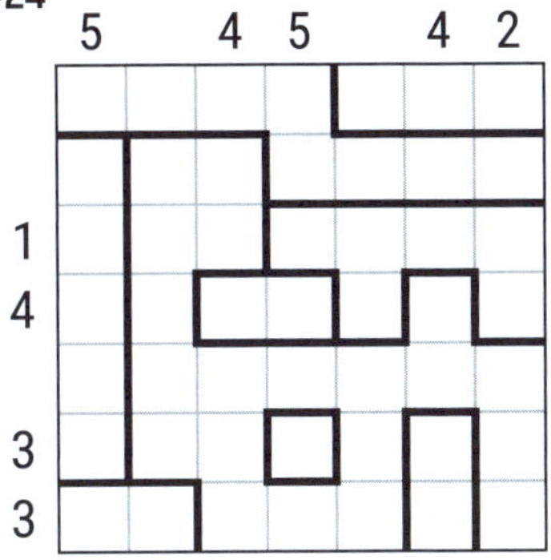

#25

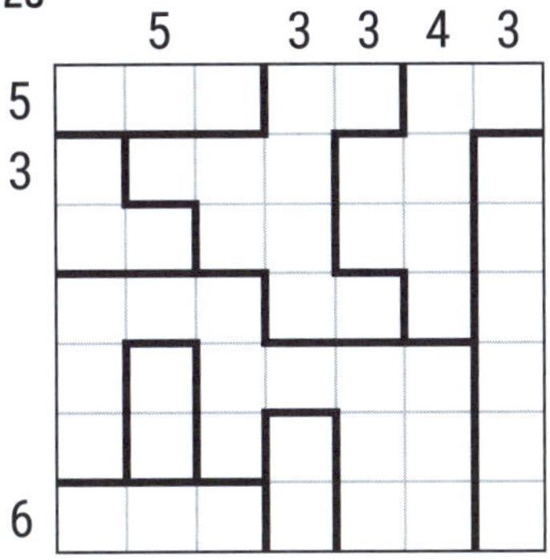

#26

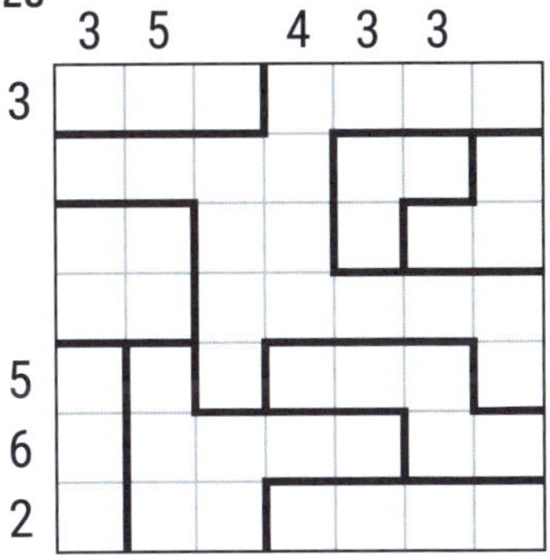

#27

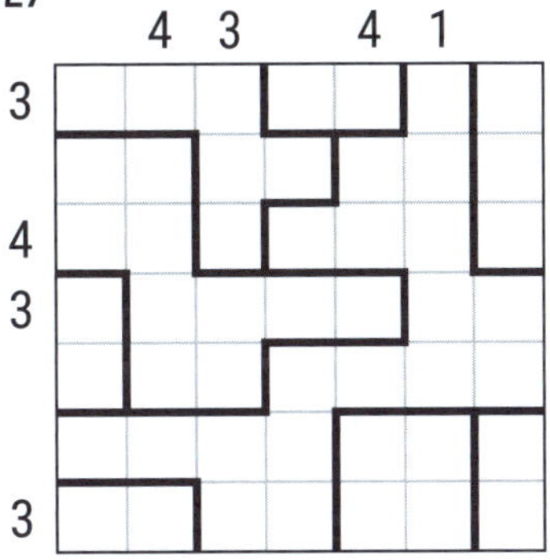

#28

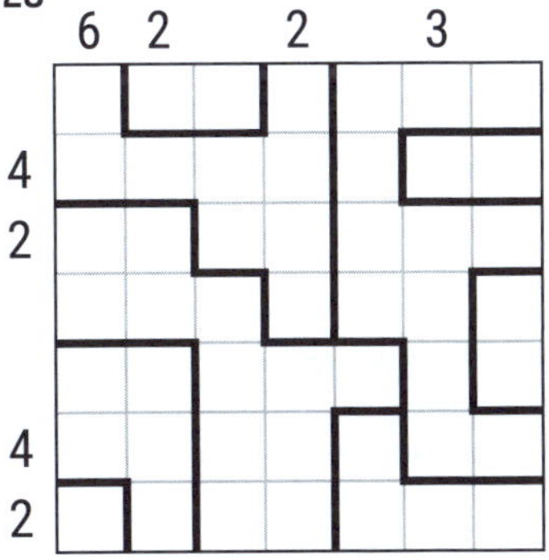

#29

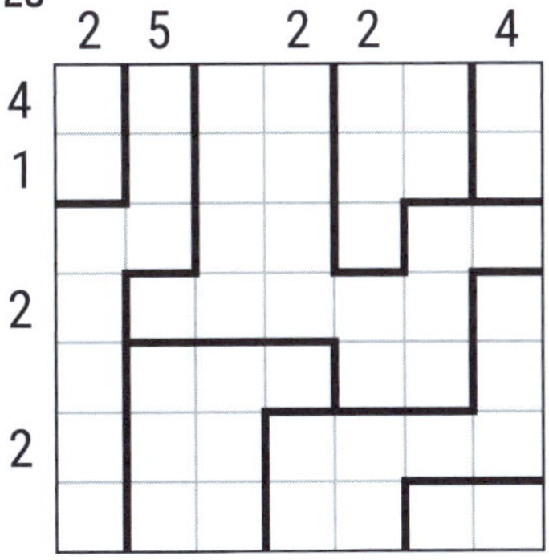

PUNTADAS (stitches)

#30

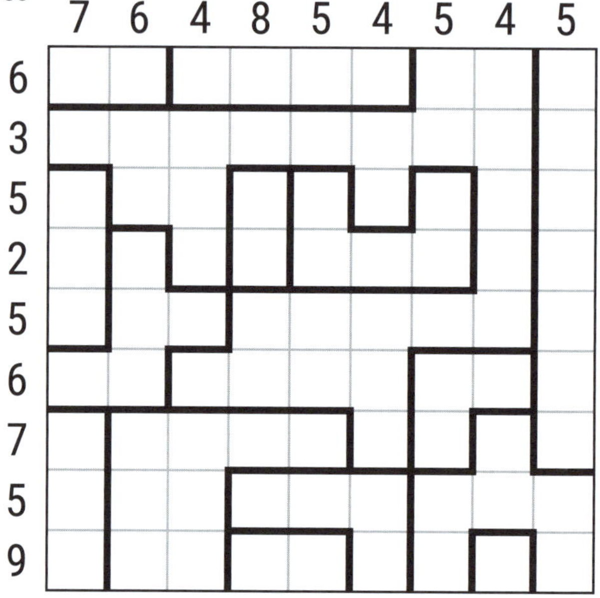

#31

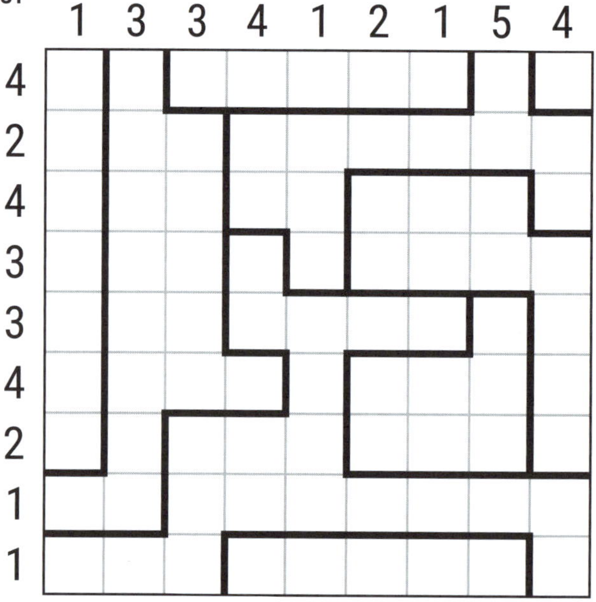

07 PUNTADAS (soluciones)

#00

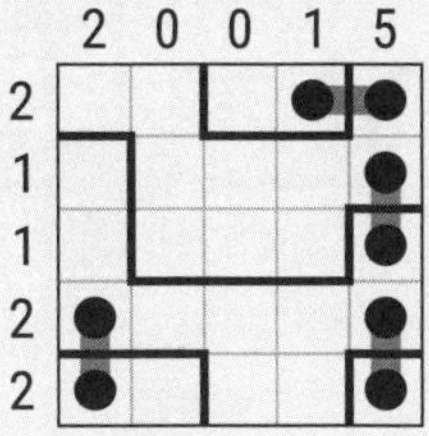

#01

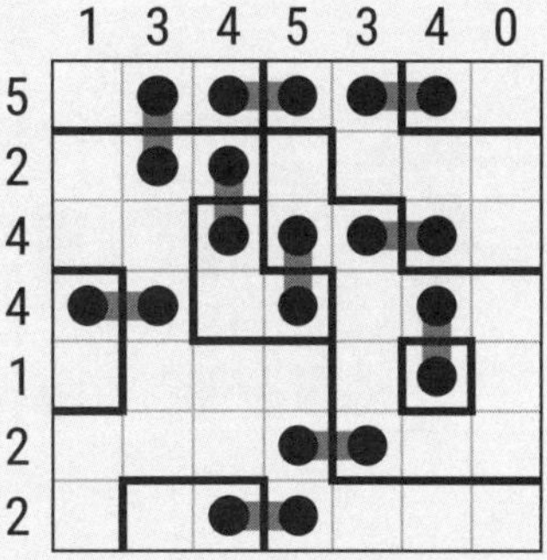

#02

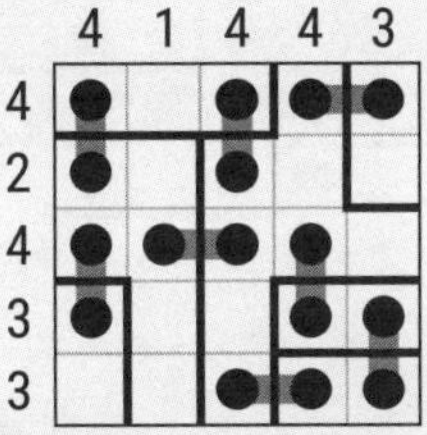

#03

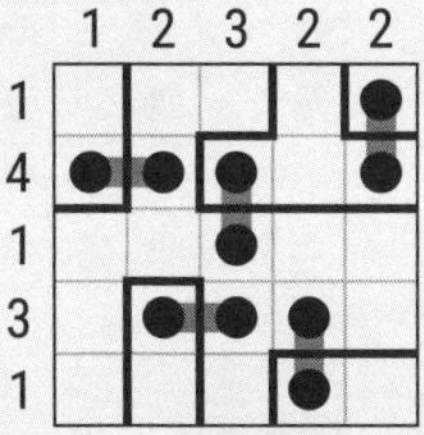

#04

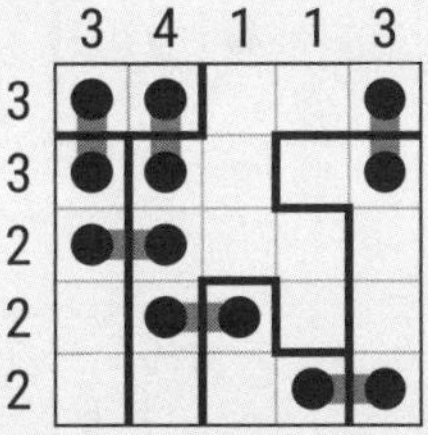

#05

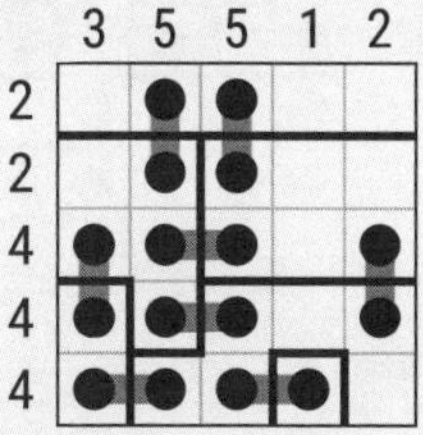

#06

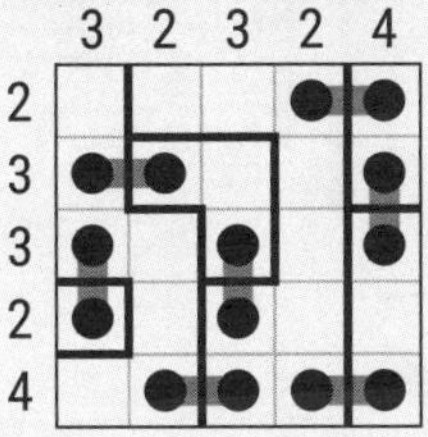

#07

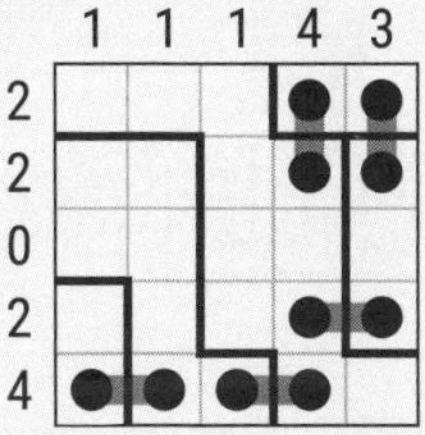

#08

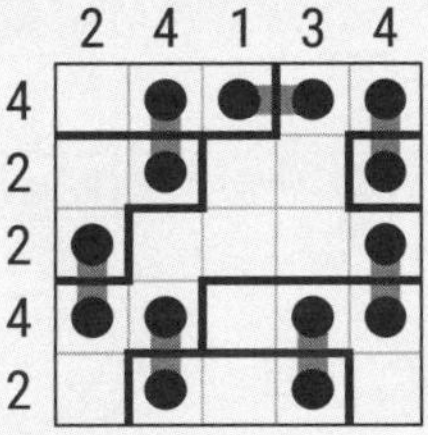

#09

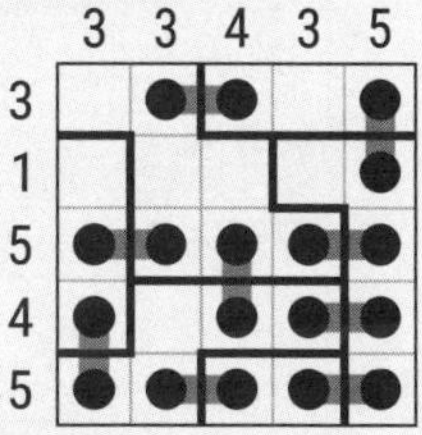

#10

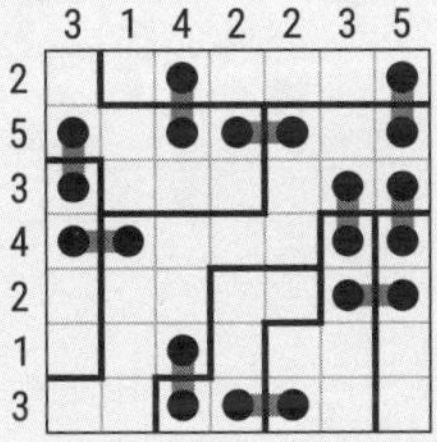

#11

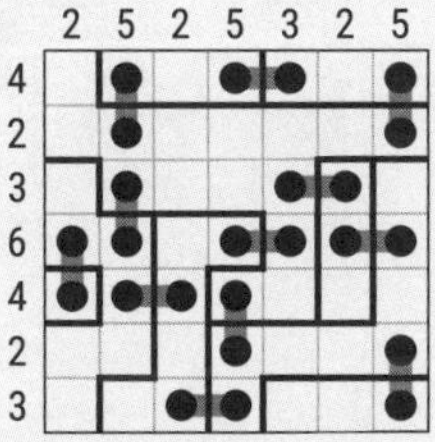

#12

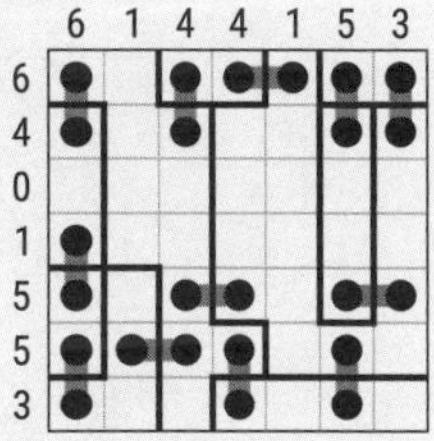

#13

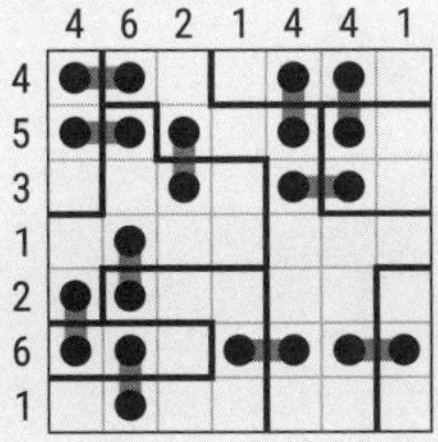

#14

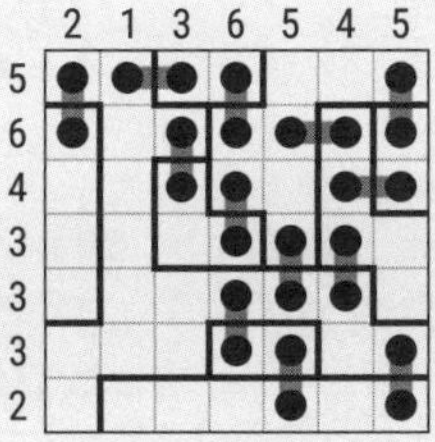

#15

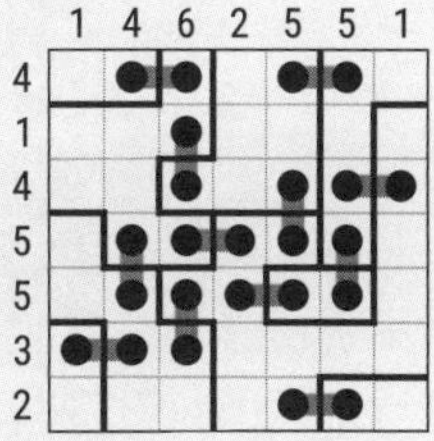

07

PUNTADAS (soluciones)

#16
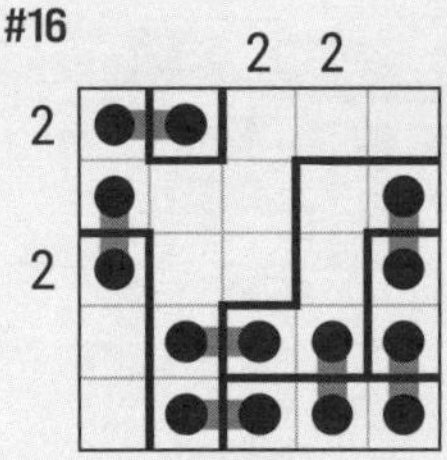

#17
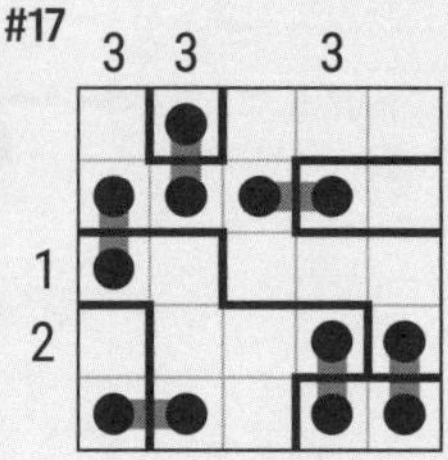

#18
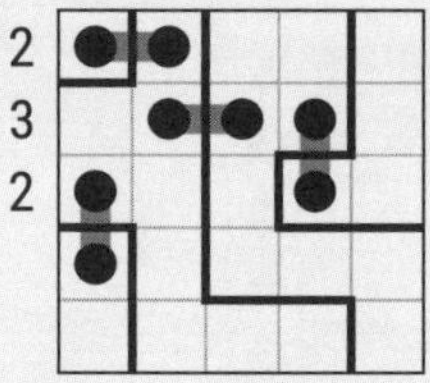

#19
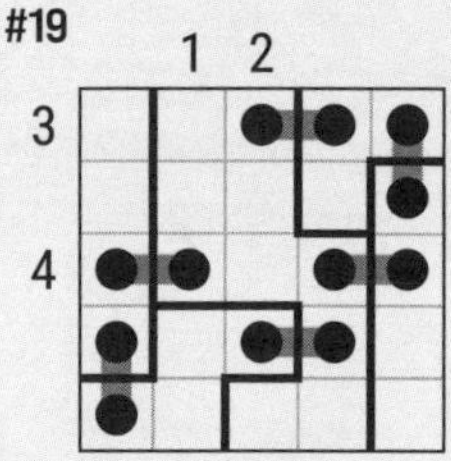

#20
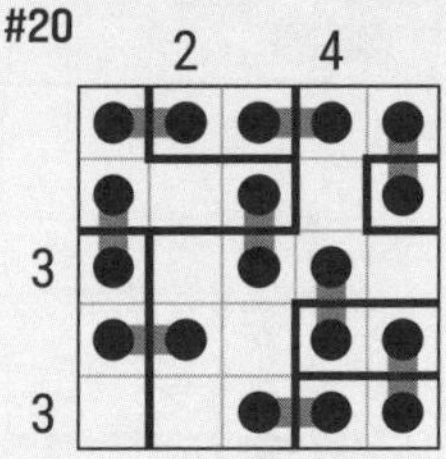

#21
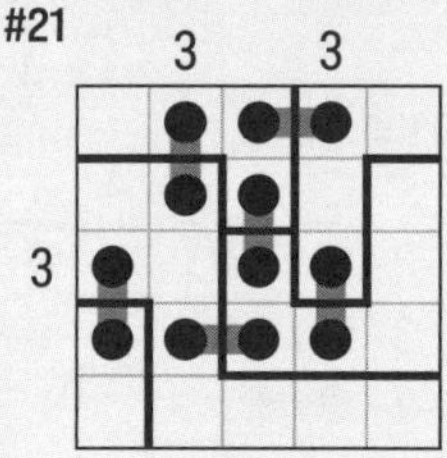

#22
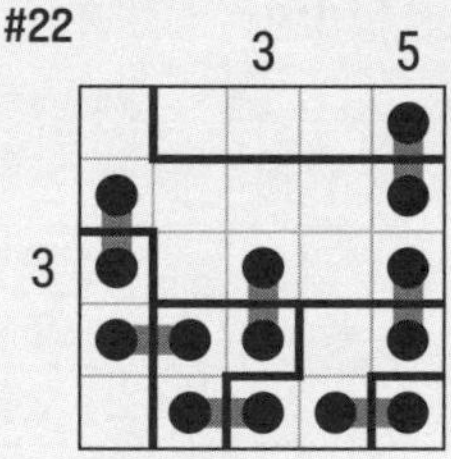

#23
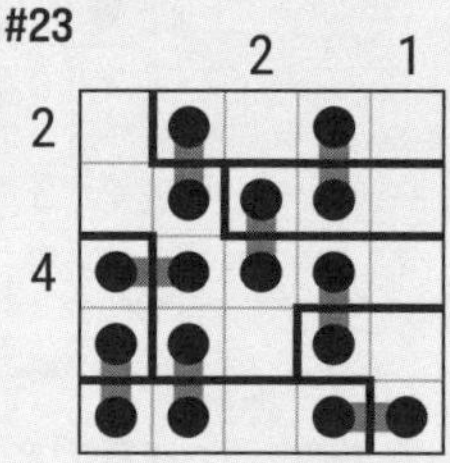

#24
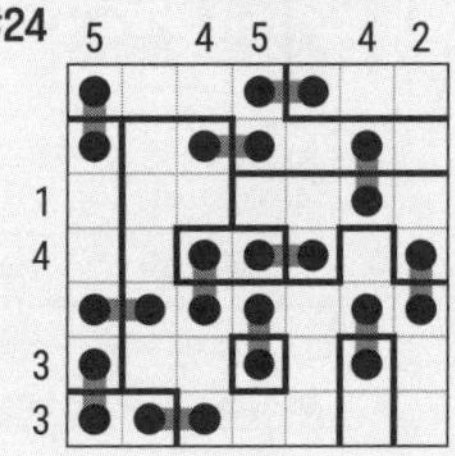

#25
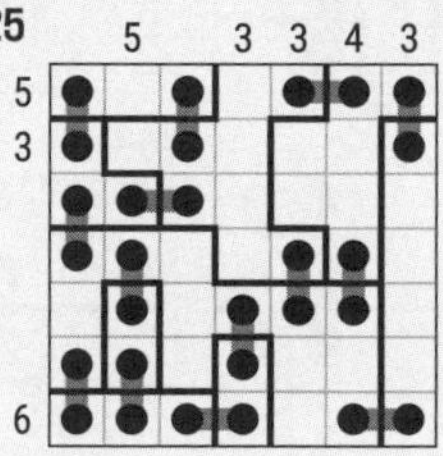

#26
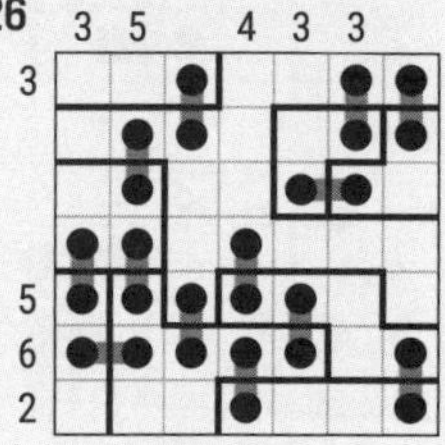

#27
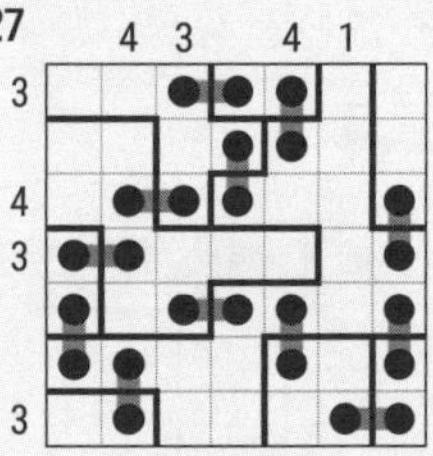

#28
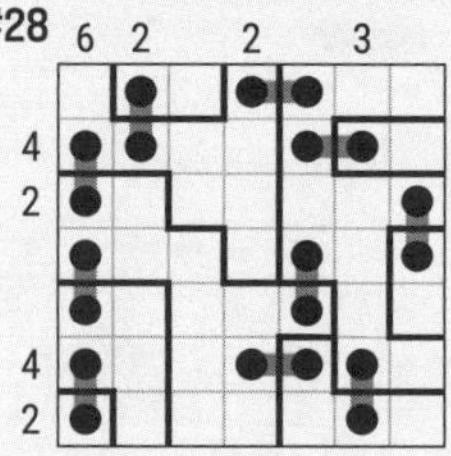

#29
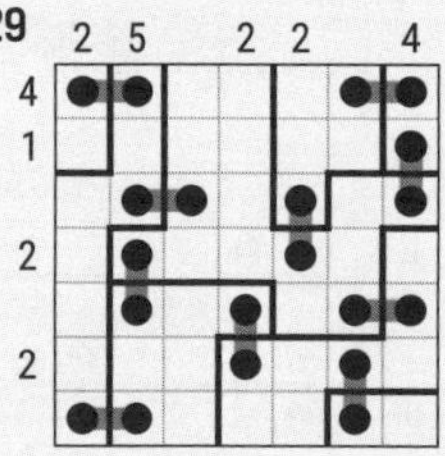

#30
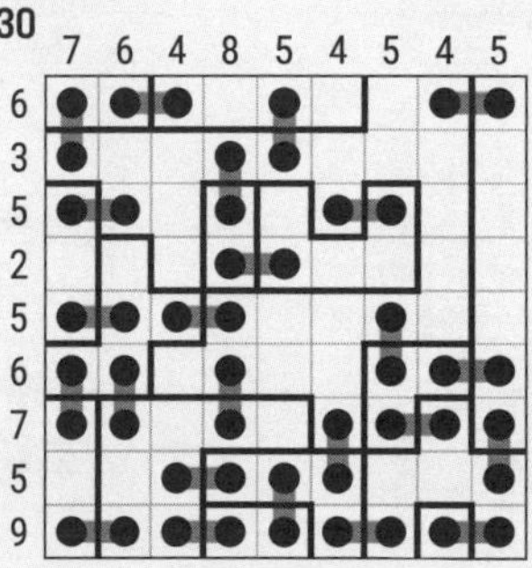

#31
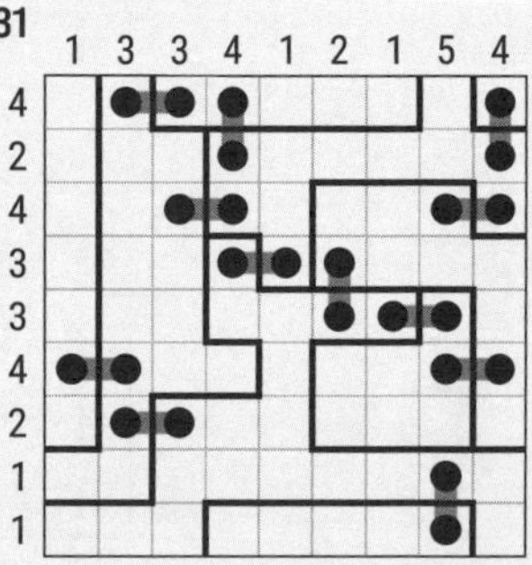

TATAMI (tatamibari)

El objetivo es dividir el tablero en regiones rectangulares teniendo en cuenta que:

- Cada región debe contener un solo símbolo en alguna de sus casillas.
- Una región con una cruz debe ser cuadrada.
- Si una casilla contiene una barra horizontal, el ancho de la región debe ser mayor que su altura.
- Del mismo modo, si una casilla contiene una barra vertical, el ancho de la región debe ser menor que su altura.
- No hay límite en el tamaño de las regiones, siempre que cumplan con las condiciones indicadas.
- En un punto del tablero no pueden concurrir las esquinas de cuatro regiones.

#00

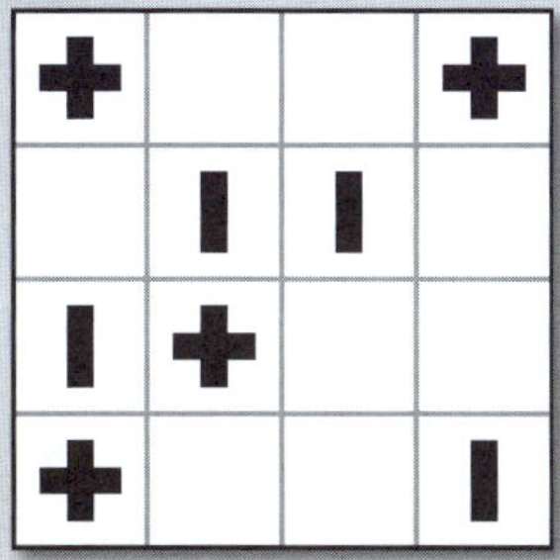

Ejemplo resuelto, para que puedas entender mejor en qué consiste el pasatiempo.

CONSEJOS para resolver el pasatiempo:

1. Cada pasatiempo tiene una solución única.
2. Todas las regiones se deducen de forma lógica: no hace falta adivinar.
3. Comienza poniendo líneas para separar casillas contiguas con símbolos.
4. Localiza regiones evidentes, como las de una casilla (con el +) por cuya disposición de las pistas de alrededor solo sea posible esa opción.
5. Las regiones alargadas tienen la misma lógica para ir encontrándolas.
6. A veces podrías probar a delimitar una región cuya imposibilidad podrás deducir luego por la disposición de los símbolos a su alrededor.

#01

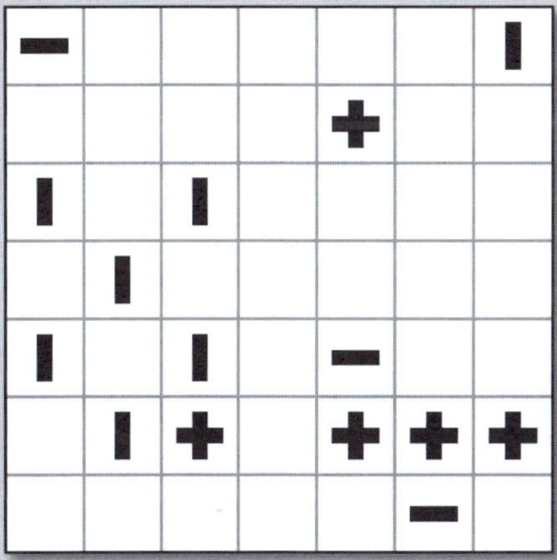

¿Sabías que...

Un tatami es una esterilla rectangular típica de las casas japonesas, y este pasatiempo se conoce normalmente como tatamibari y fue publicado por primera vez por **Nikoli**, una acreditada editorial de revistas de pasatiempos originales.

08 TATAMI (tatamibari)

#02

	│		—
│		+	
		+	
		+	│

#03

+		—	│
		│	
	│	—	

#04

		+	+
	+		—
		—	+
	—	—	

#05

		+	
	│	│	
│		—	│

#06

—			
+		│	
		—	

#07

			+
			+
+			
—			│

#08

	+	+	+
│		—	
—			

#09

—			
		—	+
│		—	
	—	—	

08

TATAMI (tatamibari)

#10

				−		
	−					
+	−				+	
	−		−			+
		−				
	+		−		+	+
		−	−			

#11

	−					
+		│	+	+		
	−			−		
		│		−		│
	│					−
					−	

#12

	+		│			
│	+			│	│	
−		│		+		
+	−					+
	−			−		
−			−	+	+	+

#13

│	│					+
			−			│
│					│	
		−				+
			+			+
−				−		

#14

│						
│						−
				−		
	+			│		│
	−	│				
		−	│			│

#15

			│			
−					│	│
		│			│	
	+			│		│
			│	+		
│						
	│	+			+	

08

TATAMI (tatamibari)

#16

			−
		+	+
	+	−	
+		−	

#17

			−
│	+	+	
−			│

#18

		│	
	│		
│	−		│

#19

│	+		│
		│	
	│		
+			│

#20

│	+	−	
	−		+
			−
+		−	+

#21

	−		+
│			│
		│	
	│	−	

#22

−			│
+	│	│	
+			−
−			+

#23

	+	−	
			−
	−		│

08 TATAMI (tatamibari)

#24

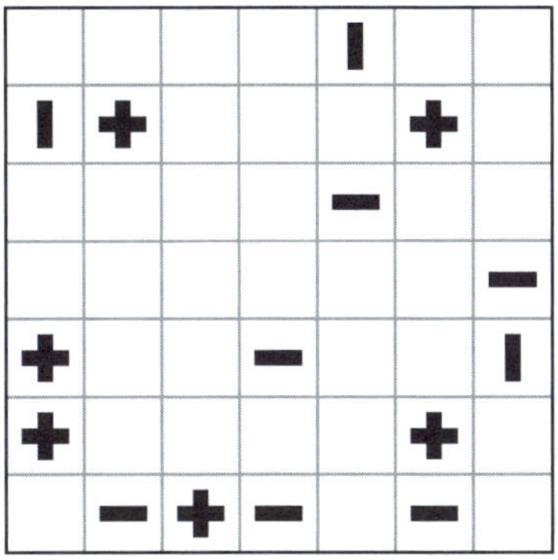

#25

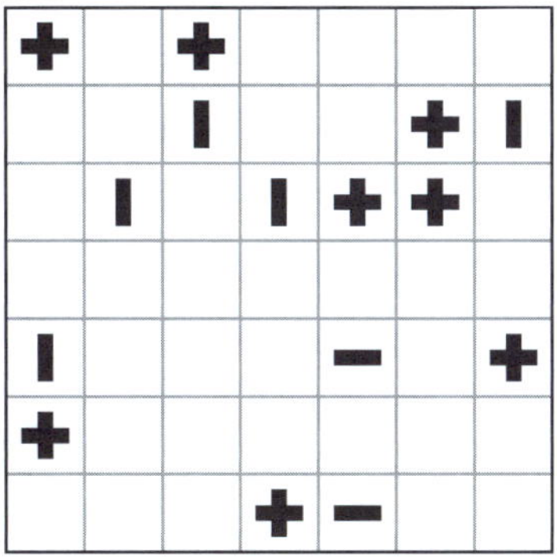

#26

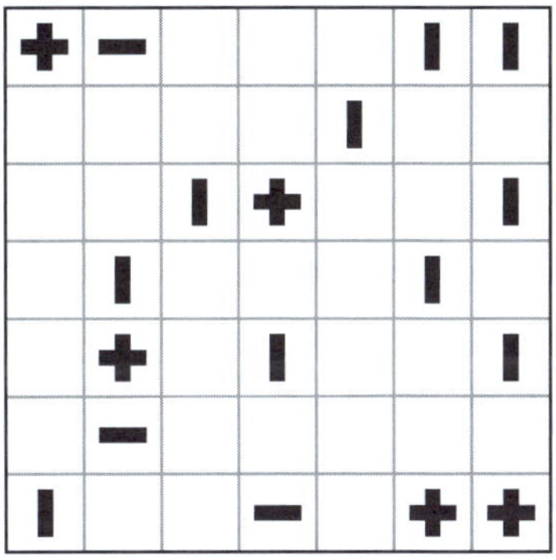

#27

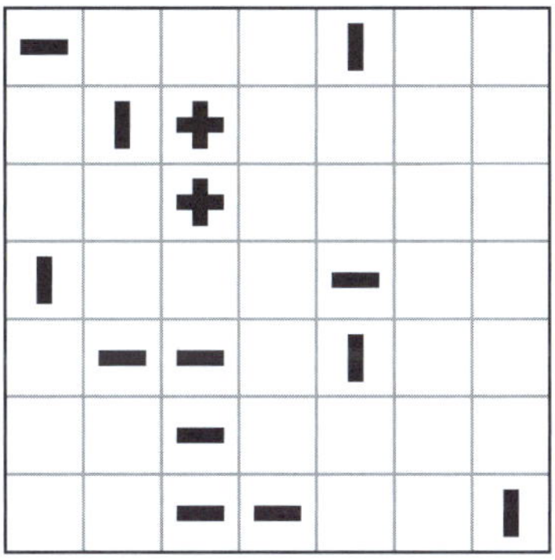

#28

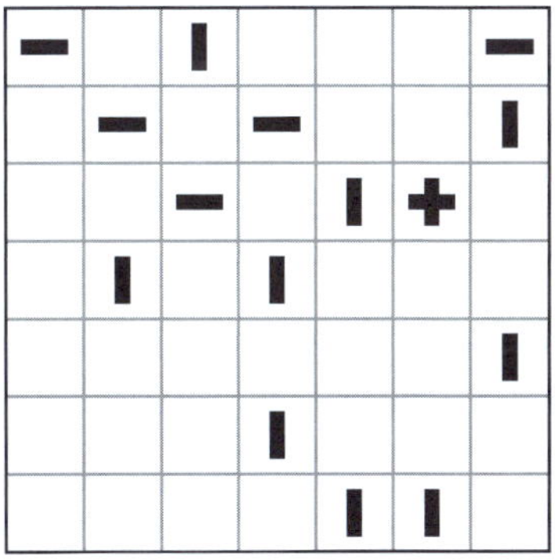

#29

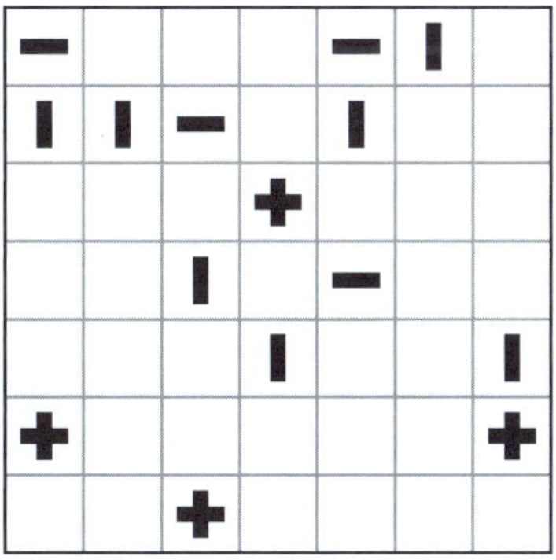

08

TATAMI (tatamibari)

#30

+							−	
	−	+	−		|			|
				|		|	
−							+	
			+		+	−		|
	|				−			
			+				|	|
			+	+			+	
	−	−					+	

#31

	+							−
	|				+		|	
			|				|
	−					|		
	+	−				+		
|		−	−			|		|
		−		+			+	
|			+		|		−	|
	+				−			−

08 TATAMI (soluciones)

#00

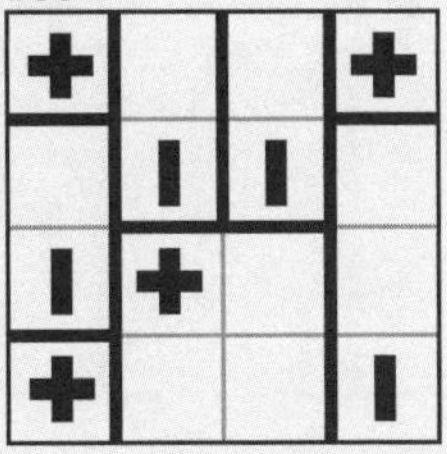

#01

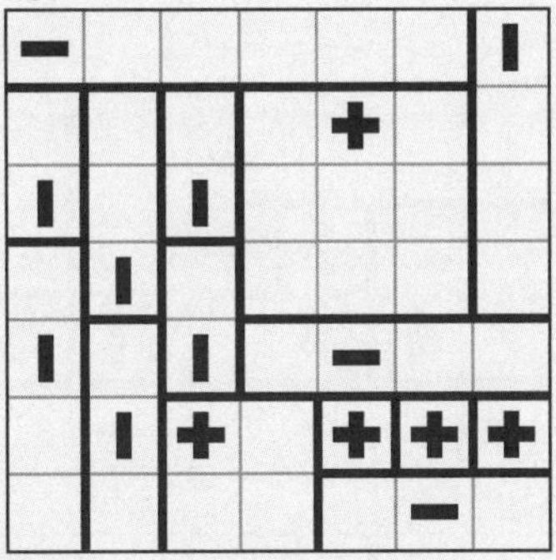

#02

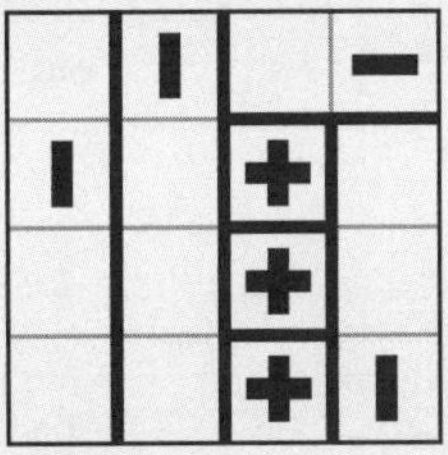

#03

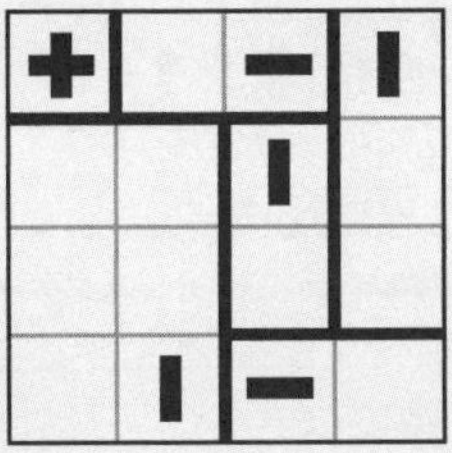

#04

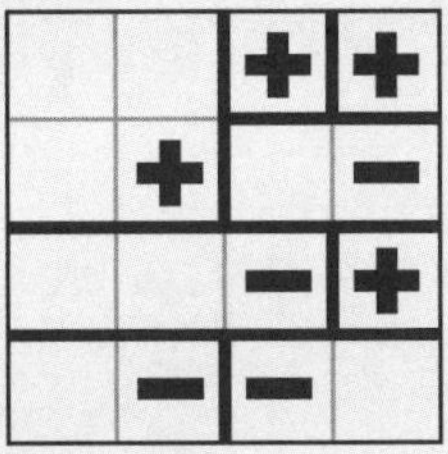

#05

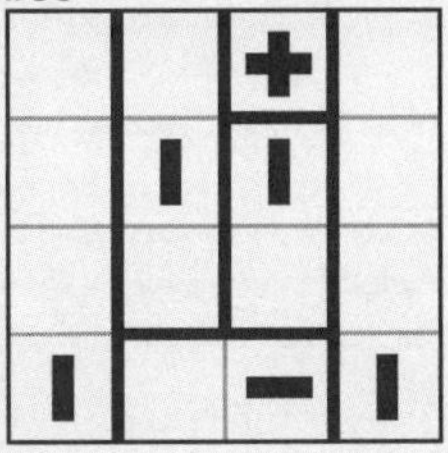

#06

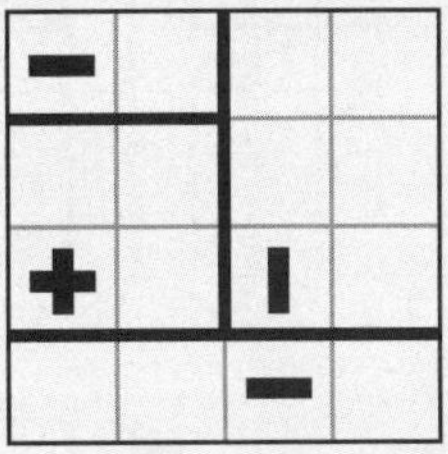

#07

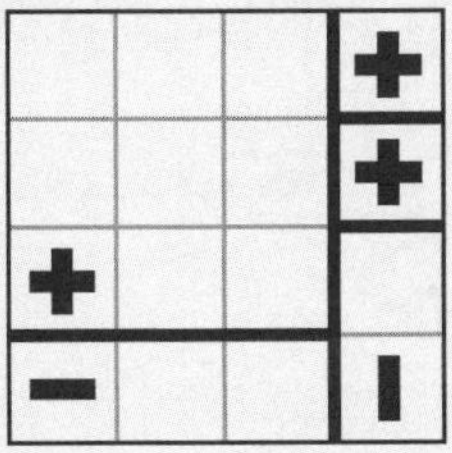

#08

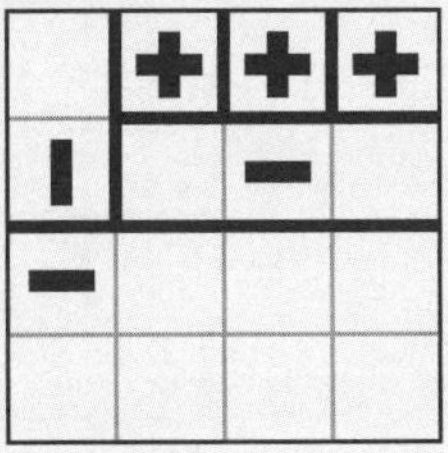

#09

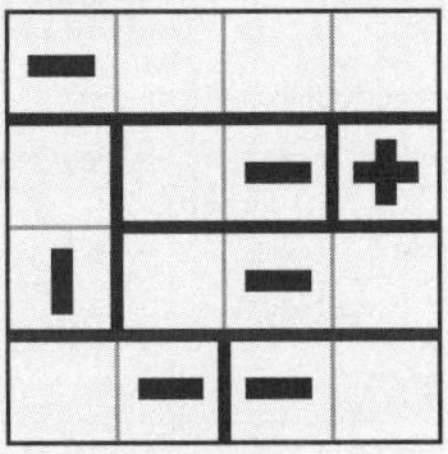

#10

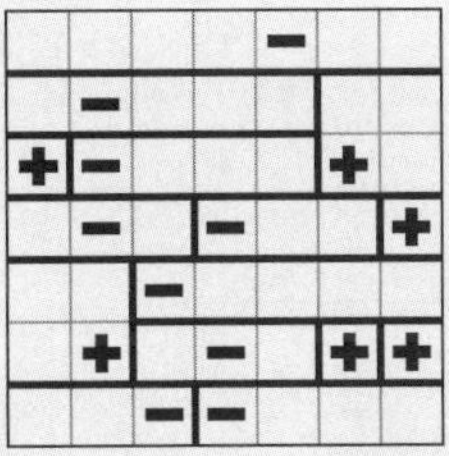

#11

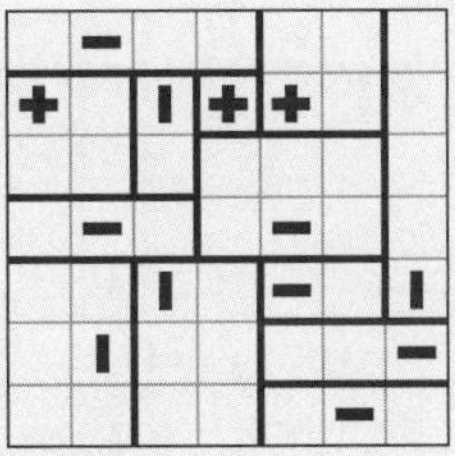

#12

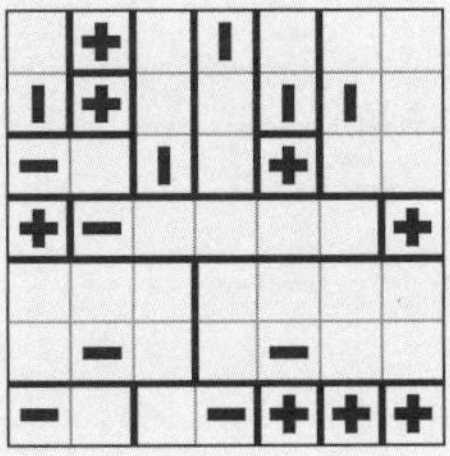

#13

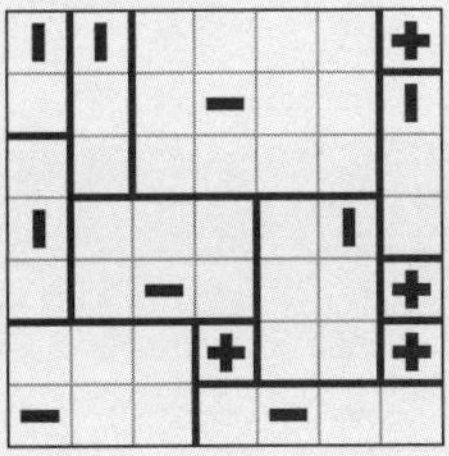

#14

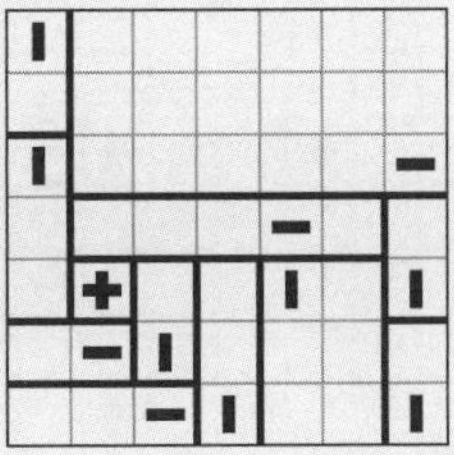

#15

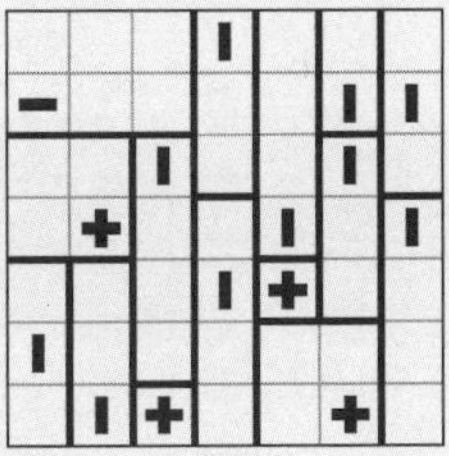

08 TATAMI (soluciones)

#16

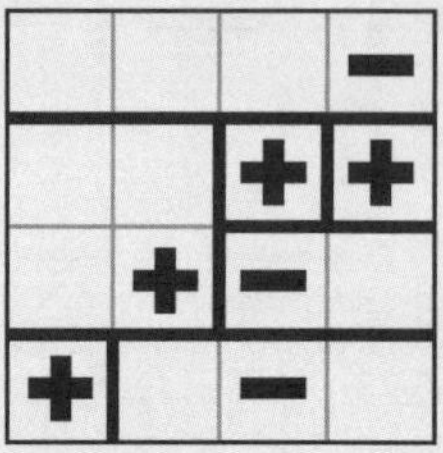

#17

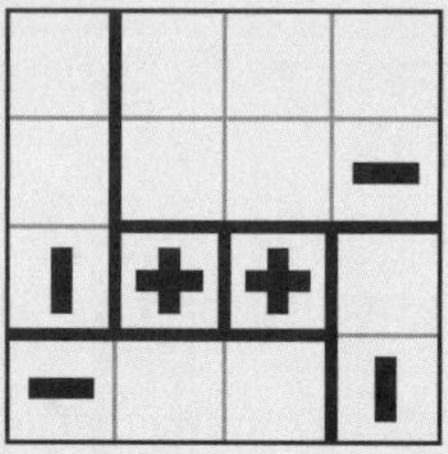

#18

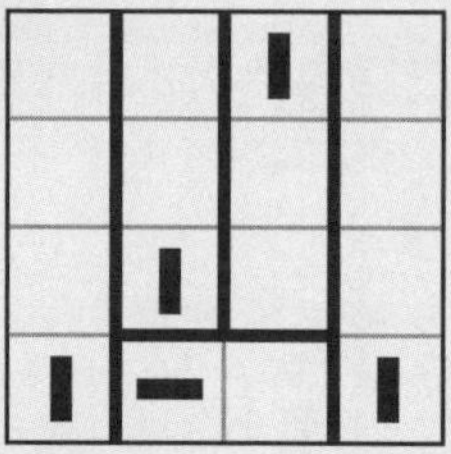

#19

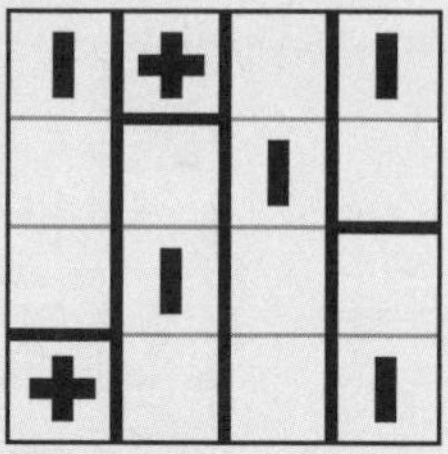

#20

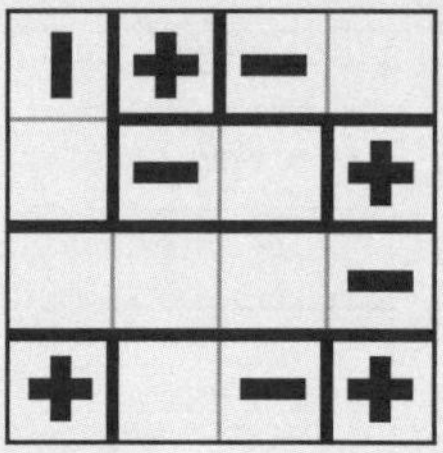

#21

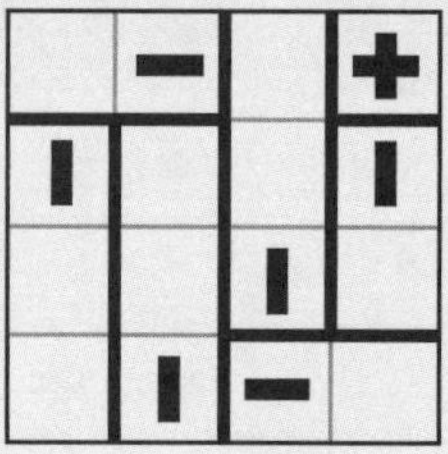

#22

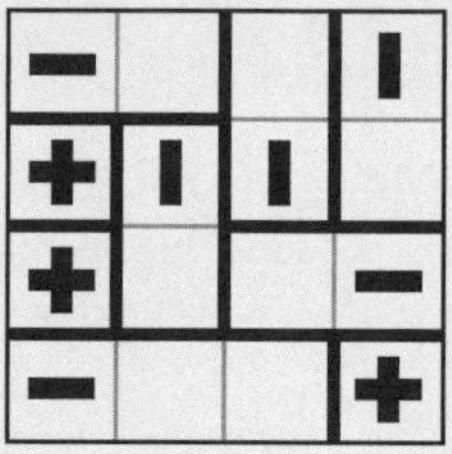

#23

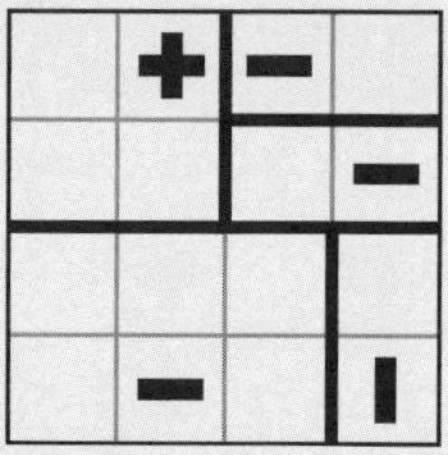

#24

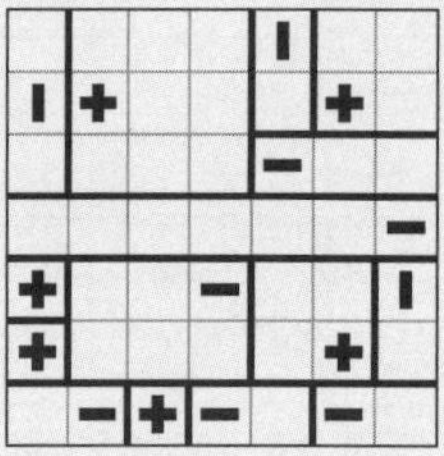

#25

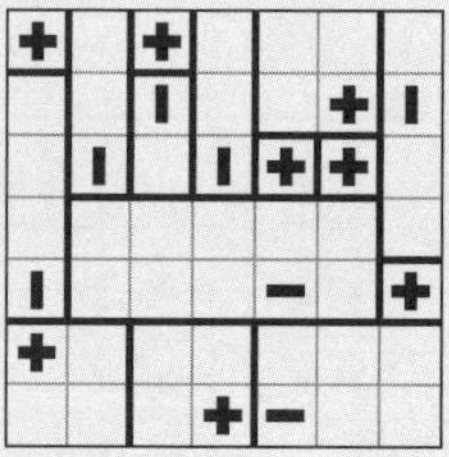

#26

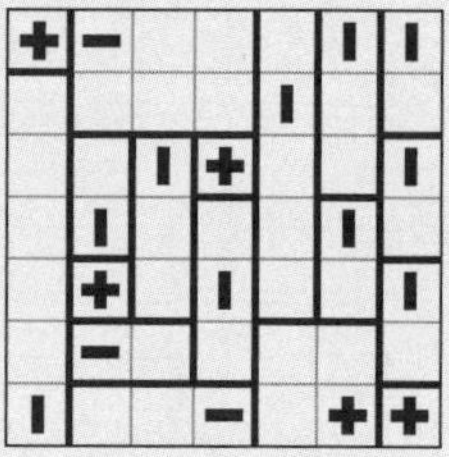

#27

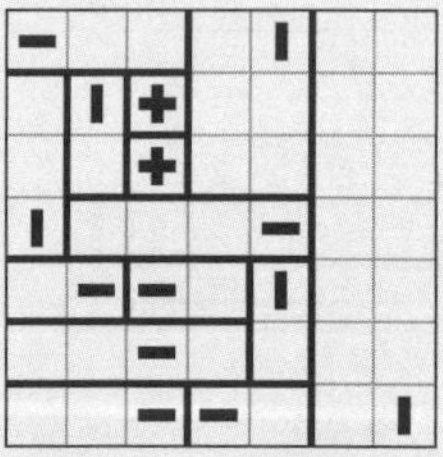

#28

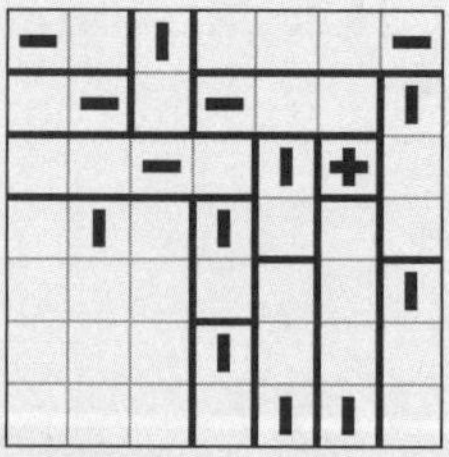

#29

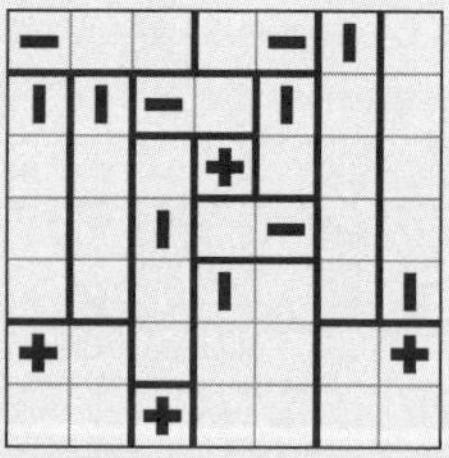

#30

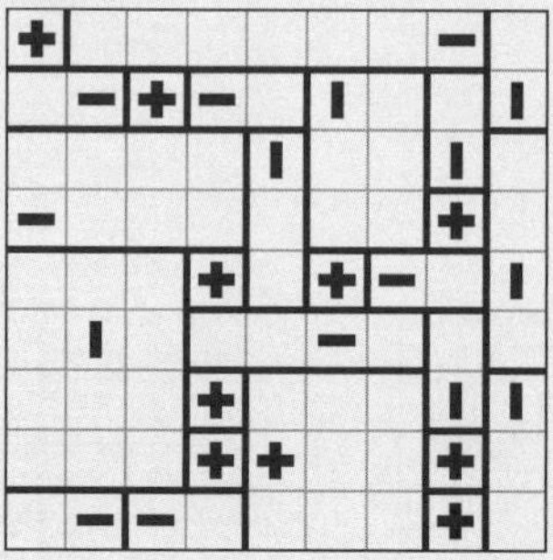

#31

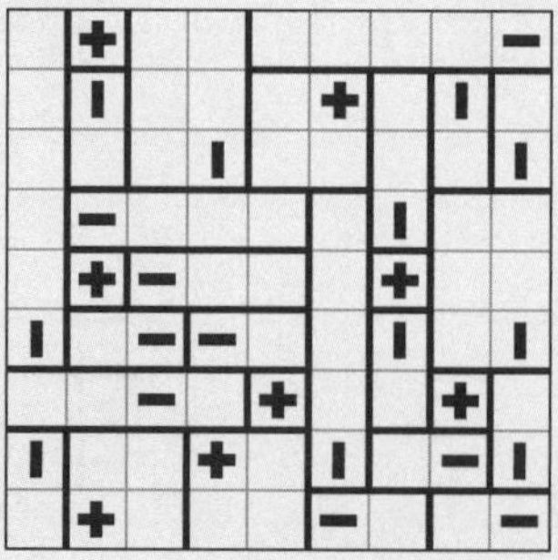

09

PATCHWORK (usotatami)

El objetivo es dividir la cuadrícula en regiones rectangulares teniendo en cuenta las siguientes condiciones:

- Cada región contiene solo un número.
- A su vez debe tener exactamente una celda de ancho y la longitud del otro lado NO debe ser igual al número contenido en esa región.
- En un punto del tablero no pueden concurrir las esquinas de cuatro regiones.

Ejemplo resuelto, para que puedas entender mejor en qué consiste el pasatiempo.

#00

2	3		
2			4
			3
		4	3

CONSEJOS para resolver el pasatiempo:

1. Cada pasatiempo tiene una solución única.
2. Todas las regiones se deducen de forma lógica: no hace falta adivinar.
3. Comienza marcando líneas entre los números que se dan como pista, puesto que cada uno debe estar en regiones diferentes.
4. Si algún número está en la esquina, es probable que puedas definir una región, siempre que su número de casillas no coincida con su número, como indican las instrucciones que debe ocurrir.

#01

			1	2	
	3				
	1		3		
1	4	2	4	4	3
			1		4
	5	3			

¿Sabías que...

Este pasatiempo es otro de los ideados por la prolífica **Nikoli**, la editorial japonesa de reconocido prestigio. Su nombre más conocido es usotatami, quizá haciendo referencia a su forma, aunque si es por eso sería más adecuado hablar de parqué, entarimado o patchwork, como lo hemos bautizado.

09 PATCHWORK (usotatami)

#02

2			3
1		1	
	4	1	

#03

	4		
2		3	
			2
1	4		2

#04

			3
2		1	4
3	3	1	

#05

			4
	1	1	
4			
4	1	1	

#06

		2	
			3
	1	2	3
	3		

#07

	4		
			4
2	2		3
3			

#08

	4		4
	1		2
3	3	1	

#09

3	4		
1	3		
	1	2	2

09 PATCHWORK (usotatami)

#10

2		2			
3			1	2	
4	4			1	4
	1		2		2

#11

				3	2
4					
2		1	3		
		1			2
	2	2			5
4		2		2	2

#12

					1
4					
2		5	1		2
5		3		3	4
			1		4
		4	3		

#13

				1	3
1			5		
2				4	
	4	3			2
2					
4	1	3			

#14

4	2				
3					2
2		1		3	4
		3			3
1	2		5	4	2

#15

1	3				
	1	4		1	
					4
	5				
	1	3			1
		4		2	4

09 PATCHWORK (usotatami)

#16

3			
4			2
3	4		3
2			

#17

3			
4	1	2	
4		1	2

#18

			2
	4		
4		2	
4		1	2

#19

2	4		4
			4
			2
2	3	1	

#20

	1	4	
			3
		4	1
	1	3	

#21

	2		3
		1	
1			1
1		2	

#22

	4		
4		4	
	1	3	
1		2	

#23

	1		
3			
			3
2	3	3	4

09

PATCHWORK (usotatami)

#24

	4			3	
		2	4		
1			3	3	5
		2		4	
2			1	2	3

#25

4					
					3
	3	1		4	1
4					
3					2
2	3			3	4

#26

		1	2	1	1
		3			
3			4		
			3		4
		2		4	2
1	3				

#27

	1	4			
	4				
	5		1		2
	4	4			
			3		1
	2				1

#28

				3	4
	4				2
	2		4	4	
	3				1
	3		1	1	
				4	2

#29

			4		2
			1		3
			1		1
	4		1	2	
		4			
		4	2	4	4

09 PATCHWORK (usotatami)

#30

			2						
				4				3	3
				1	1				1
							1		
		4		1	4				1
3			1	1		2			3
3		2	4			2			1
3	1			3		3	2		
		1					2		1
1	2			2	3	3	3	6	4

#31

					1				
		2	3		4	3	1		
	3	3					3		3
5				1			5	4	
1	4	2	3	4	3		3		1
	3		3			1	2		
			2		5	2		3	4
1	2							1	

09

PATCHWORK (soluciones)

#01

			1	2	
	3				
	1		3		
1	4	2	4	4	3
			1		4
	5	3			

#00

2	3		
2			4
			3
		4	3

#02

2			3
1		1	
	4	1	

#03

	4		
2		3	
			2
1	4		2

#04

			3
2		1	4
3	3	1	

#05

			4
	1	1	
4			
4	1	1	

#06

		2	
			3
	1	2	3
	3		

#07

	4		
			4
2	2		3
3			

#08

	4		4
	1		2
3	3	1	

#09

3	4		
1	3		
	1	2	2

#10

2		2			
3			1	2	
4	4			1	4
	1		2		2

#11

				3	2
4					
2		1	3		
		1			2
	2	2			5
4		2		2	2

#12

					1
4					
2		5	1		2
5		3		3	4
			1		4
		4	3		

#13

				1	3
1			5		
2				4	
	4	3			2
2					
4	1	3			

#14

4	2				
3					2
2		1		3	4
		3			3
1	2		5	4	2

#15

1	3				
	1	4		1	
					4
	5				
	1	3			1
		4		2	4

09 PATCHWORK (soluciones)

#16

3			
4			2
3	4		3
2			

#17

3			
4	1	2	
4		1	2

#18

			2
	4		
4		2	
4		1	2

#19

2	4		4
			4
			2
2	3	1	

#20

	1	4	
			3
		4	1
	1	3	

#21

	2		3
		1	
1			1
1		2	

#22

	4		
4		4	
	1	3	
1		2	

#23

	1		
3			
			3
2	3	3	4

#24

	4			3	
		2	4		
1			3	3	5
		2		4	
2			1	2	3

#25

4					
					3
	3	1		4	1
4					
3					2
2	3			3	4

#26

		1	2	1	1
		3			
3			4		
			3		4
		2		4	2
1	3				

#27

	1	4			
	4				
	5		1		2
	4	4			
			3		1
	2				1

#28

				3	4
	4				2
	2		4	4	
	3				1
	3		1	1	
				4	2

#29

			4		2
			1		3
			1		1
	4		1	2	
		4			
		4	2	4	4

#30

			2						
				4				3	3
				1	1				1
							1		
		4		1	4				1
3			1	1		2			3
3		2	4			2			1
3	1			3		3	2		
		1					2		1
1	2			2	3	3	3	6	4

#31

					1				
		2	3		4	3	1		
	3	3					3		3
5				1			5	4	
1	4	2	3	4	3		3		1
	3		3			1	2		
			2		5	2		3	4
1	2							1	

10 COLLAR (masyu)

El objetivo es unir los círculos negros y blancos con una línea cerrada (collar) que pase por los centros de algunas de las casillas teniendo en cuenta que:

- Las líneas del bucle son rectas, verticales u horizontales.
- Se trata de formar un recorrido que no se cruce a sí mismo.
- Cuando la línea pasa por un círculo blanco, en la casilla anterior o siguiente (o en ambas) ha de girar 90 grados.
- Cuando la línea pasa por un círculo negro, ha de girar 90 grados en la propia casilla del círculo y no debe volver a girar en las casillas anterior y posterior.
- Puede haber casillas vacías (sín círculo) por las que no pase el collar.

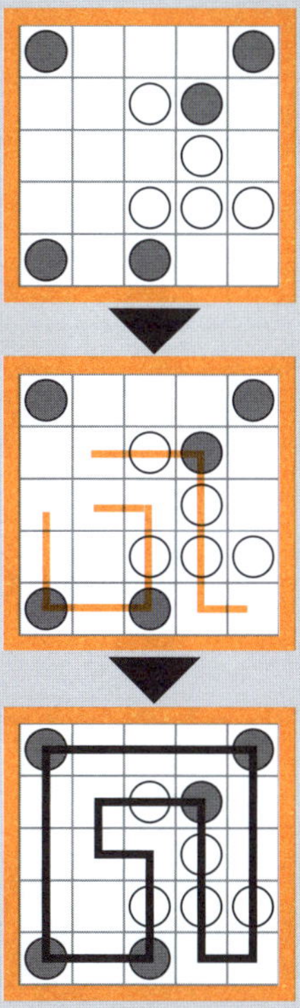

Ejemplo resuelto, para que puedas entender mejor en qué consiste el pasatiempo.

#00

CONSEJOS para resolver el pasatiempo:

1. Cada pasatiempo tiene una solución única.
2. Todas las líneas se deducen de forma lógica: no hace falta adivinar.
3. Los círculos situados en los bordes permiten saber cómo será esa parte del bucle, puesto que en los círculos negros deben girar 90 grados y, si son blancos, los atravesará paralelamente al borde.
4. Si hubiera 3 o más círculos blancos alineados y contiguos, el hilo del collar no los atravesará seguidos porque en ese caso no podría cumplir nunca la salida en ángulo recto en alguno de ellos.

#01

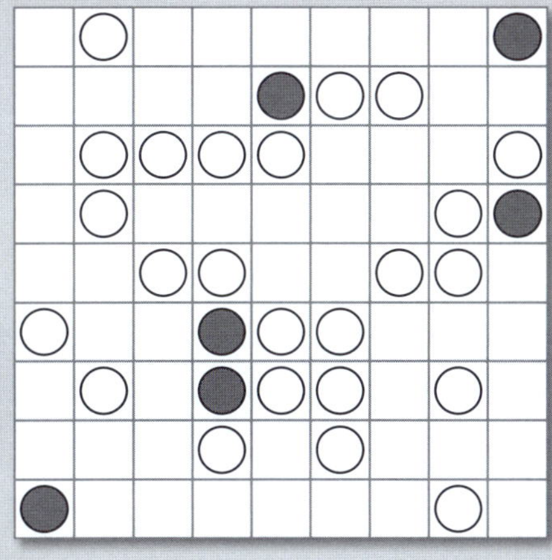

¿Sabías que...

Fue ideado por **Yano Ryouh** y **"Acetronilo"** con el nombre de shinju no kubikazari (collar de perlas) y publicado por primera vez en 2000. También es conocido por otros nombres como shiroshinju kuroshinju o white pearls and black pearls.

10

COLLAR (masyu)

#02

		●	○	●
○	○	○		○
	○			
	●	○		
●				●

#03

●	○			●
○	●	○		
	○			
○	○	○		
		●		●

#04

●				●
	●	○		
	○			
	●	○	○	
●			○	

#05

●	○		○	●
○				○
		○		
○		●	○	
●	○		○	

#06

●		○		
	○			○
○			○	○
●	○			

#07

●				●
		○	●	
			○	
		○	○	○
●		●		

#08

●				
			○	○
	○		○	
○	●	○	●	
●	○			●

#09

●				●
●	○		○	
	○	○	●	○
	○		○	●

10

COLLAR (masyu)

#10

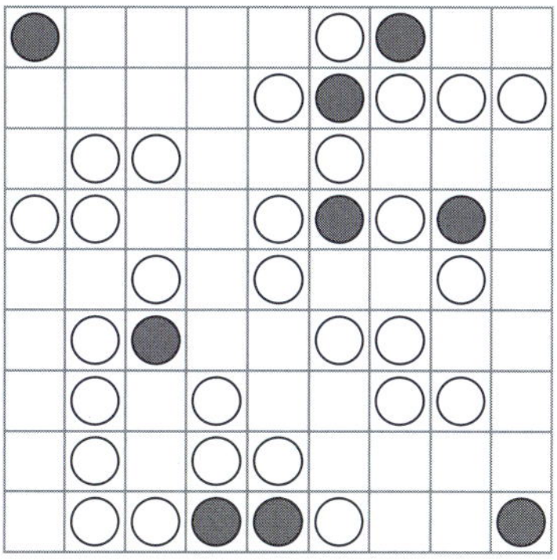

#11

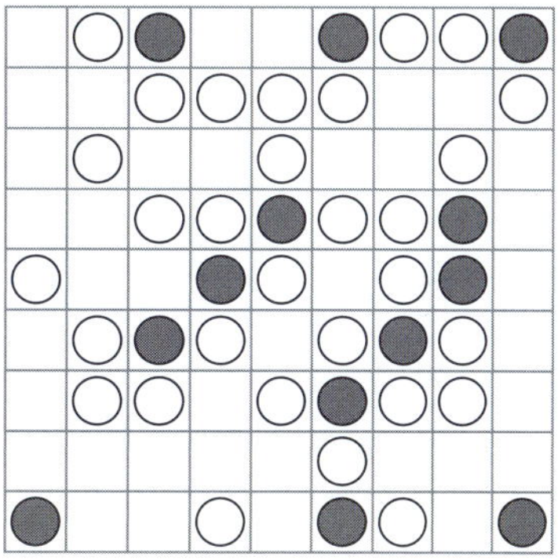

#12

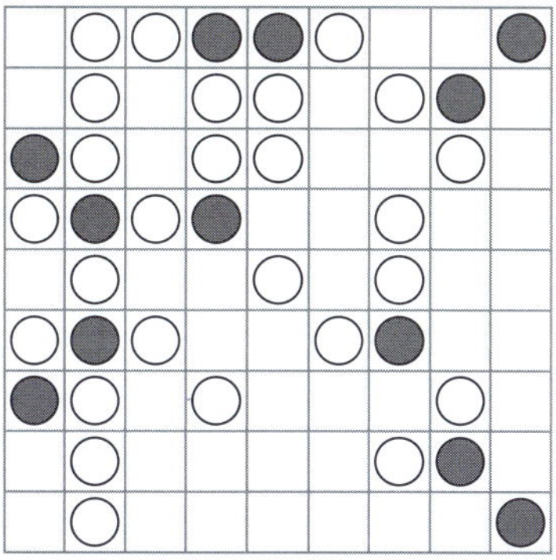

#13

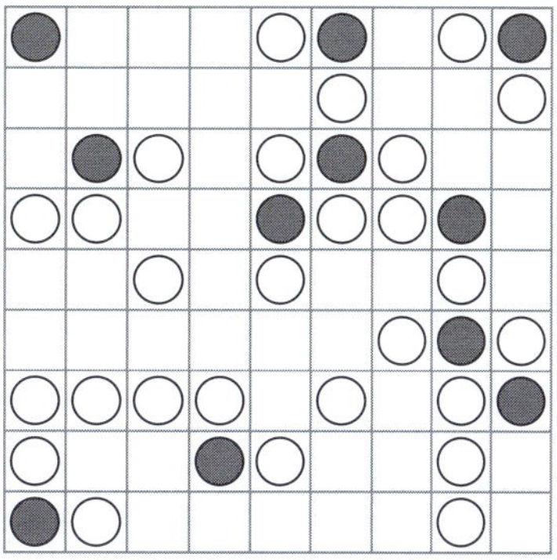

#14

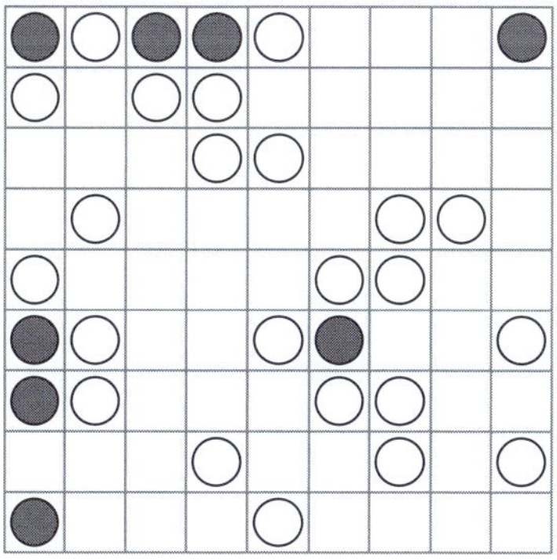

#15

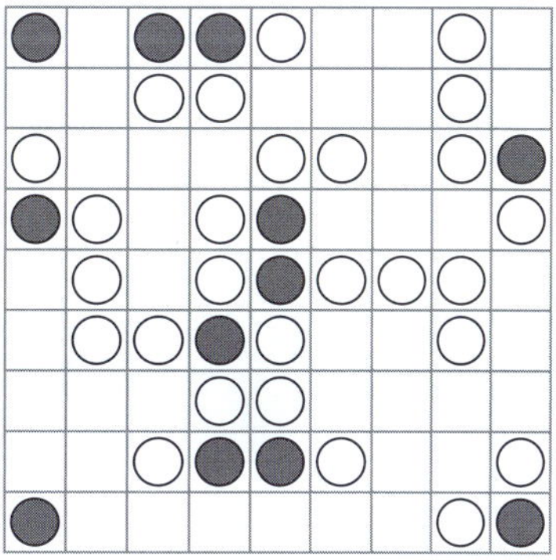

10

COLLAR (masyu)

#16

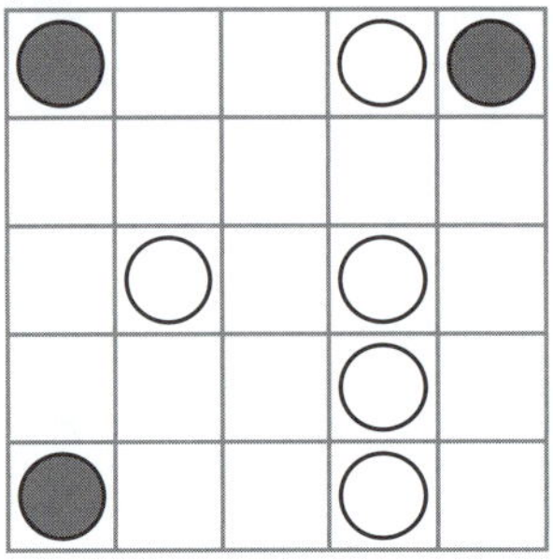

#17

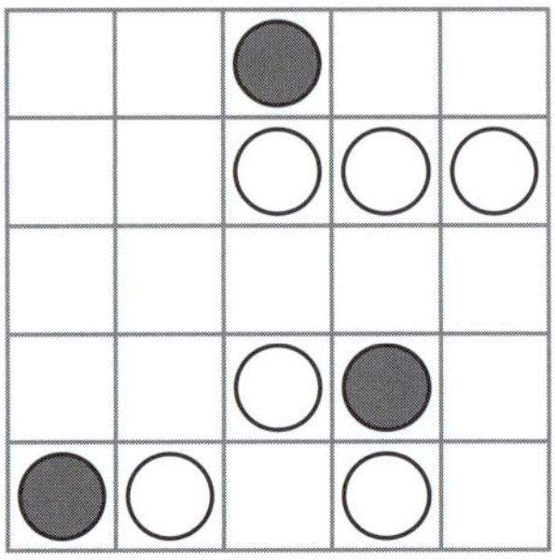

#18

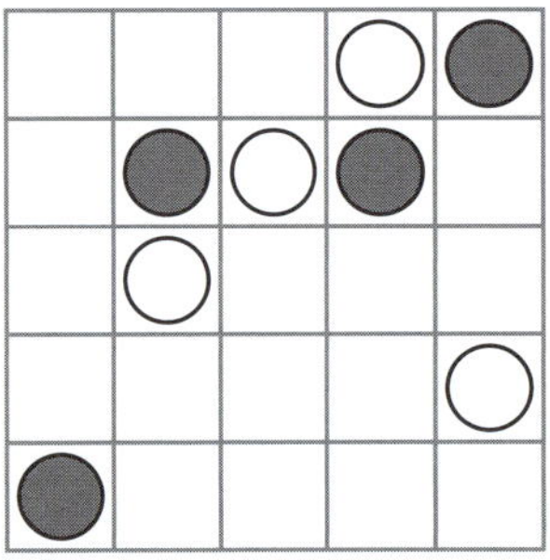

#19

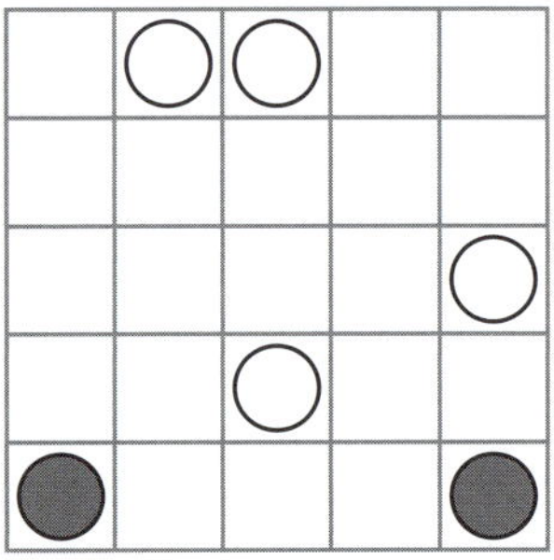

#20

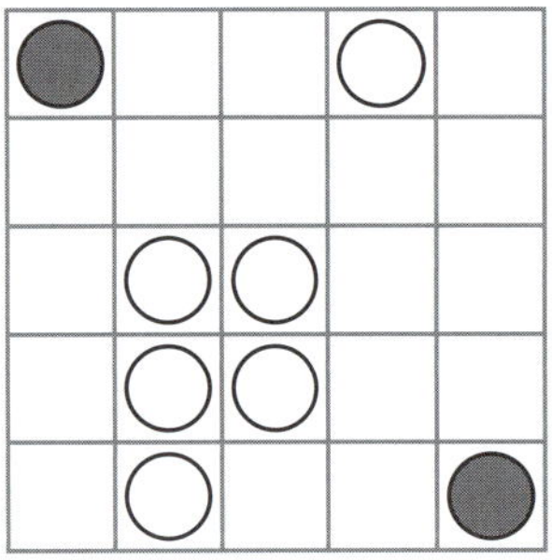

#21

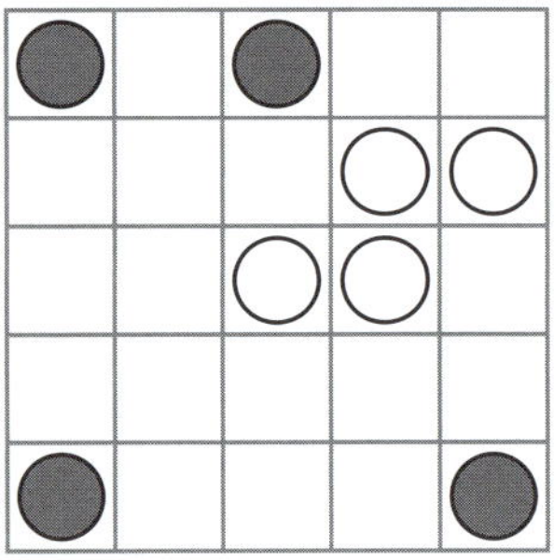

#22

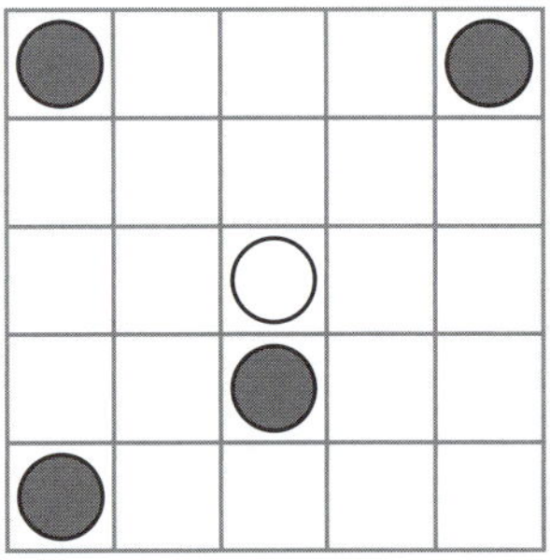

#23

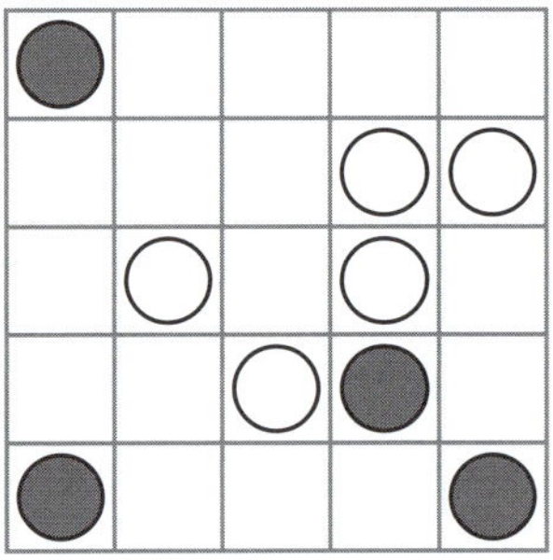

10 COLLAR (masyu)

#24

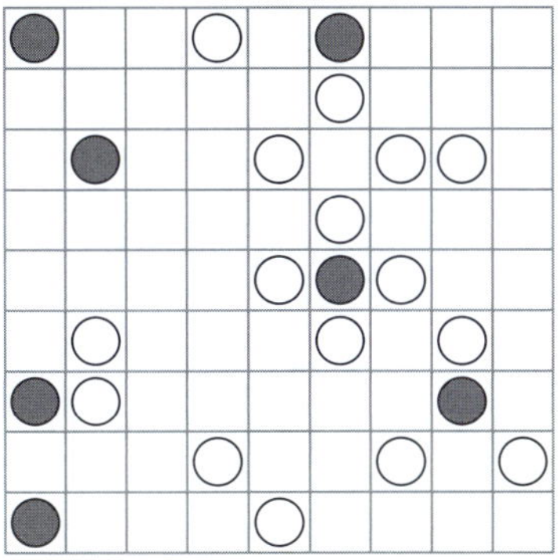

#25

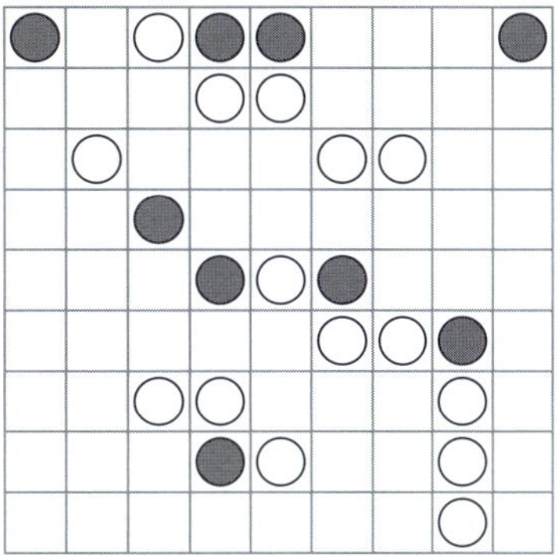

#26

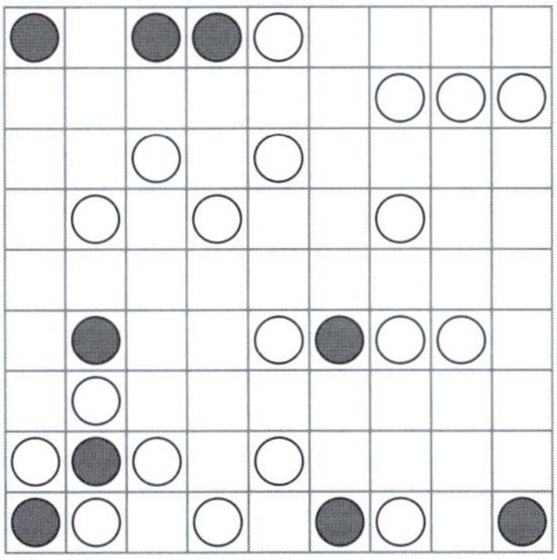

#27

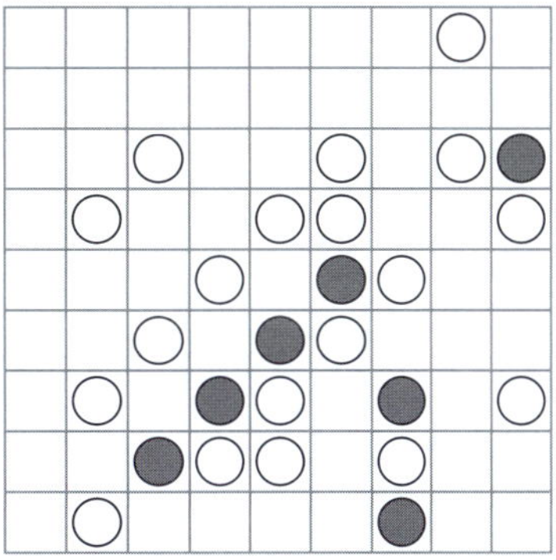

#28

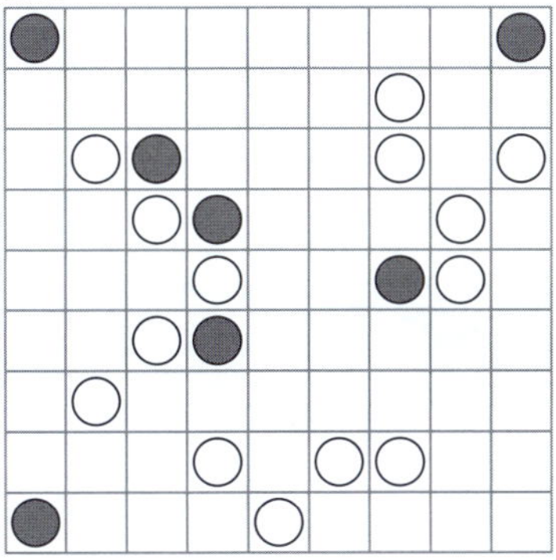

#29

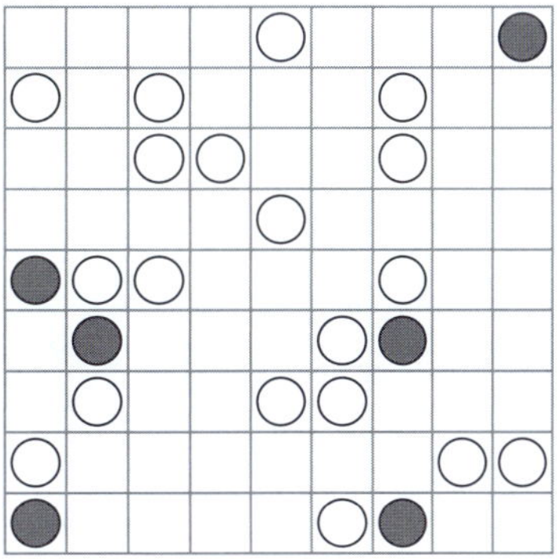

10

COLLAR (masyu)

#30

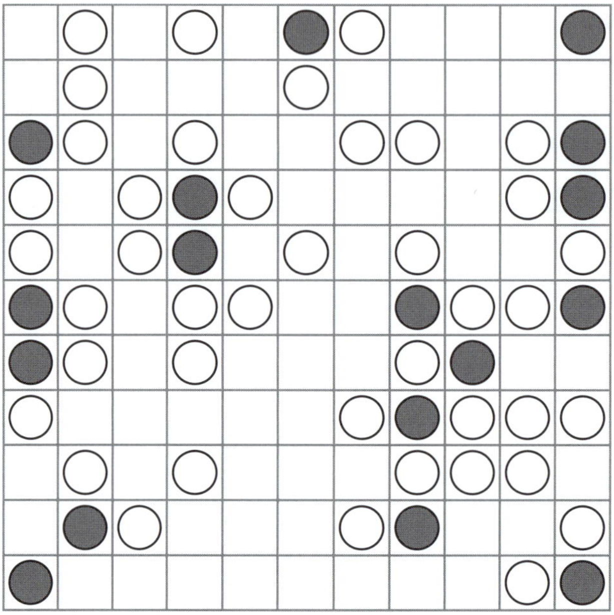

#31

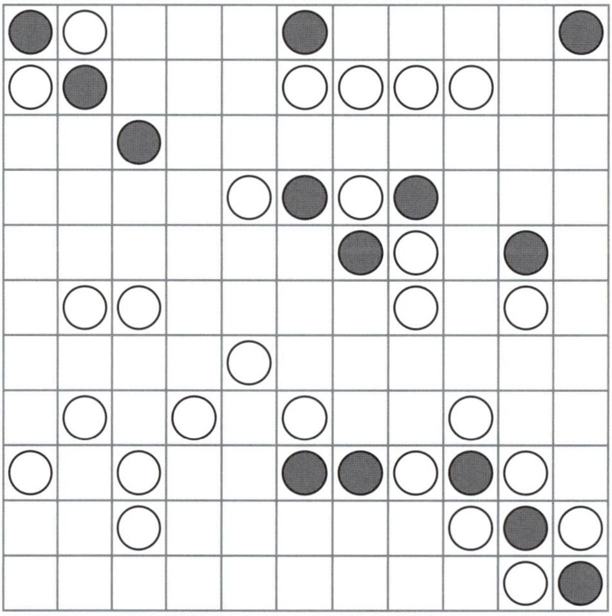

10

COLLAR (soluciones)

#01

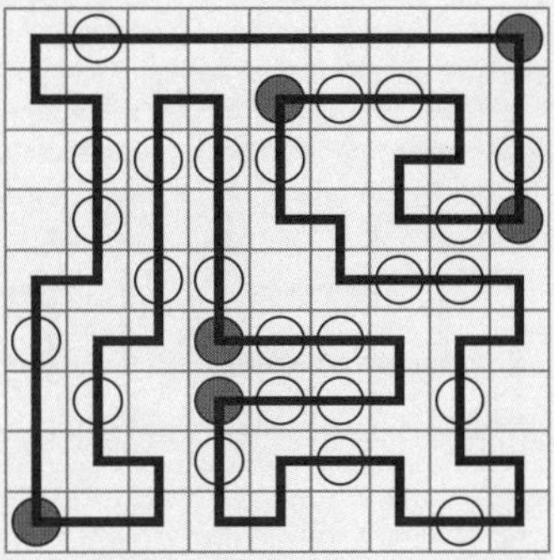

#00

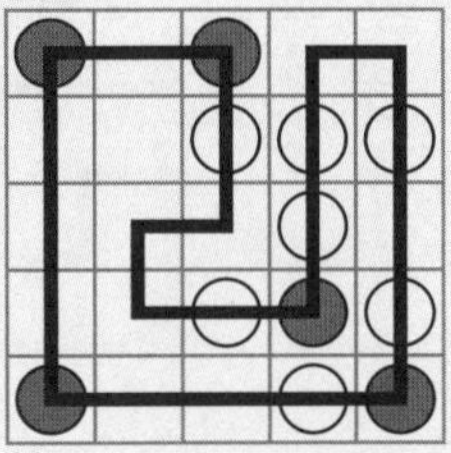

#02

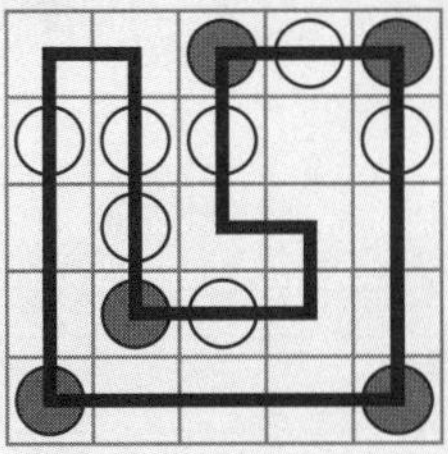

#03

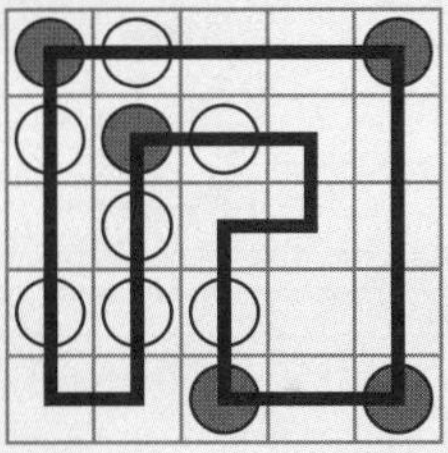

#04

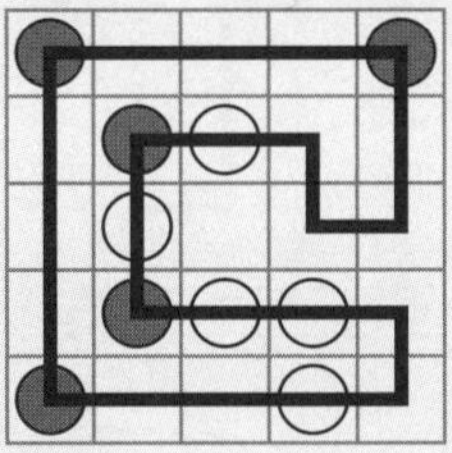

#05

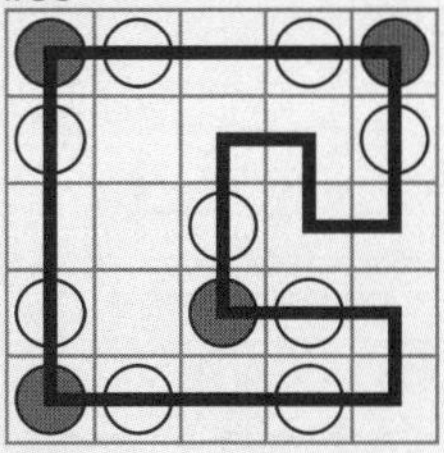

#06

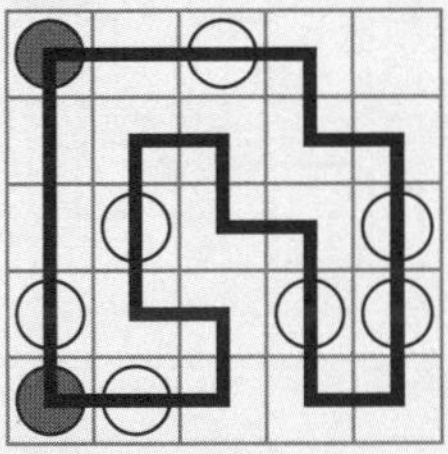

#07

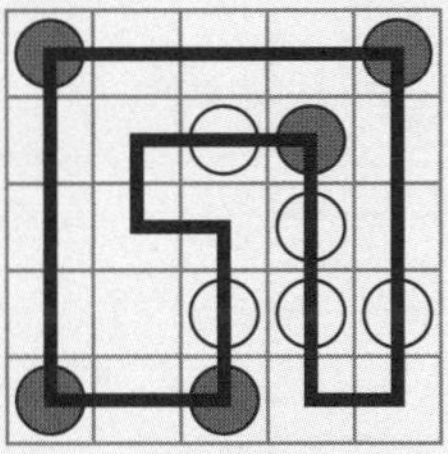

#08

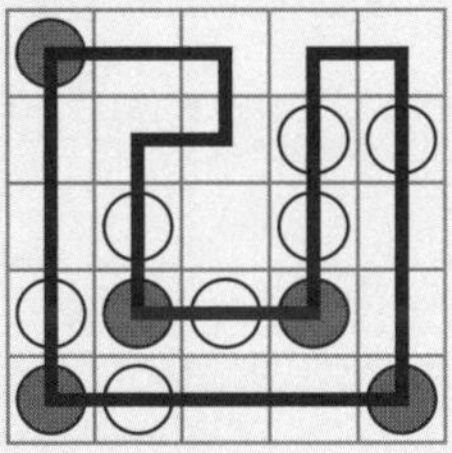

#09

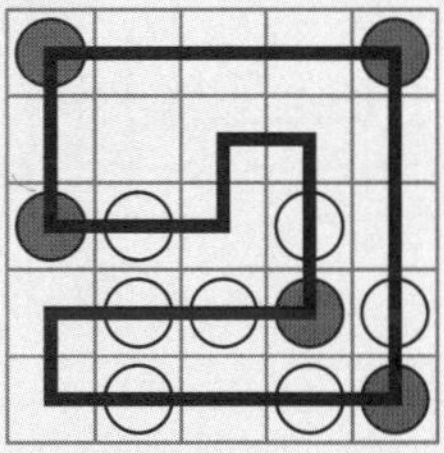

#10

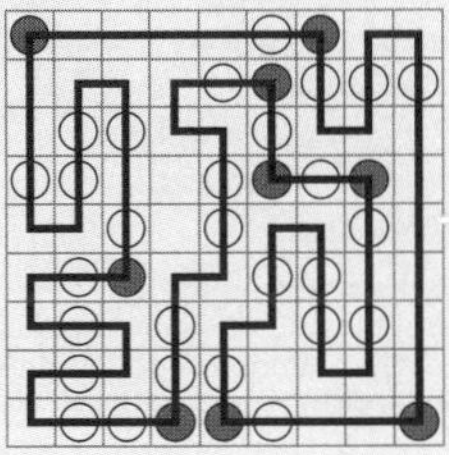

#11

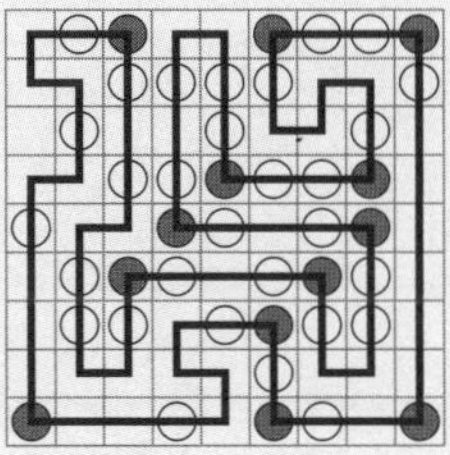

#12

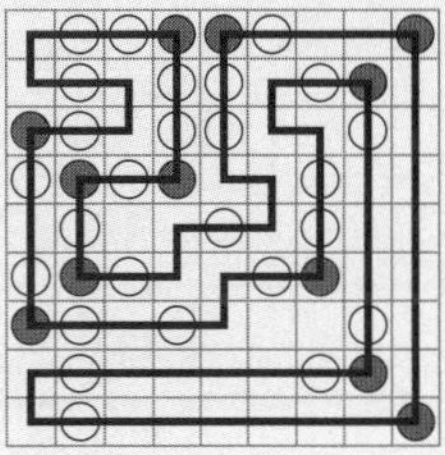

#13

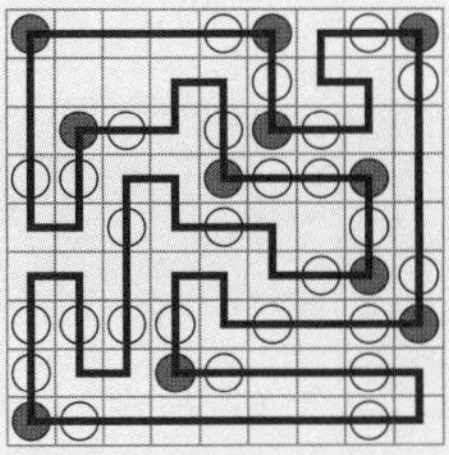

#14

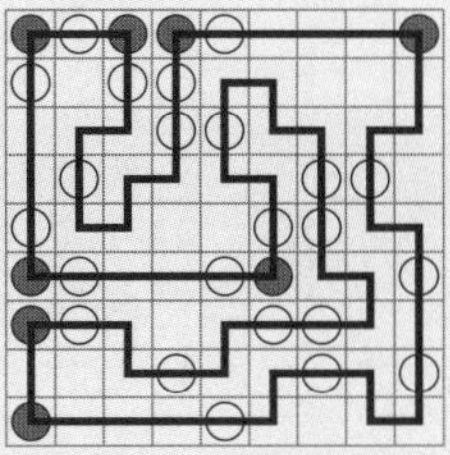

#15

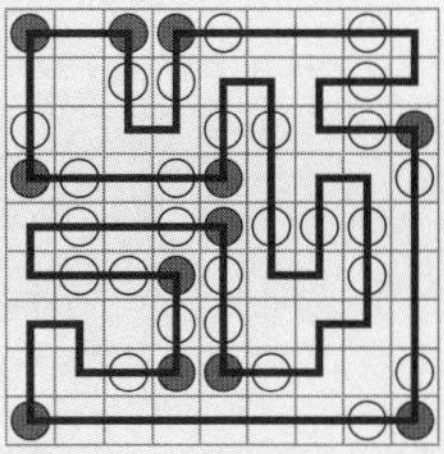

10

COLLAR (soluciones)

#16

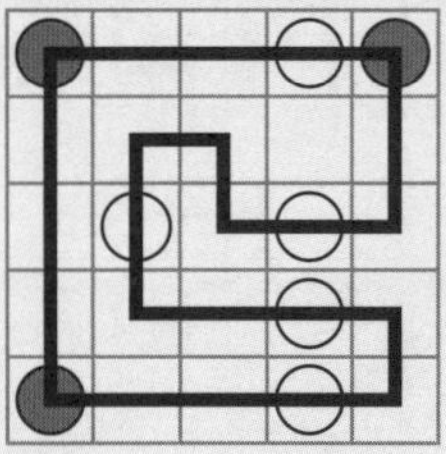

#17

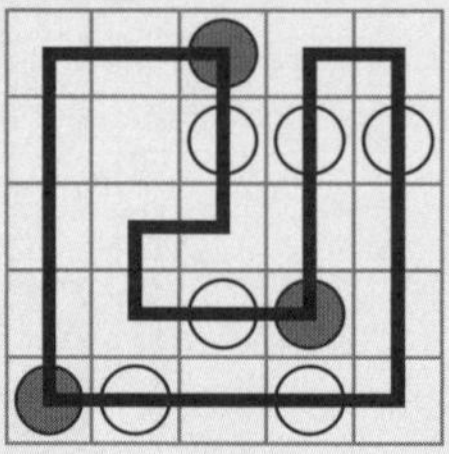

#18

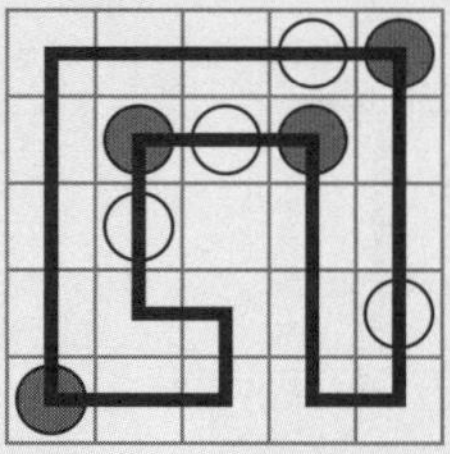

#19

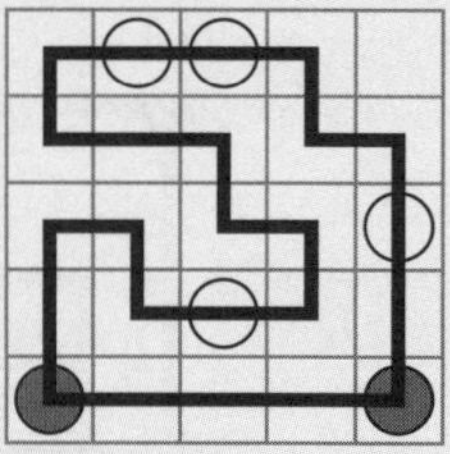

#20

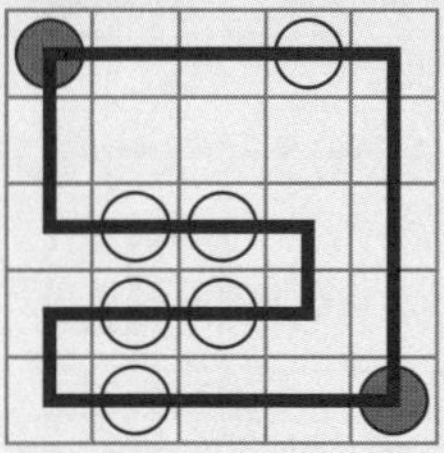

#21

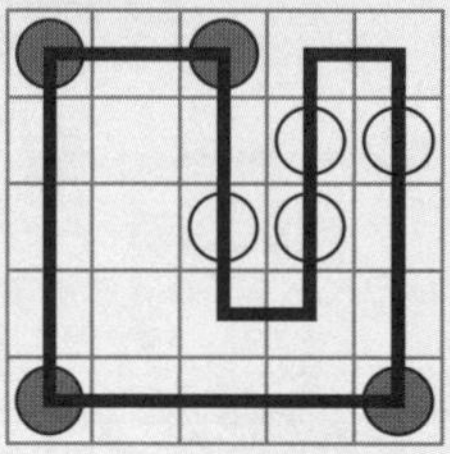

#22

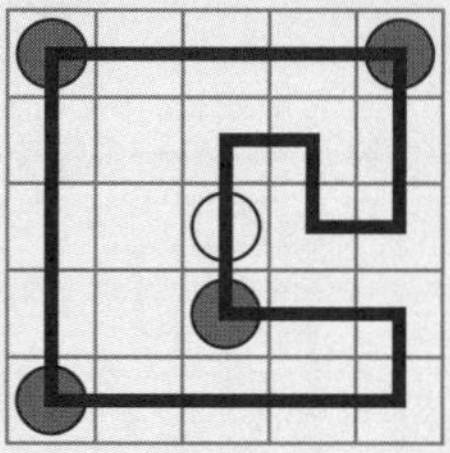

#23

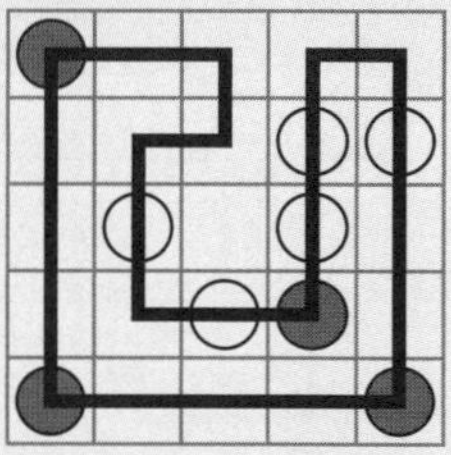

#24

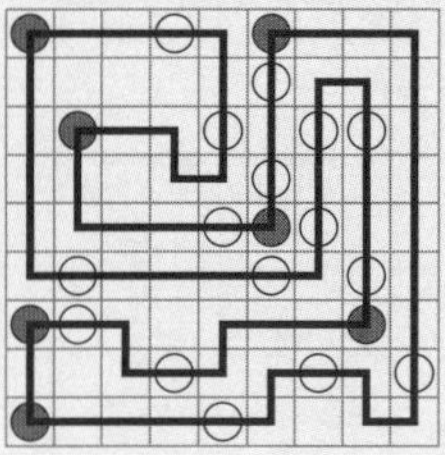

#25

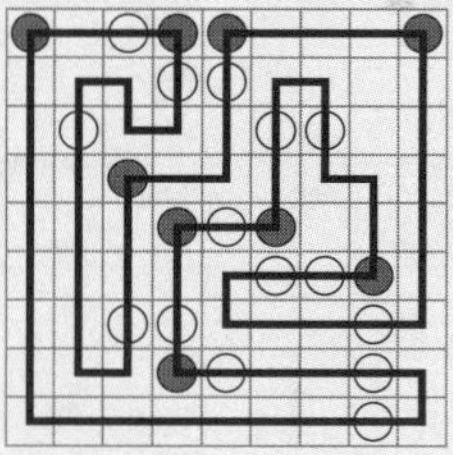

#26

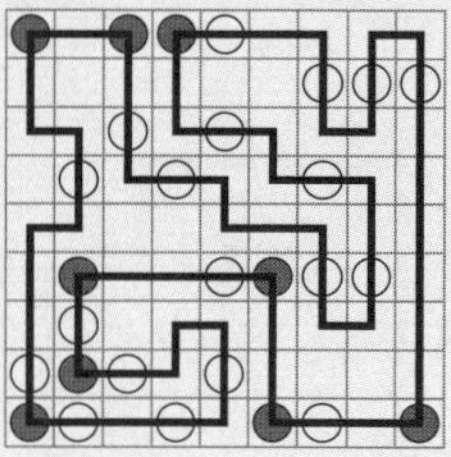

#27

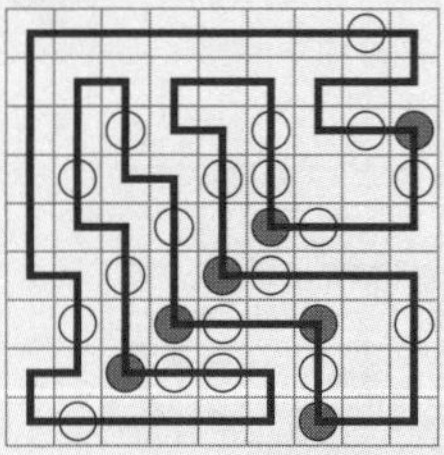

#28

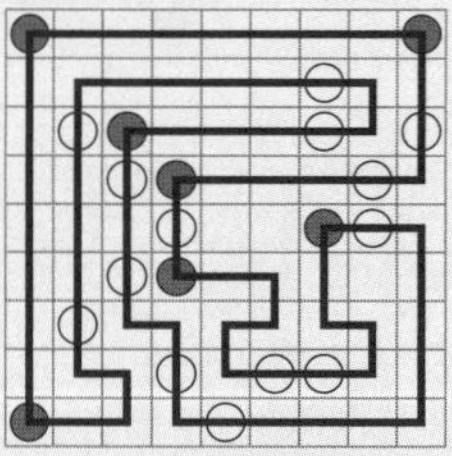

#29

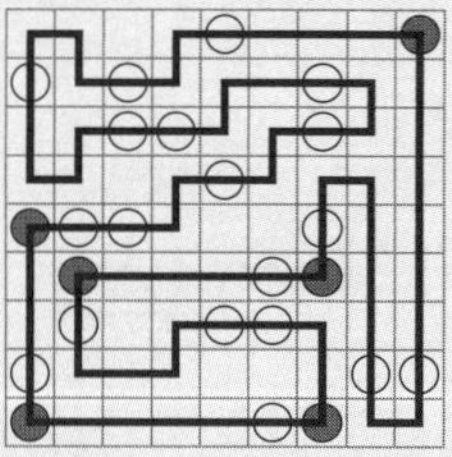

#30

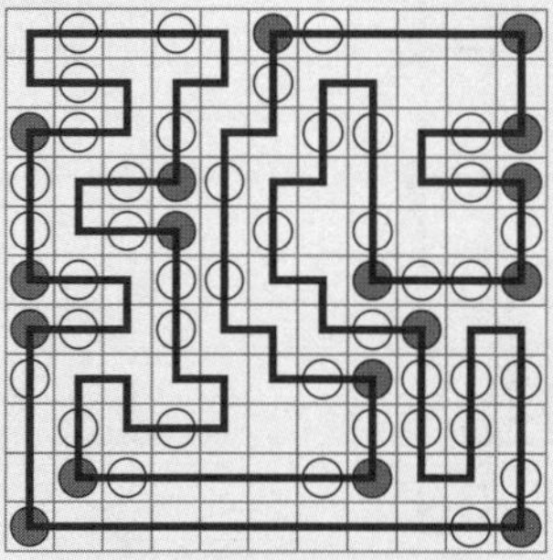

#31

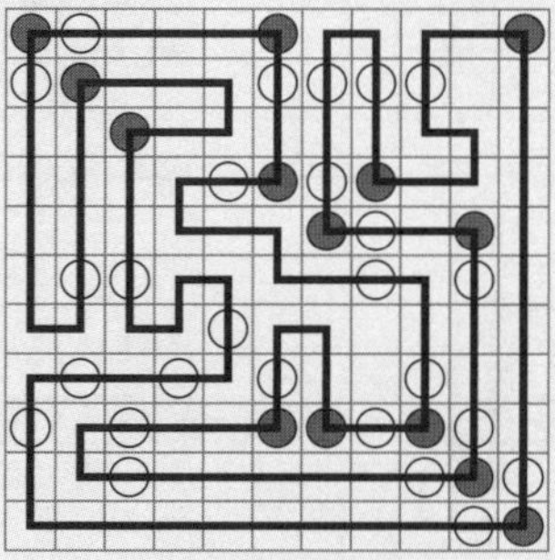

11

DINAMIC (eulero)

El objetivo es llenar la cuadrícula de caracteres (letras y números) teniendo en cuenta que:

- En cada casilla debe haber una letra y un dígito.
- En una fila o columna cualquiera, cada letra y cada dígito se encuentran solo una vez.
- La combinación de letra y número en el tablero se encuentra solo una vez.

C		A	B3
2	4	3	1
	A	D	2
	C	B	A

C	D	A	B3
2	4	C3	1
	A	D	2
	C	B	A4

C4	D2	A1	B3
A2	B4	C3	D1
B1	A3	D4	C2
D3	C1	B2	A4

Ejemplo resuelto, para que puedas entender mejor en qué consiste el pasatiempo.

#00

B	3	4	
	1	B	4
	B	C3	A1
		1	B3

CONSEJOS para resolver el pasatiempo:

1. Cada pasatiempo tiene una solución única.
2. Todos los dígitos y letras se deducen de forma lógica: no hace falta adivinar.
3. Algunas casillas ya están parcialmente completas (según el nivel de dificultad del rompecabezas), así que úsalas como punto de partida.
4. Las parejas dadas o que vas formando pueden ayudarte a determinar qué no puede estar en la misma fila o columna.
5. Este pasatiempo sigue muchas reglas de los sudokus, por lo que te pueden ayudar sus técnicas de resolución.

#01

E	2	3	4	D
D	4	B5	3	
				3
B	C	E2		A4
C	D	A	E5	

¿Sabías que...

Su nombre original hace referencia a los cuadrados latinos de Euler, de ahí su nombre original: eulero. **Leonhard Euler** (1707-1783) fue el más prolífico escritor de matemáticas de todos los tiempos.

11

DINAMIC (eulero)

#02

1	C	A2	
		B4	
D2	A4		
	2		

#03

A	C4	D1	
1		3	D
2			3
	3		A

#04

	D2		4
D	C1	2	3
		D	2
B			

#05

		C	1
2	A	1	4
	1	3	
D	4		C

#06

2	A1	B	4
3		D	B1
		1	
D		4	

#07

3	C	1	
		C	2
4			3
	A	B	C1

#08

C3	D	4	
		3	
	4		
	B3	D1	4

#09

	B	D2	
3	2	1	
2			
1	4	A	B

11

DINAMIC (eulero)

#10

D	A			C2
	B	5	C	D3
5			3	B
	5	C		A
A2	C3	B	1	5

#11

B		1		4
A			C2	
1	C	A5	B3	2
	5	2	A	C
	A2		D4	1

#12

C4		A	D2	
	C	E	3	D
B1		C	4	5
	E2		A1	3
3			C	B

#13

	C	E		D5
	5	4		
B	2	5		C3
	D3	C2		1
D2	1	3		E4

#14

B3	C5		A	
A1	4		D	
	A2		3	1
C		A3	5	D
		B	C	A5

#15

B		C	2	D
	B	3	1	4
D	C1		B4	
E1		2	C	5
4	3	B		2

11

DINAMIC (eulero)

#16

		3	
D	1	A	C
2			D

#17

	D		
	B2		4
A			3
			2

#18

	D		
	C4		B3
	2	3	D

#19

4			
		D1	B
	D	2	
			C

#20

	4	C	
	1		
	D		2
D		B	

#21

	4	B	
			A
	B	1	
	3	C	

#22

	1		4
D	C		
			2
C3			A

#23

	3		
	1	4	
C	D	A	
A	2		

11 DINAMIC (eulero)

#24

3				
B4	3	D		
	E	A4		C
2		B		3
				1

#25

	5	B		
		E3	C	
			3	
A	4	5		3
1				

#26

				A2
		1		
D	C			1
		3		
E	A1		5	

#27

		D4		B
A		C		
			C	E4
		1	D	
		2		3

#28

		A2		1
5		1		E
		B		
C	D			
A3		C		

#29

	B		3	C
		3	2	A1
A		1		
	5	E	1	

11

DINAMIC (eulero)

#30

D		G			E4	
A4	1	6		D		
F1	B7	5			A	4
2	E6	C1	4	5	7	
	A5	E3	7		2	1
7	D			E1	G5	F6
		F4			1	G2

#31

2		3				4
		6		B		
6			C	F	3	
1				G6		
		E1	5		2	B
G5		D		3		2
3						

11

DINAMIC (soluciones)

#00

B1	D3	A4	C2
A3	C1	B2	D4
D2	B4	C3	A1
C4	A2	D1	B3

#01

E1	A2	C3	B4	D5
D2	E4	B5	A3	C1
A5	B1	D4	C2	E3
B3	C5	E2	D1	A4
C4	D3	A1	E5	B2

#02

B1	C3	A2	D4
A3	D1	B4	C2
D2	A4	C1	B3
C4	B2	D3	A1

#03

A3	C4	D1	B2
C1	A2	B3	D4
D2	B1	A4	C3
B4	D3	C2	A1

#04

C3	D2	B1	A4
D4	C1	A2	B3
A1	B4	D3	C2
B2	A3	C4	D1

#05

B3	D2	C4	A1
C2	A3	B1	D4
A4	C1	D3	B2
D1	B4	A2	C3

#06

C2	A1	B3	D4
A3	C4	D2	B1
B4	D3	C1	A2
D1	B2	A4	C3

#07

B3	C2	D1	A4
A1	D4	C3	B2
C4	B1	A2	D3
D2	A3	B4	C1

#08

C3	D2	B4	A1
D4	C1	A3	B2
B1	A4	C2	D3
A2	B3	D1	C4

#09

A4	B1	D2	C3
B3	A2	C1	D4
C2	D3	B4	A1
D1	C4	A3	B2

#10

D4	A1	E3	B5	C2
E1	B2	A5	C4	D3
C5	E4	D2	A3	B1
B3	D5	C1	E2	A4
A2	C3	B4	D1	E5

#11

B2	D3	C1	E5	A4
A3	E1	B4	C2	D5
D1	C4	A5	B3	E2
E4	B5	D2	A1	C3
C5	A2	E3	D4	B1

#12

C4	B5	A3	D2	E1
A2	C1	E5	B3	D4
B1	D3	C2	E4	A5
D5	E2	B4	A1	C3
E3	A4	D1	C5	B2

#13

A3	C4	E1	B2	D5
C1	B5	D4	E3	A2
B4	E2	A5	D1	C3
E5	D3	C2	A4	B1
D2	A1	B3	C5	E4

#14

B3	C5	D1	A4	E2
A1	B4	E5	D2	C3
D5	A2	C4	E3	B1
C2	E1	A3	B5	D4
E4	D3	B2	C1	A5

#15

B3	A5	C4	E2	D1
C5	B2	D3	A1	E4
D2	C1	E5	B4	A3
E1	D4	A2	C3	B5
A4	E3	B1	D5	C2

11

DINAMIC (soluciones)

#16

A1	C4	D3	B2
D4	B1	A2	C3
C2	A3	B4	D1
B3	D2	C1	A4

#17

B4	D3	C2	A1
D1	B2	A3	C4
A2	C1	D4	B3
C3	A4	B1	D2

#18

C1	D3	B2	A4
D2	C4	A1	B3
A3	B1	D4	C2
B4	A2	C3	D1

#19

C4	A1	B3	D2
A2	C3	D1	B4
B1	D4	C2	A3
D3	B2	A4	C1

#20

A2	B4	C3	D1
B3	A1	D2	C4
C1	D3	A4	B2
D4	C2	B1	A3

#21

D1	A4	B3	C2
B4	C1	D2	A3
C3	B2	A1	D4
A2	D3	C4	B1

#22

A2	B1	D3	C4
D1	C2	A4	B3
B4	A3	C1	D2
C3	D4	B2	A1

#23

B1	A3	D2	C4
D3	C1	B4	A2
C2	D4	A1	B3
A4	B2	C3	D1

#24

A3	B2	C1	D5	E4
B4	C3	D2	E1	A5
D1	E5	A4	B3	C2
E2	A1	B5	C4	D3
C5	D4	E3	A2	B1

#25

C3	A5	B1	E2	D4
D5	B2	E3	C4	A1
B4	C1	D2	A3	E5
A2	E4	C5	D1	B3
E1	D3	A4	B5	C2

#26

C4	B3	E5	D1	A2
A5	D2	C1	E3	B4
D3	C5	B2	A4	E1
B1	E4	A3	C2	D5
E2	A1	D4	B5	C3

#27

E3	C5	D4	A2	B1
A1	E2	C3	B4	D5
D2	B3	A5	C1	E4
B5	A4	E1	D3	C2
C4	D1	B2	E5	A3

#28

D4	E5	A2	C3	B1
B5	C2	D1	A4	E3
E2	A1	B3	D5	C4
C1	D3	E4	B2	A5
A3	B4	C5	E1	D2

#29

D3	C1	A2	B4	E5
E1	B2	D5	A3	C4
B5	D4	C3	E2	A1
A4	E3	B1	C5	D2
C2	A5	E4	D1	B3

#30

D3	F2	G7	A1	C6	E4	B5
A4	G1	B6	C5	D2	F3	E7
F1	B7	D5	E2	G3	A6	C4
B2	E6	C1	G4	F5	D7	A3
G6	A5	E3	F7	B4	C2	D1
C7	D4	A2	B3	E1	G5	F6
E5	C3	F4	D6	A7	B1	G2

#31

D2	B5	C3	F6	A1	G7	E4
C4	D1	A6	G2	B7	E5	F3
E6	A7	G4	C1	F2	B3	D5
B1	E2	F5	D3	G6	A4	C7
F7	G3	E1	A5	D4	C2	B6
G5	C6	D7	B4	E3	F1	A2
A3	F4	B2	E7	C5	D6	G1

12

TACHA (hitori)

El objetivo es oscurecer (o tachar) algunas casillas para que ningún número aparezca más de una vez en una fila o columna teniendo en cuenta que:

- Los lados de las casillas negras nunca se tocan entre sí, aunque sí pueden hacerlo por las esquinas.
- Las casillas blancas forman un espacio conexo, es decir, que puedes ir de una a otra cualquiera.

4	1	1	2
2	4	4	1
3	2	4	3
3	1	1	4

4	1	1	2
2	4	4	1
3	2	4	3
3	1	1	4

4	1	1	2
2	4	4	1
3	2	4	3
3	1	1	4

Ejemplo resuelto, para que puedas entender mejor en qué consiste el pasatiempo.

#00

1	1	3	4
2	3	4	2
3	4	1	2
3	1	4	3

CONSEJOS para resolver el pasatiempo:

1. Cada pasatiempo tiene una solución única.
2. Todos los dígitos se deducen de forma lógica: no hace falta adivinar.
3. Si oscureces una casilla, ya sabes que las casillas contiguas ortogonales deben permanecer blancas.
4. Marca con un círculo las casillas que deduces que deben ser blancas.
5. Si al pintar una casilla el tablero queda dividido en dos partes, ya sabes que no debes pintarla.
6. Si tienes 3 números iguales alineados, deberás dejar sin colorear el central.

#01

4	6	3	1	6	5	7
5	1	6	7	7	1	2
3	6	7	5	6	6	5
6	5	4	3	1	7	4
7	1	1	5	4	5	5
5	6	4	7	5	1	3
1	7	1	2	4	4	7

¿Sabías que...

El hitori se publicó por primera vez en 1990, en una de las revistas de **Nikoli**.
Es un pasatiempo difícil de generar para que tenga solución única, aunque no tan difícil de resolver, por lo que era raro verlo publicado.

12

TACHA (hitori)

#02

4	3	2	2
3	4	3	1
1	4	4	1
3	1	2	4

#03

3	3	2	3
2	4	1	1
1	1	4	2
4	2	2	3

#04

4	3	3	2
1	4	3	1
1	2	4	3
1	1	3	4

#05

3	1	4	3
1	4	2	2
4	3	2	4
3	1	1	4

#06

2	1	3	3
4	3	1	2
3	1	2	2
1	4	4	3

#07

4	1	4	3
3	4	1	1
1	1	3	3
4	3	1	2

#08

3	3	4	3
2	4	1	3
4	3	3	4
2	3	2	4

#09

1	1	1	4
4	2	3	1
1	2	4	1
1	4	1	3

#10

3	2	6	3	6	3
5	1	3	2	4	6
3	2	2	3	5	3
5	4	3	6	3	5
1	5	6	4	5	3
6	4	4	5	1	5

#11

5	5	1	1	3	1
1	2	5	2	6	4
5	4	2	6	5	6
6	1	5	5	6	3
5	3	1	2	4	6
2	1	3	1	1	3

#12

6	6	1	3	5	5
4	1	2	1	6	3
6	3	4	3	5	4
5	6	6	4	6	2
4	2	5	1	1	4
1	4	3	5	2	3

#13

4	6	3	1	4	3
1	3	5	6	3	4
6	5	3	1	4	1
2	3	5	5	1	3
5	6	1	6	6	2
3	1	6	4	3	5

#14

5	1	4	4	2	2
6	6	2	3	1	5
3	1	5	1	5	4
1	5	4	3	2	3
6	2	3	2	1	1
2	3	5	5	4	3

#15

5	5	3	6	3	3
2	3	5	1	6	4
5	4	3	5	1	3
1	5	4	6	5	6
5	6	5	4	3	1
1	1	6	2	1	5

12

TACHA (hitori)

#16

1	3	5	2	4
2	2	4	4	1
2	3	1	4	1
5	4	3	1	2
2	1	4	3	2

#17

4	3	2	5	1
1	4	4	1	1
1	3	4	2	3
2	1	5	2	4
3	3	1	4	1

#18

2	1	4	1	5
4	5	2	5	1
2	4	5	4	3
4	2	3	3	4
1	5	3	5	2

#19

4	3	2	5	4
4	1	3	2	3
5	2	4	5	4
1	5	4	4	2
2	5	1	3	2

#20

5	5	2	2	4
3	1	2	4	1
1	3	5	5	1
4	2	5	1	1
4	4	2	3	2

#21

4	4	3	1	2
5	3	1	2	2
5	1	5	5	3
3	4	5	2	4
1	4	2	3	4

#22

5	4	5	3	4
1	5	2	1	4
1	3	5	2	4
2	1	5	1	3
3	2	3	5	1

#23

2	5	5	1	1
5	2	3	3	1
1	5	1	2	2
1	5	3	5	2
3	1	2	1	5

12 TACHA (hitori)

#24

1	5	4	3	7	5	4
4	6	5	6	2	7	3
3	4	2	7	4	2	4
4	3	4	1	1	5	7
7	6	5	5	4	1	4
2	4	6	1	2	4	5
5	2	7	6	6	3	7

#25

3	1	3	6	7	3	5
7	6	4	2	6	7	3
6	2	7	6	3	5	1
3	4	5	7	1	3	4
4	7	4	5	6	5	2
7	4	1	6	2	6	4
5	3	6	1	6	2	3

#26

3	6	6	2	1	2	7
1	3	2	6	4	3	5
2	1	6	2	6	5	6
6	3	5	7	5	3	1
2	6	3	2	7	2	4
7	2	1	3	5	4	6
5	3	4	2	3	5	2

#27

3	7	3	2	7	5	6
1	5	2	7	6	1	1
6	7	7	5	7	4	2
1	4	2	3	2	6	1
2	6	3	7	7	1	5
3	1	2	6	2	2	3
5	2	6	1	3	7	6

#28

7	1	5	6	7	1	3
4	6	7	7	5	5	2
5	1	6	5	2	1	6
1	3	7	2	4	5	5
6	1	3	6	5	7	1
7	4	6	5	1	5	6
4	5	4	6	6	2	5

#29

4	1	2	4	3	3	1
2	5	6	1	1	4	5
6	4	1	5	3	7	1
1	2	3	2	1	5	6
2	5	4	5	7	2	5
4	2	7	1	3	6	3
7	5	5	2	2	1	5

12

TACHA (hitori)

#30

1	10	8	3	5	3	9	4	1	8
5	1	2	1	8	4	5	1	10	3
2	3	4	10	3	1	8	5	1	6
4	2	9	2	6	5	9	8	9	10
2	4	2	7	10	4	6	4	2	1
5	3	8	2	5	3	10	6	5	7
8	5	3	7	7	6	1	7	9	8
3	2	6	9	2	3	7	1	5	4
6	3	4	5	4	1	9	7	9	9
5	6	1	7	9	7	4	5	3	5

#31

2	10	5	12	2	7	9	3	6	8	6	7
6	2	7	4	5	9	2	8	10	7	3	4
10	5	10	6	7	10	11	1	3	9	8	3
2	3	3	5	4	11	6	9	5	12	1	11
4	4	8	2	3	7	10	3	7	9	9	1
7	3	11	5	8	10	2	11	6	6	5	9
4	2	9	7	3	2	5	2	3	10	11	10
3	1	10	4	9	11	7	10	8	6	6	11
8	5	11	3	5	7	5	2	5	5	10	7
1	12	9	8	11	4	3	9	9	7	8	10
8	11	10	5	6	11	8	7	12	8	5	2
12	6	2	9	3	8	1	9	11	3	7	9

12 TACHA (soluciones)

#01

4	**6**	3	1	6	5	7
5	1	6	**7**	7	**1**	2
3	**6**	7	5	**6**	6	**5**
6	5	**4**	3	1	7	4
7	**1**	1	**5**	4	**5**	5
5	6	4	7	5	1	3
1	7	**1**	2	**4**	4	**7**

#00

1	**1**	3	4
2	3	4	**2**
3	4	1	2
3	1	**4**	3

#02

4	3	**2**	2
3	4	3	1
1	**4**	4	**1**
3	1	2	4

#03

3	3	2	**3**
2	4	**1**	1
1	1	4	2
4	2	**2**	3

#04

4	3	**3**	2
1	4	3	1
1	2	4	3
1	1	**3**	4

#05

3	1	4	3
1	4	**2**	2
4	3	2	**4**
3	**1**	1	4

#06

2	**1**	3	**3**
4	3	1	2
3	1	2	**2**
1	**4**	4	3

#07

4	1	4	3
3	4	**1**	1
1	**1**	3	**3**
4	3	1	2

#08

3	**3**	4	**3**
2	4	1	3
4	**3**	3	**4**
2	3	2	4

#09

1	1	**1**	4
4	2	3	1
1	**2**	4	**1**
1	4	1	3

#10

3	2	**6**	3	6	**3**
5	1	3	2	4	6
3	**2**	2	**3**	5	**3**
5	4	**3**	6	3	5
1	5	6	4	**5**	3
6	**4**	4	5	1	**5**

#11

5	5	**1**	1	3	**1**
1	2	5	**2**	6	4
5	4	2	6	5	**6**
6	1	**5**	5	**6**	3
5	3	1	2	4	6
2	**1**	3	**1**	1	**3**

#12

6	6	1	3	**5**	5
4	**1**	2	1	6	3
6	3	4	**3**	5	**4**
5	**6**	6	4	**6**	2
4	2	5	**1**	1	4
1	4	3	5	2	**3**

#13

4	6	**3**	1	**4**	3
1	**3**	5	6	3	4
6	5	3	**1**	4	1
2	3	**5**	5	1	**3**
5	**6**	1	**6**	6	2
3	1	6	4	**3**	5

#14

5	1	**4**	4	**2**	2
6	6	2	3	1	5
3	**1**	5	1	**5**	4
1	5	4	**3**	2	3
6	**2**	3	2	**1**	1
2	3	**5**	5	4	**3**

#15

5	5	**3**	6	**3**	3
2	3	5	1	6	4
5	4	3	5	1	**3**
1	**5**	4	**6**	5	6
5	6	**5**	4	3	1
1	1	6	2	**1**	5

12

TACHA (soluciones)

#16

1	3	5	2	4
2	2	4	**4**	1
2	**3**	1	4	**1**
5	4	3	1	2
2	1	**4**	3	**2**

#17

4	3	2	5	1
1	4	**4**	1	**1**
1	**3**	4	2	3
2	1	5	**2**	4
3	**3**	1	4	**1**

#18

2	1	4	**1**	5
4	**5**	2	5	1
2	4	5	**4**	3
4	2	**3**	3	4
1	5	3	**5**	2

#19

4	3	2	**5**	4
4	1	**3**	2	3
5	2	4	5	**4**
1	5	**4**	4	2
2	**5**	1	3	**2**

#20

5	5	**2**	2	4
3	1	2	4	**1**
1	3	**5**	5	1
4	2	5	1	**1**
4	4	**2**	3	2

#21

4	**4**	3	1	**2**
5	3	1	**2**	2
5	1	**5**	5	3
3	4	5	2	**4**
1	**4**	2	3	4

#22

5	4	**5**	3	**4**
1	5	2	1	4
1	3	**5**	2	**4**
2	1	5	**1**	3
3	2	3	5	1

#23

2	**5**	5	1	**1**
5	2	**3**	3	1
1	5	1	2	**2**
1	**5**	3	5	2
3	1	2	**1**	5

#24

1	5	**4**	3	7	**5**	4
4	**6**	5	6	2	7	3
3	4	**2**	7	**4**	2	**4**
4	3	4	**1**	1	5	7
7	6	**5**	5	4	1	**4**
2	**4**	6	1	**2**	4	5
5	2	7	**6**	6	3	**7**

#25

3	1	**3**	6	7	**3**	5
7	6	4	2	**6**	7	3
6	2	7	**6**	3	5	1
3	4	5	7	1	3	**4**
4	7	**4**	5	6	**5**	2
7	**4**	1	**6**	2	6	4
5	3	6	1	**6**	2	**3**

#26

3	**6**	6	**2**	1	2	7
1	3	2	6	4	**3**	5
2	1	**6**	2	6	5	**6**
6	**3**	5	7	**5**	3	1
2	6	3	**2**	7	**2**	4
7	2	1	3	5	4	6
5	**3**	4	**2**	3	**5**	2

#27

3	7	**3**	2	**7**	5	6
1	5	2	7	6	**1**	1
6	**7**	7	5	**7**	4	2
1	4	**2**	3	2	6	**1**
2	6	3	**7**	7	1	5
3	1	**2**	6	**2**	2	3
5	2	6	1	3	7	**6**

#28

7	1	5	6	7	**1**	3
4	6	**7**	7	**5**	5	2
5	**1**	6	**5**	2	1	**6**
1	3	7	2	4	**5**	5
6	**1**	3	**6**	5	7	1
7	4	**6**	5	1	**5**	6
4	5	4	**6**	6	2	**5**

#29

4	1	2	4	**3**	3	**1**
2	**5**	6	**1**	1	4	5
6	4	1	5	3	7	**1**
1	**2**	3	2	**1**	5	6
2	5	4	**5**	7	2	**5**
4	2	7	1	**3**	6	3
7	**5**	5	**2**	2	1	**5**

#30

1	10	**8**	3	5	**3**	9	4	**1**	8
5	1	2	**1**	8	4	5	**1**	10	3
2	**3**	4	10	3	**1**	8	5	1	6
4	2	9	**2**	6	5	**9**	8	**9**	10
2	4	**2**	7	10	**4**	6	**4**	2	1
5	**3**	8	2	**5**	3	10	6	**5**	7
8	5	3	**7**	7	6	1	**7**	9	**8**
3	**2**	6	9	2	**3**	7	1	5	4
6	3	**4**	5	4	1	**9**	7	**9**	9
5	6	1	**7**	9	7	4	**5**	3	5

#31

2	10	5	12	2	**7**	9	3	6	8	**6**	7
6	2	7	**4**	5	9	**2**	8	10	**7**	3	4
10	5	**10**	6	7	**10**	11	1	**3**	9	8	3
2	**3**	3	**5**	4	11	6	9	5	12	1	**11**
4	4	8	2	3	**7**	10	**3**	7	**9**	9	1
7	3	**11**	5	8	10	2	11	**6**	6	**5**	9
4	**2**	9	7	**3**	2	5	**2**	3	10	11	**10**
3	1	**10**	4	9	**11**	7	10	8	**6**	6	11
8	**5**	11	3	**5**	7	**5**	2	**5**	5	10	**7**
1	12	**9**	8	11	4	3	**9**	9	7	**8**	10
8	11	10	**5**	6	**11**	8	7	12	**8**	5	2
12	6	2	9	**3**	8	1	**9**	11	3	7	**9**

13

ECLIPSE (munraito)

El objetivo es colocar exactamente una estrella y una nube de polvo de estrellas (en forma de un cuadrado de color oscuro) en cada fila y cada columna de la cuadrícula, teniendo en cuenta que:

- Si se ilumina un semicírculo particular de una luna, debe haber una estrella en ese rango para iluminarlo.
- Una estrella brilla solo horizontal y verticalmente.
- Los lunas y las nubes de polvo de estrellas bloquean la luz de las estrellas.

Ejemplo resuelto, para que puedas entender mejor en qué consiste el pasatiempo.

#00

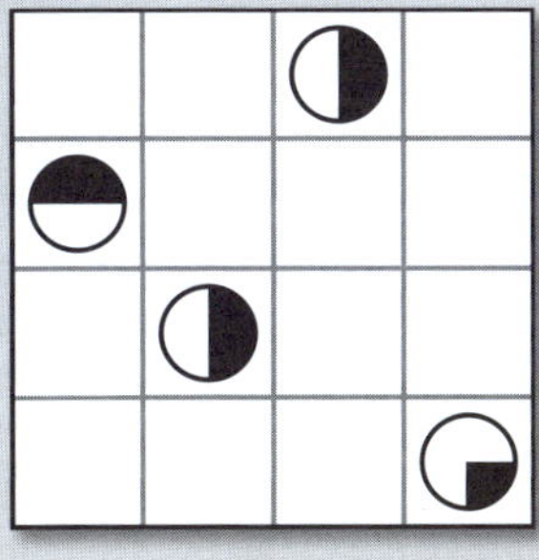

CONSEJOS para resolver el pasatiempo:

1. Cada pasatiempo tiene una solución única.
2. Todas las estrellas y nubes se deducen de forma lógica: no hace falta adivinar.
3. Si las caras iluminadas de dos lunas se apuntan entre sí y están separadas por una casilla, debe haber una estrella en ella.
4. Las caras sombreadas también pueden ser una pista para descartar estrellas.
5. El hecho de que en cada fila y columna deba haber siempre una estrella y una nube hace que en algunos casos ya debas descartar alguna de ellas.

#01

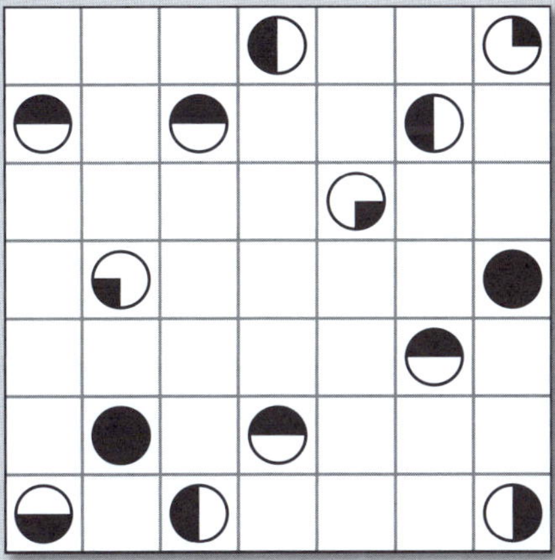

¿Sabías que...

Este pasatiempo fue inventado por el japonés **Naoki Inaba**. El nombre munraito es una transliteración de la versión ingles: *Moonlight*. Se conoce también con otros nombres como sun and moon (no confundir con moon-or-sun, de **Nikoli**).

13

ECLIPSE (munraito)

#02

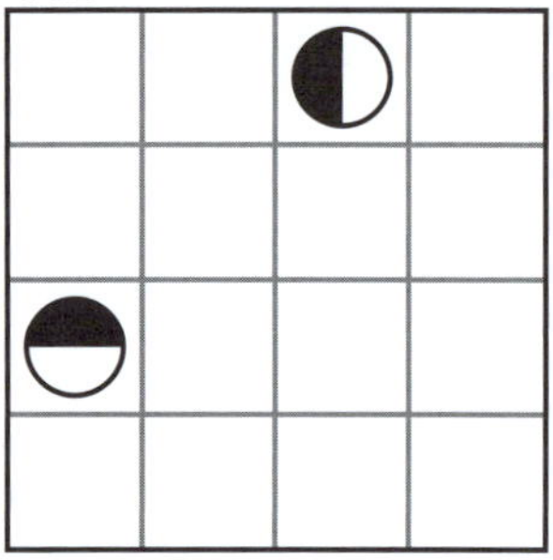

#03

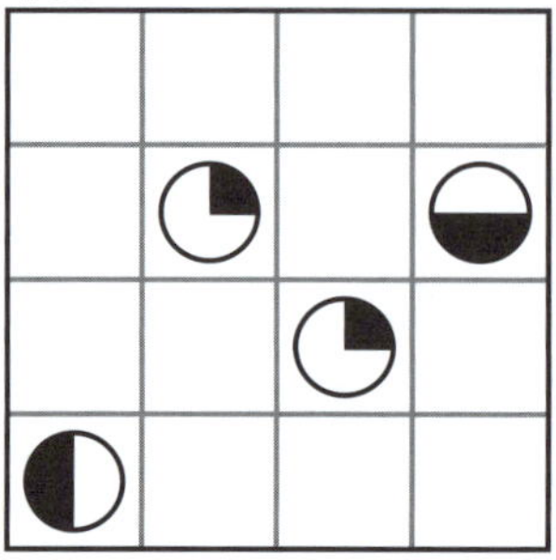

#04

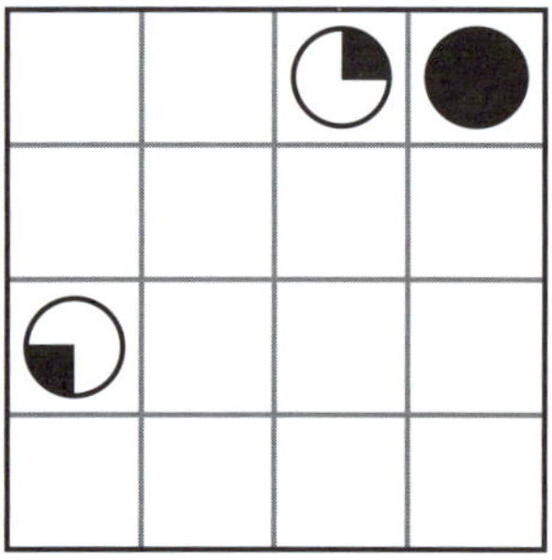

#05

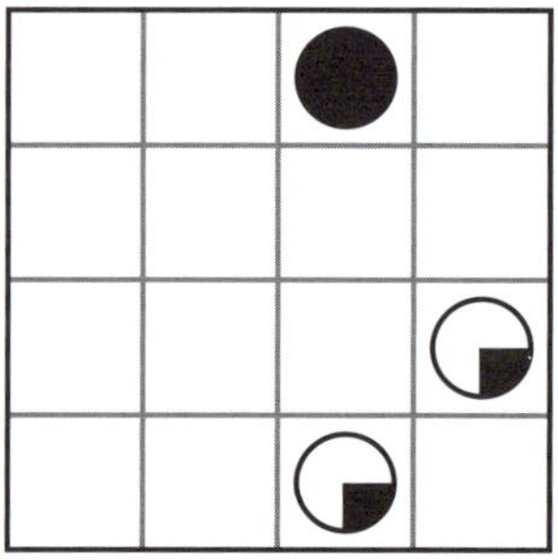

#06

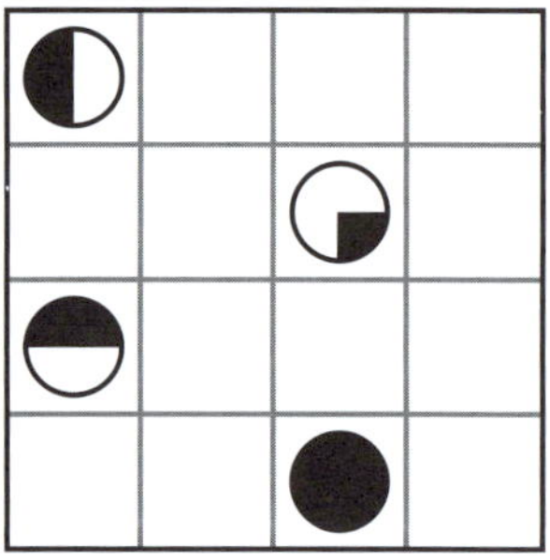

#07

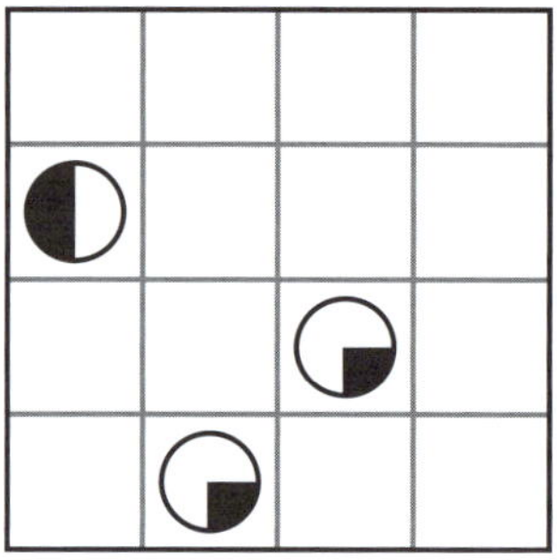

#08

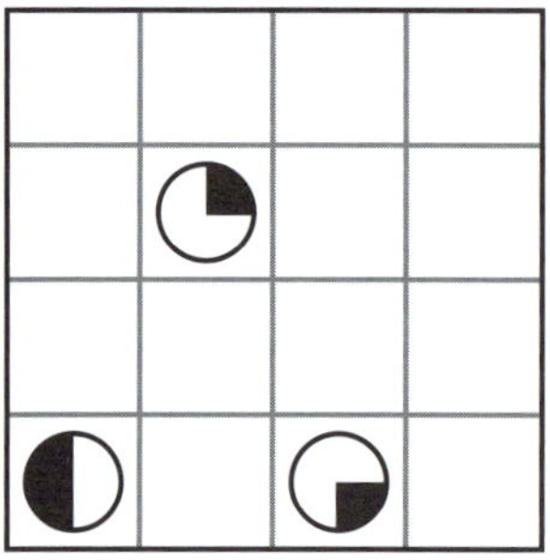

#09

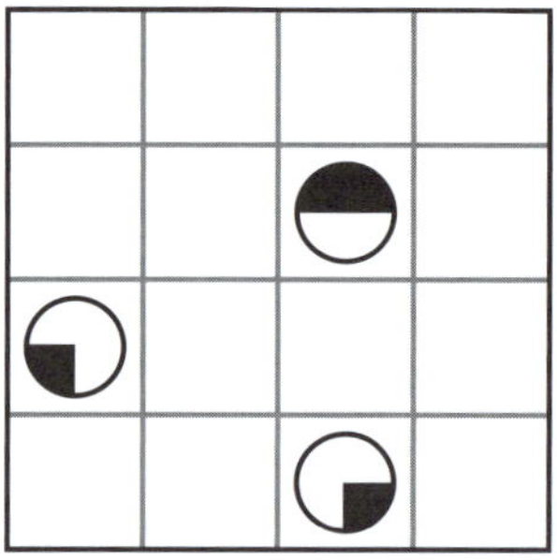

13 ECLIPSE (munraito)

#10

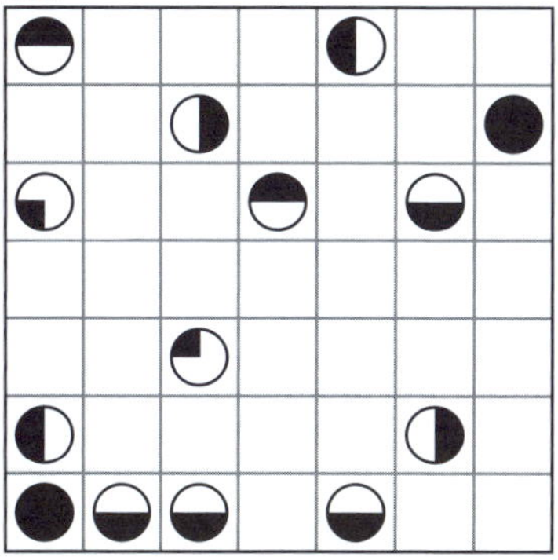

#11

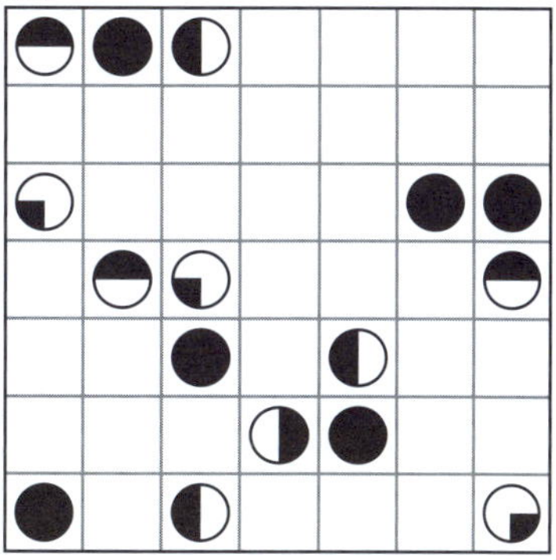

#12

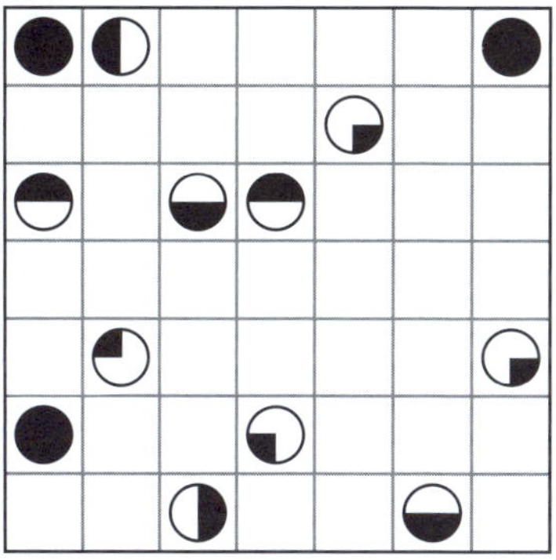

#13

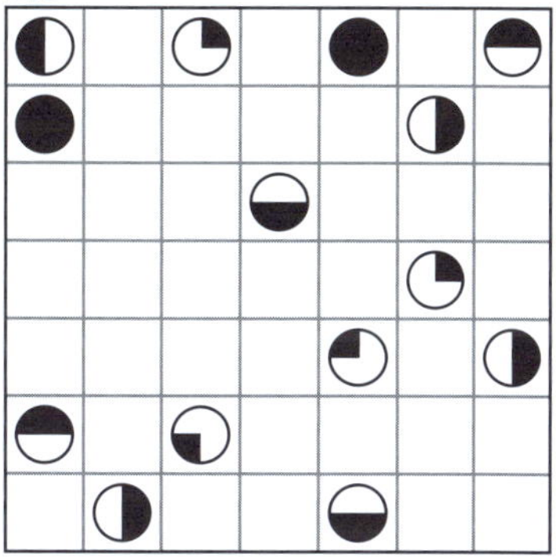

#14

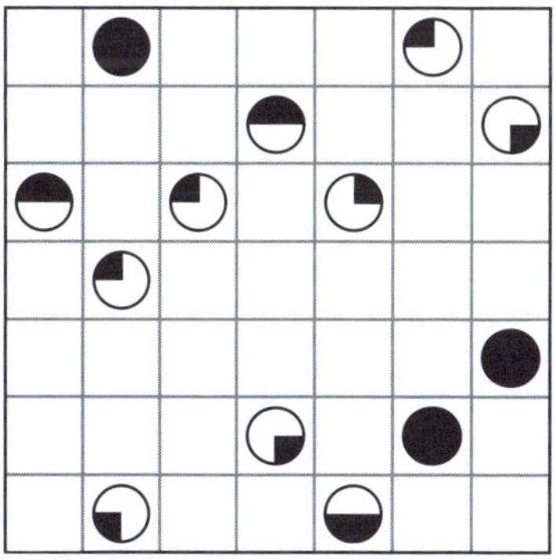

#15

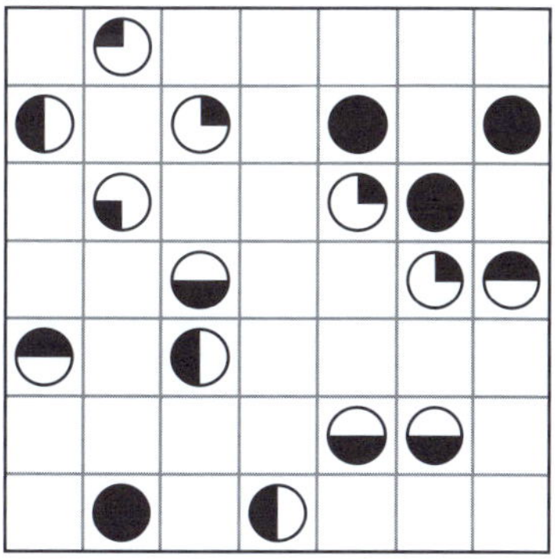

13

ECLIPSE (munraito)

#16

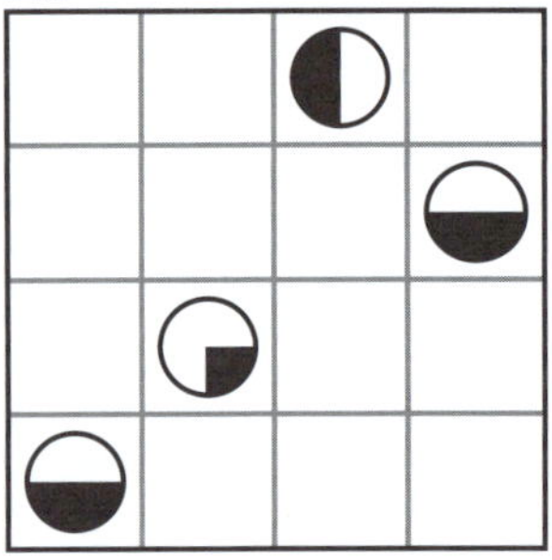

#17

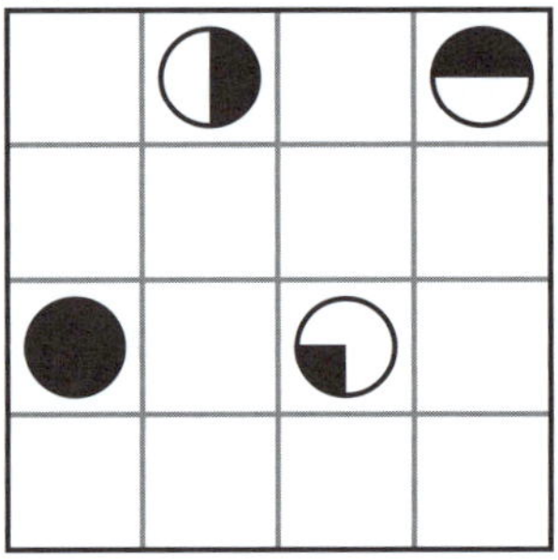

#18

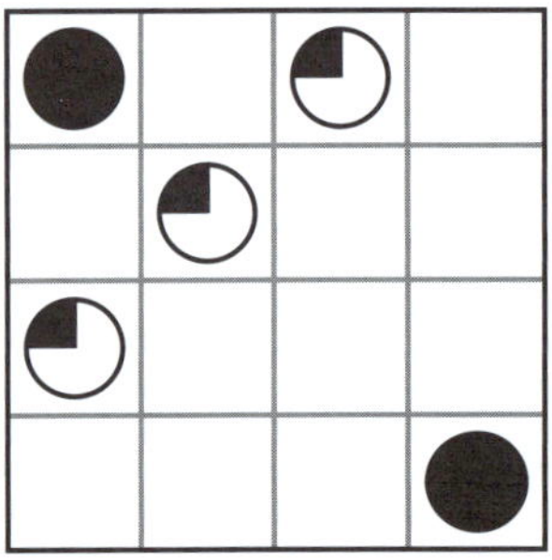

#19

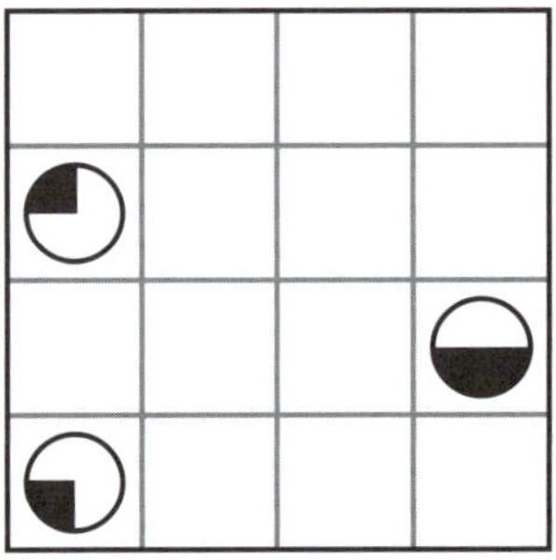

#20

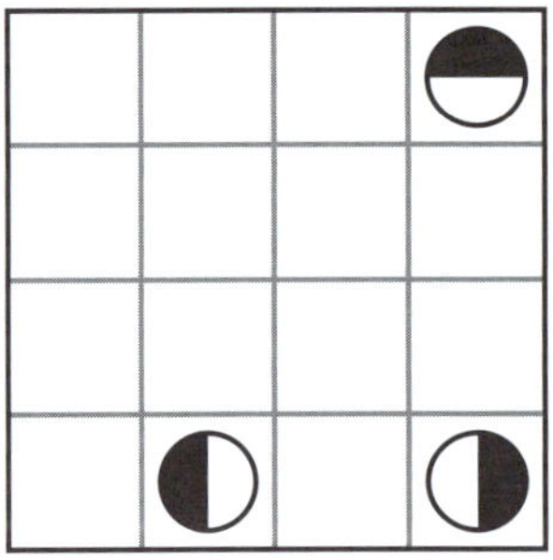

#21

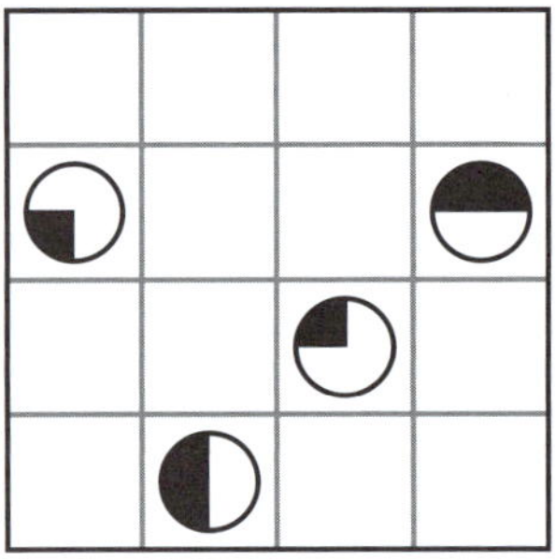

#22

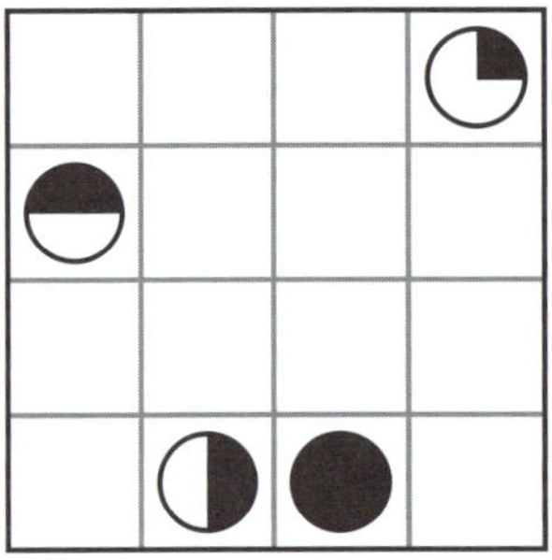

#23

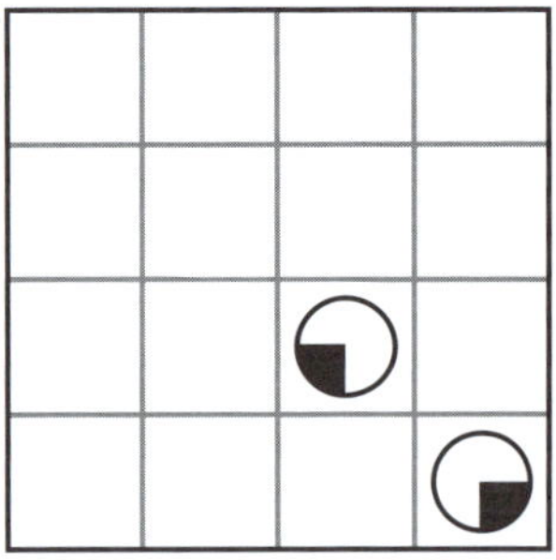

13

ECLIPSE (munraito)

#24

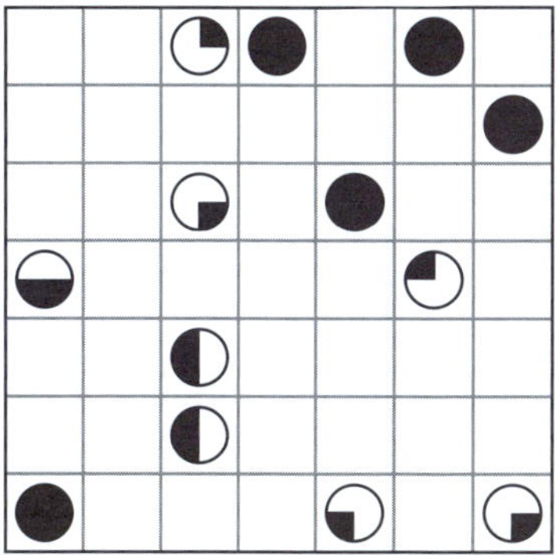

#25

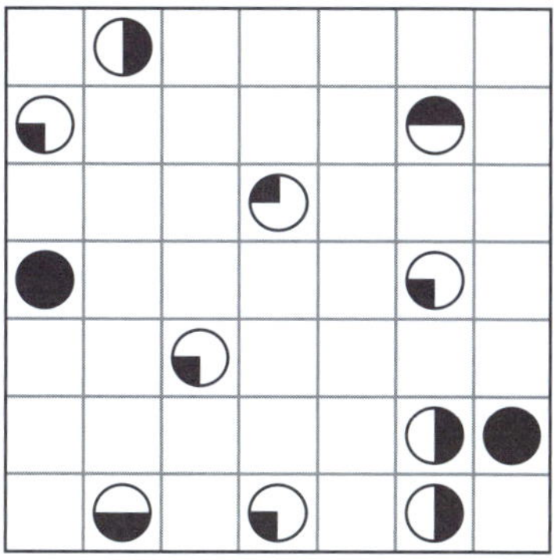

#26

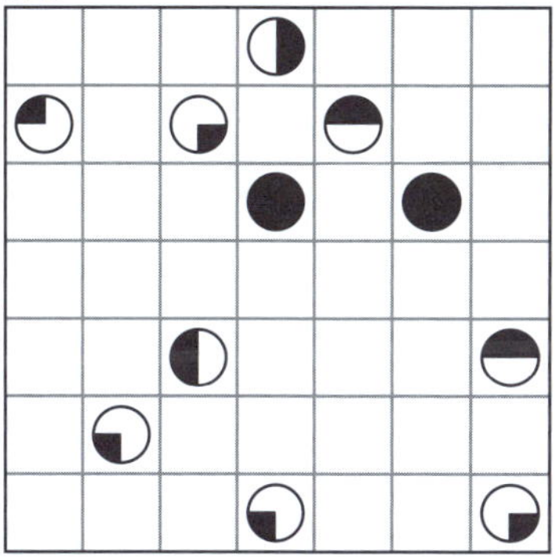

#27

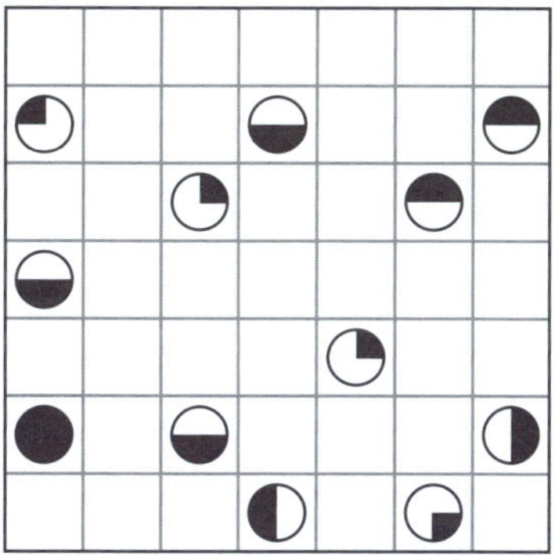

#28

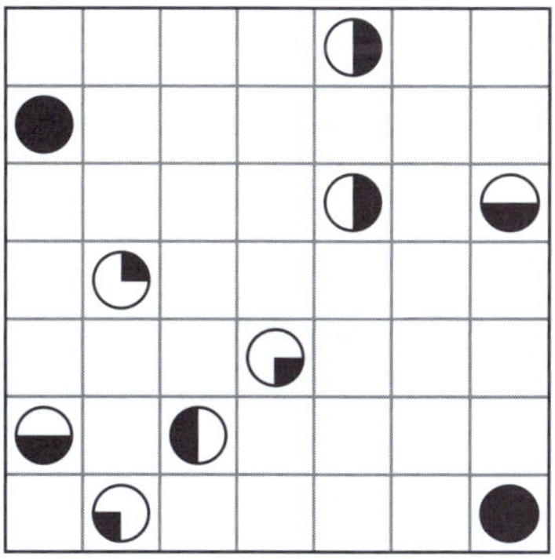

#29

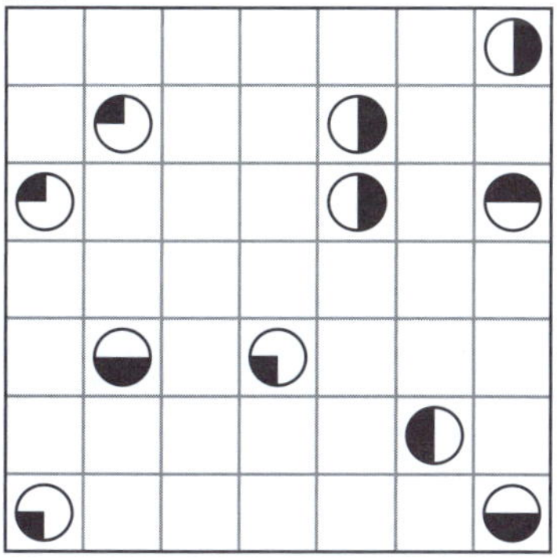

13

ECLIPSE (munraito)

#30

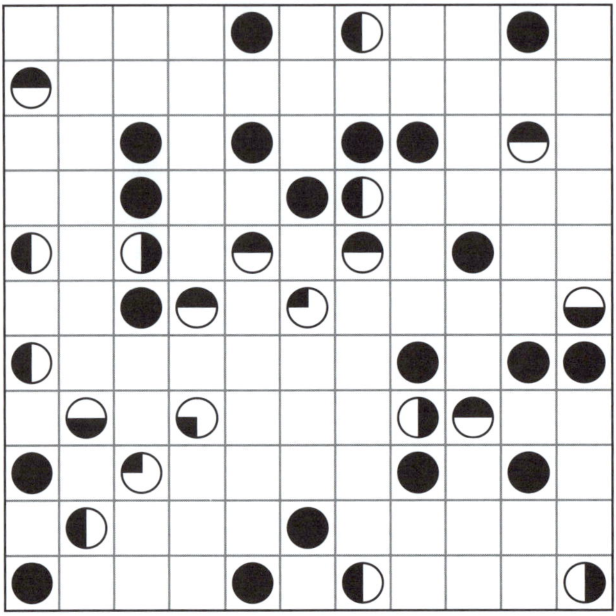

#31

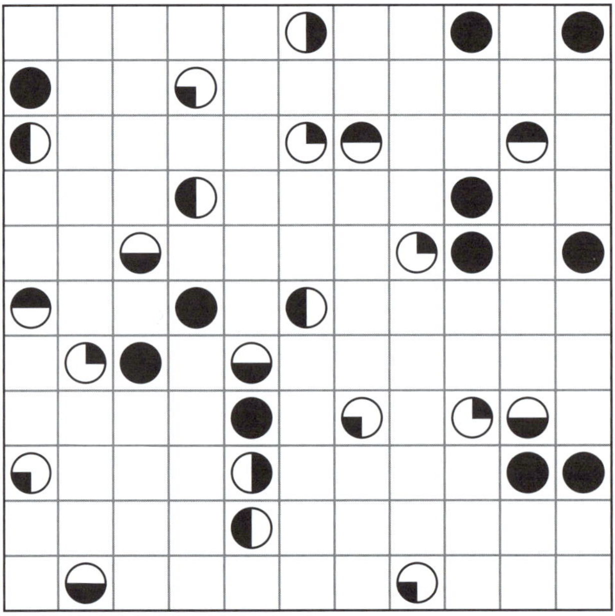

ECLIPSE (soluciones)

#00

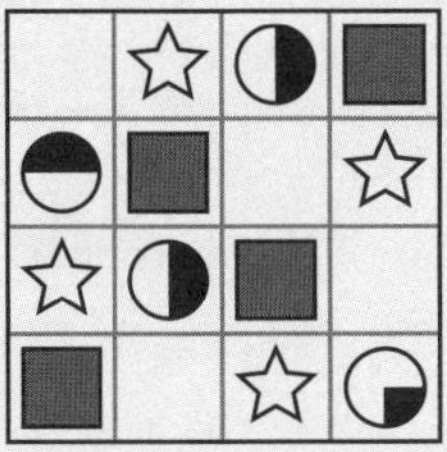

#01

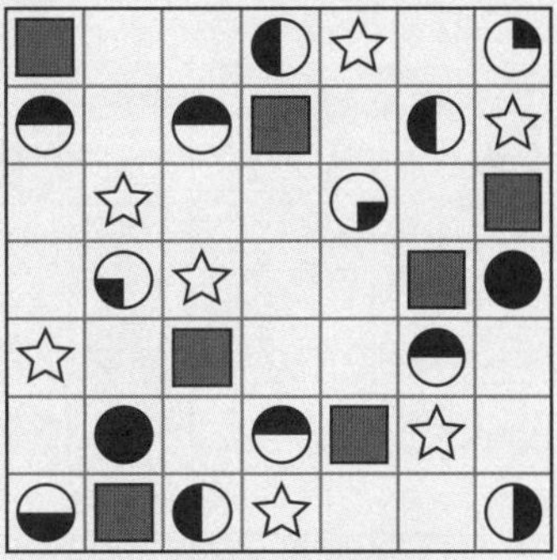

#02

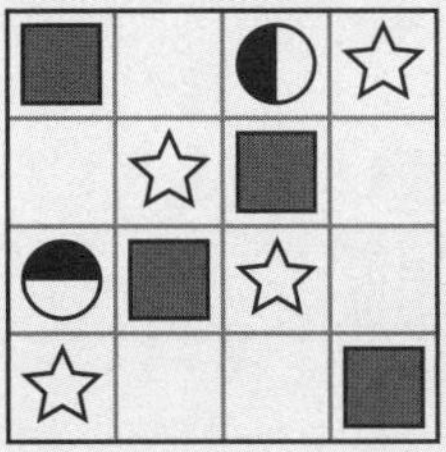

#03

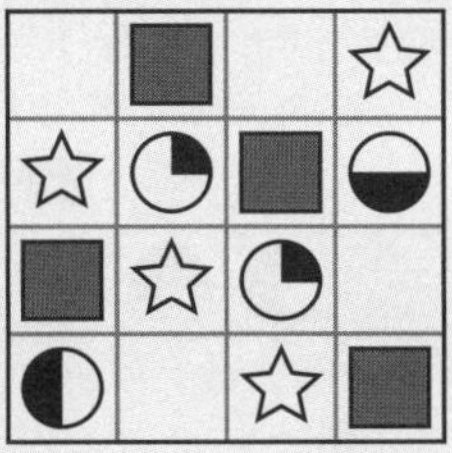

#04

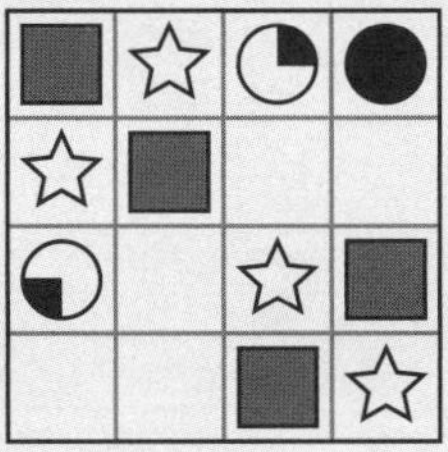

#05

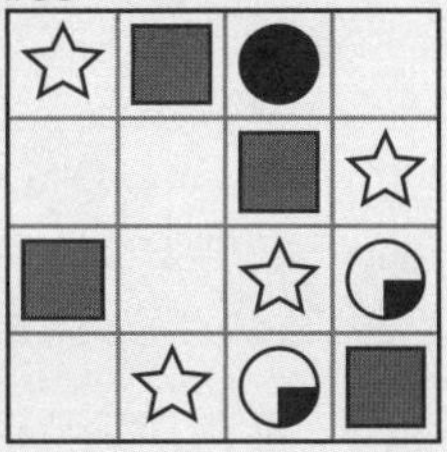

#06

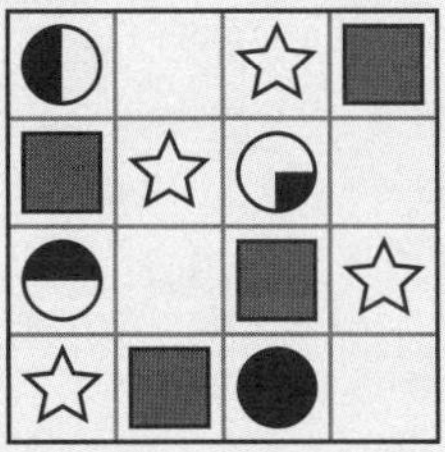

#07

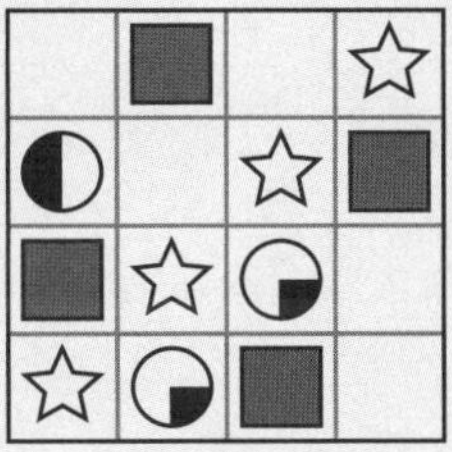

#08

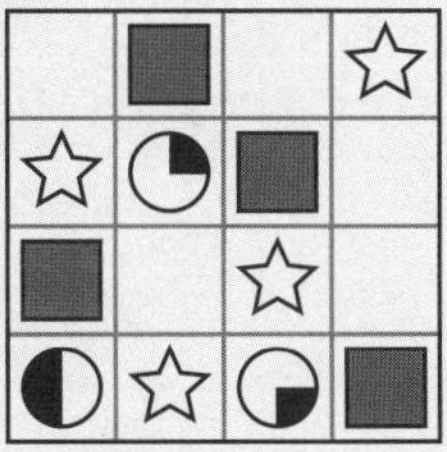

#09

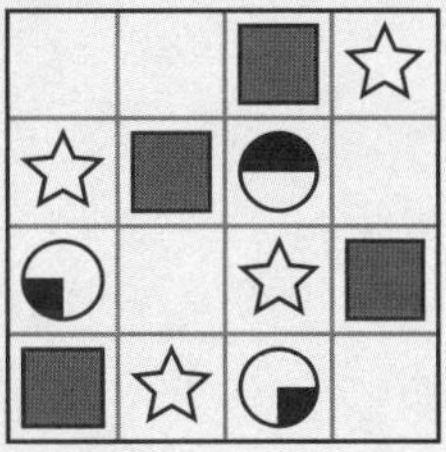

#10

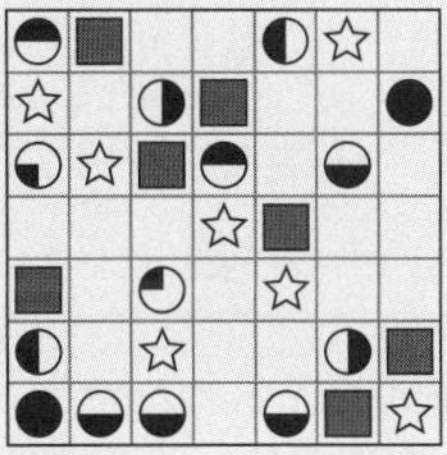

#11

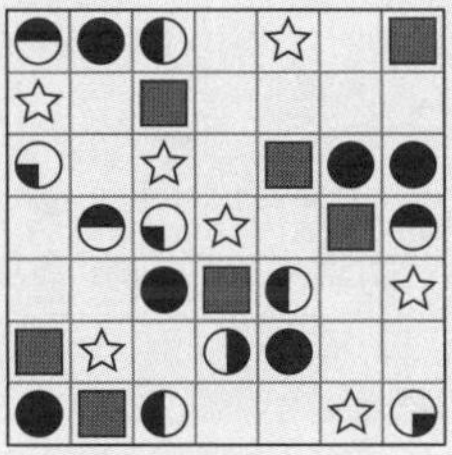

#12

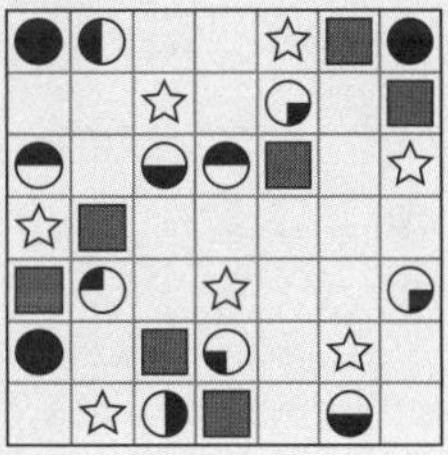

#13

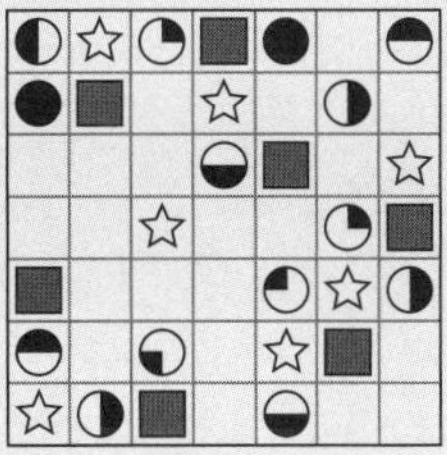

#14

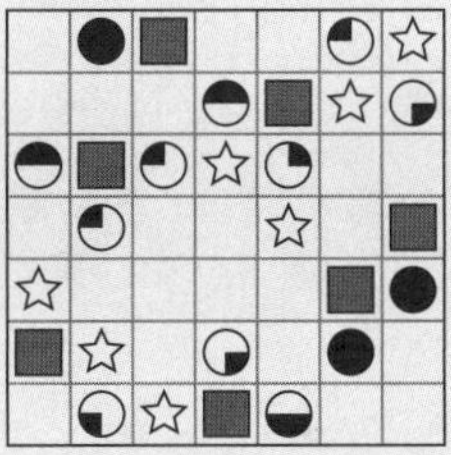

#15

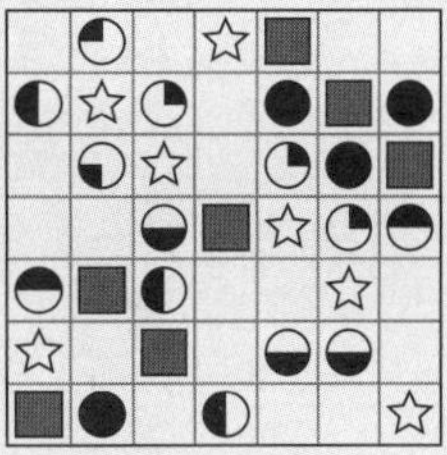

13

ECLIPSE (soluciones)

#16

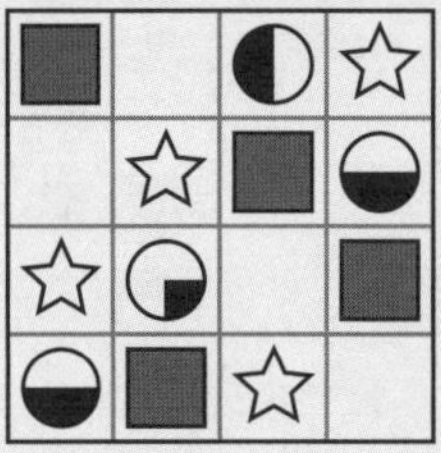

#17

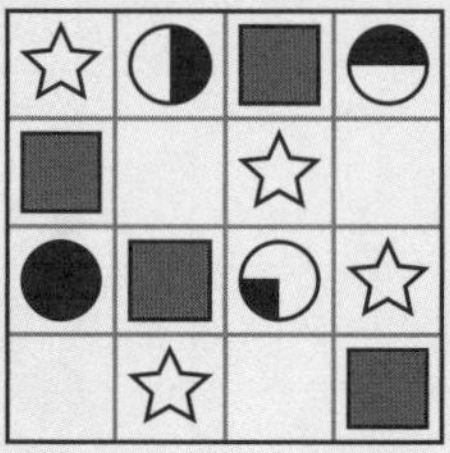

#18

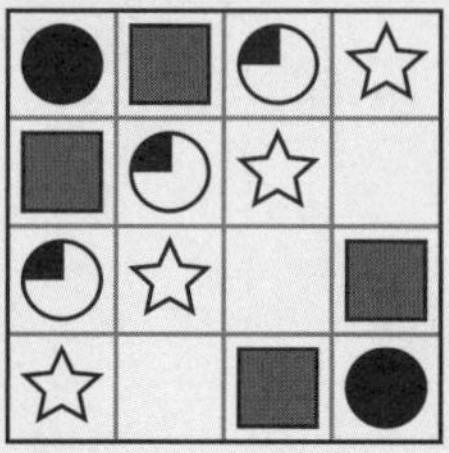

#19

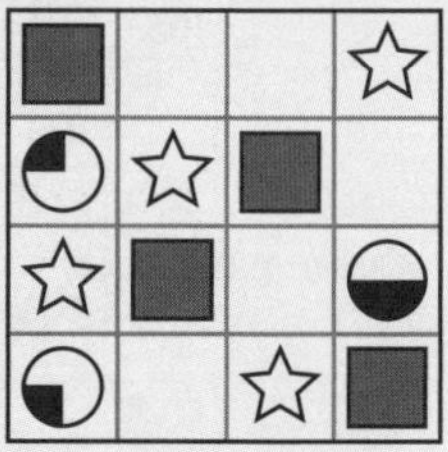

#20

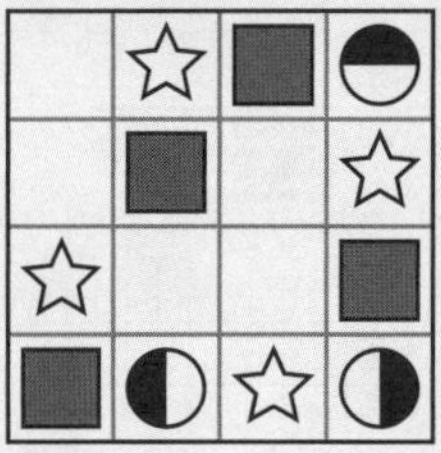

#21

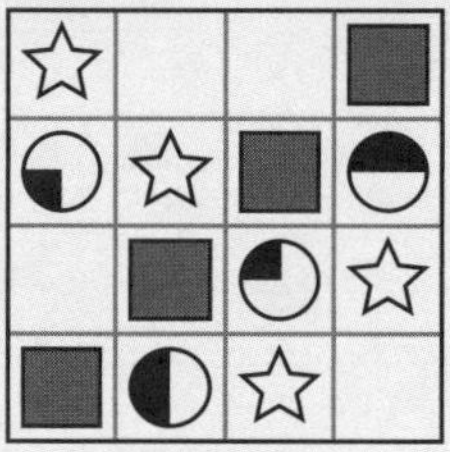

#22

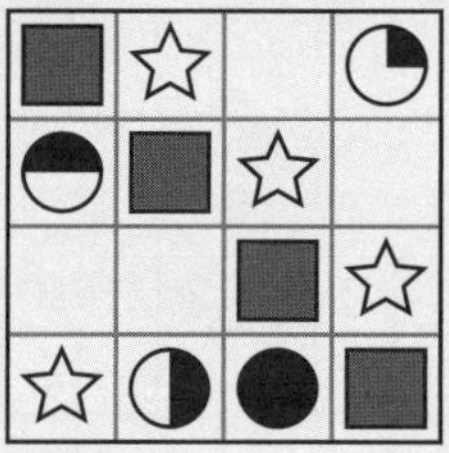

#23

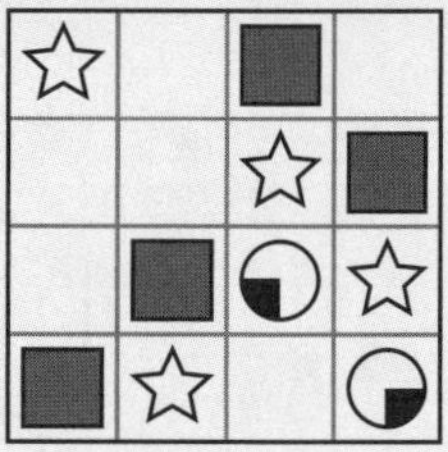

#24

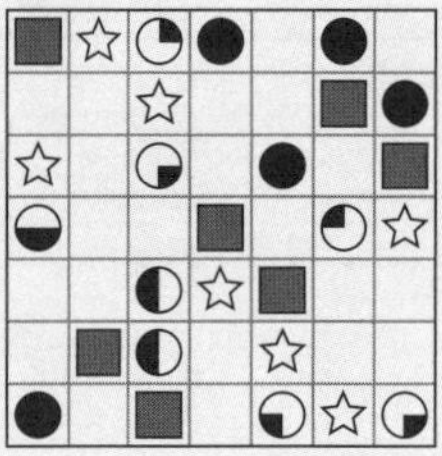

#25

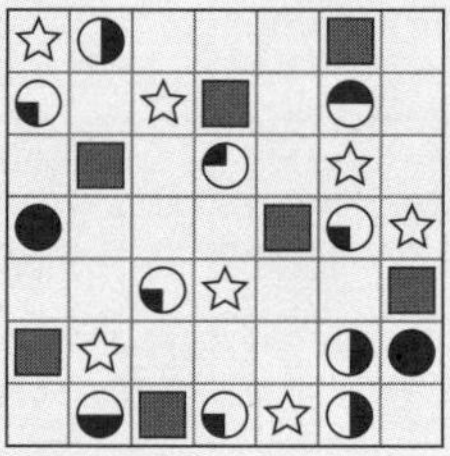

#26

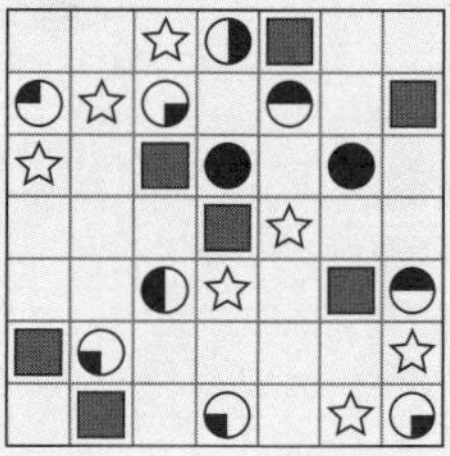

#27

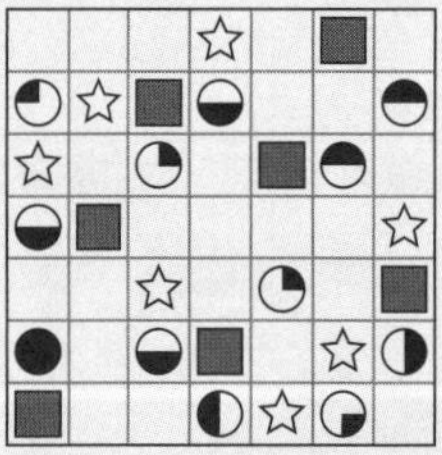

#28

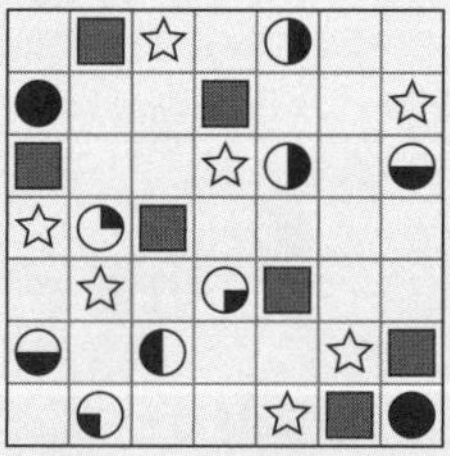

#29

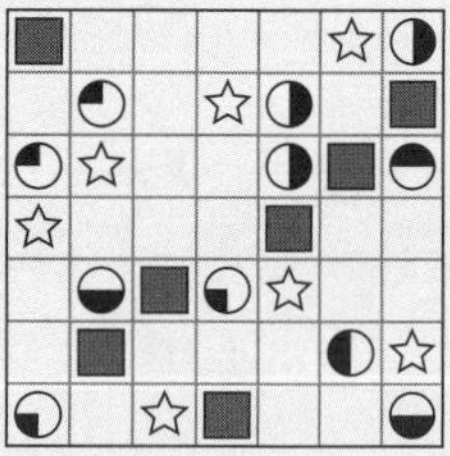

#30

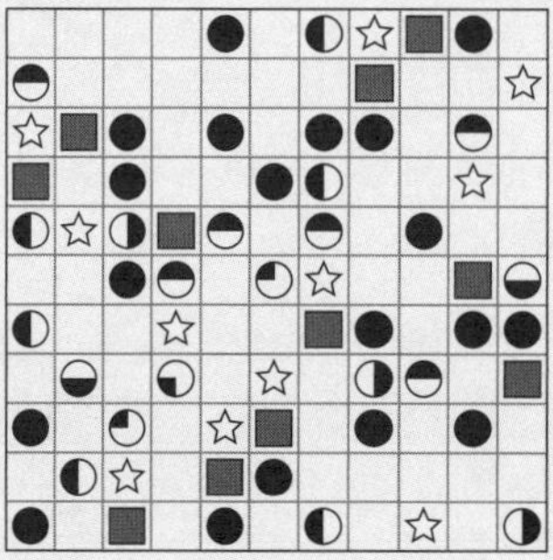

#31

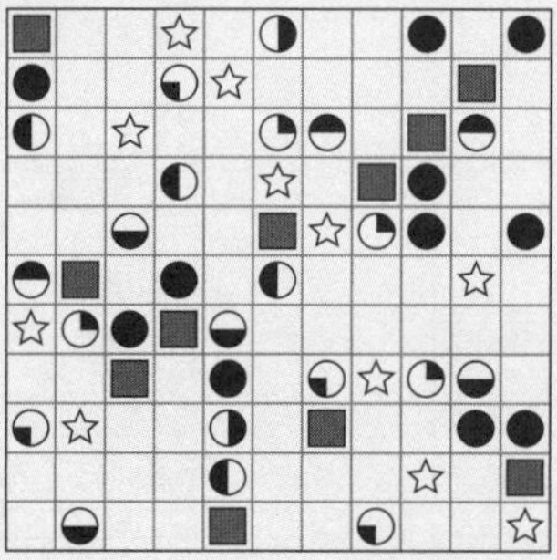

14 CONEXIÓN (link-a-pix)

El objetivo es descubrir la imagen que se oculta a medida que rellenas casillas del tablero, siguiendo las siguientes reglas:

- A excepción del 1, cada número en la cuadrícula tiene su pareja.
- Hay que encontrar las parejas y unirlas con líneas.
- La cantidad de casillas de la línea debe ser igual al número que figura en sus extremos, incluidas estas.
- Las líneas pueden quebrarse, pero siempre en horizontal o vertical, nunca en diagonal.
- Las líneas no pueden cruzarse ni pasar por las mismas celdas.

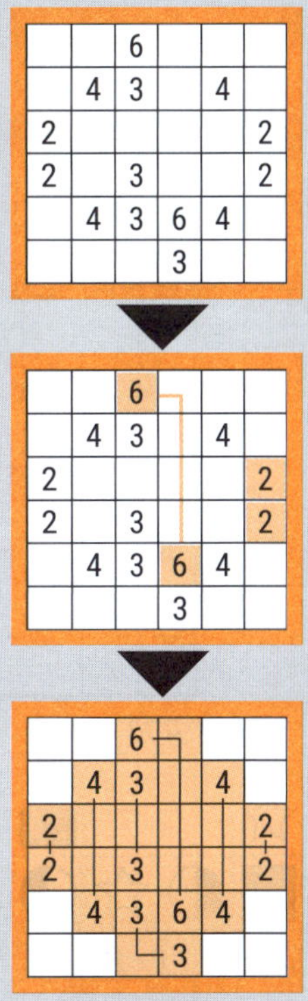

Ejemplo resuelto, para que puedas entender mejor en qué consiste el pasatiempo.

#00

	2				1	
5	2	5		4		
			3		3	4
3		3	2	2	2	2
	4			4	1	
		3		3		
			1			

CONSEJOS para resolver el pasatiempo:

1. Cada pasatiempo tiene una solución única.
2. Todas las correspondencias de números se deducen de forma lógica: no hace falta adivinar.
3. Comienza rellenando las casillas que contienen el número 1.
4. Será fácil deducir las casillas con el número 2, puesto que deben ser contiguas.
5. Los 3 deben separarse por una sola casilla, que podría ser en la misma línea recta o quebrada.

#01

								2	2		
							6			1	
					4			4		4	4
		1					6	6			
	3	4	5			5					
2						6	3	4	5		
2	3			6		1			4		
		4			1		3			3	
3		3	5		3	4		4			
		6					3		4	3	
				4	3			4	4		
					3	4	3				
						3					
			1	4							

¿Sabías que...

Este pasatiempo fue inventado en Japón y publicado por primera vez por la editorial **Byakuya Shobo**, que lo llamó number net. También se le conoce como paint by pairs.

14 CONEXIÓN (link-a-pix)

#02

			1			
		3		3		
	1	3		3	7	
7						4
4			4	4		
1	2	1		3		3
	2		1		1	

#03

			3			
		1		2		
		1	3	2		
2	2		1		5	
3		3	3		3	
2	2		2		5	
			2			

#04

			3			
		1		4		
			3		7	
1	4	4	4			1
	7					
		3		3		
			1			

#05

	5	1	4	1	4	
5						4
3		3	4	4	4	
2		4				4
2	1				2	2
	5				5	

#06

										2				
							1		5	2	3			
		4				2	2	5	4			4		
1	3		3	4	5				5		3			
	3		3			7				4	4			
					4	2	7			4	1			
				4		2			5					
											5			
					4			4	5	4				
				4				5	5			2	2	
							4				4			4
						4			4	5			2	2
					2	2	3		3	3	2			
					4			4	6		2			
					6					3	1			
				3		4			4	1				
			1		1		5						2	
				3		1	3		3	5	4	4	2	

14 CONEXIÓN (link-a-pix)

#07

							4								
						3			7						
					2					4					
				3	2	3	4			7	4				
	1	1			3				4						
1		2	2				1		7						
				5	1	4			4		4				
		4				5	5	7							
3		4			4	6		4			4				
			5	5				1						4	
3								4				3		5	
	1				4		5	3		1			4	5	
							4		4	5		3			
						6		3	5				2		5
								4	3	5			2		
										5				5	1
									3			4			
											5				
										5		4			
									1		1				

#08

									4												
										5											
						3		3													
				2	5				4		4								2	1	
				2	3	4	6	5	5									2	2		
				3				3	4	4							4	2			
					1					4	4										
4						4		3													
4		2						6	4	4		4					4	2			
		2	3			6	3		3	4								2	2		
				1						6	5		1						2	3	
			3				3	4				4	5		6						
				5	2	5		5			5	5	4			5				3	4
					2	6	3		4								3				
							4		4	5	5	4		5				2			
										2		3		3			3	2		1	4
					4			5		2			5	6	6	5	4			4	
							4		4	6					2	2	4	4	4	2	
				3		6					3	3		3	4					2	
					4					3	6	4			4			5			
			1	3											6	4			4		
		2	2						5				6	4			4	5			
								4			4	5					6				

14 CONEXIÓN (link-a-pix)

#09

		6					1						
			2			2	3						
			2			2							
	2		4	6		4	3	2					
	2			6				2					
		6		3		3	4						
			4			5							
					5	4	3						
		5		5	5								
							3	3					
	7	4				4	3						
	4	4		7				4	3				
	4	3		3	5	4	4	8					1
		5	4			4			3			2	
	5	4			4	4			1			2	
	3		3	8							1		
		4			4	2	2			1			
						5				5			

#10

							4														
3	3	1			2	2															
		4	3			4		1													
3	3			1																	
	4		3	2	2			3	6												
		4			4	4	6														
				2	2		3	3													
		1			2			4	5												
4			4		2	4	3			2											
	1	1	3		3	2	2			2											
			3		3		1	4		6	5										
								7	5												
														4			4				
						3		3									1	1			
				1		4	7				5							2	2		
		4			4			4	4	6	4			4					2	2	
			4			4		4		5				5							3
							5			4		4	4							3	4
									4					1						3	
									5			4			4						
							2	2	4					1					4	3	4
								2		4										2	
								2			1							3		2	
									4										4		
										4	4	4	4				5	3			
												3		3	4	5					

14 CONEXIÓN (link-a-pix)

#11

																		5		5	1	4					
																5					5			3			
														4			4		4				3	3		3	
													3		3	4	1	5	3			4	5				5
												4			4		5	4		4		5				2	2
											5				5				3	5							
											2	2	1			4			5								
																5		4				6					
																							6				
												2	2				5		6		4			4			
													2	2		1	8	5	5	6	5	2	2				
													4			4		4				1					
						5			1			5				5			4	4	2						
				1		1			4			4	4			4					2						
				4						4			4	5				4	4			4					
				4	5						4				4	4		6		4			4				
		5		1	3	5			2	2		5	4			4		3				6	2	2			
	6			4			4					4	3	6	4	4	8		5	2	2						
	4				3		4					8					4	3		5							
5			5		4		1	4		8	3	4	3		5	3		4									
			5	4	5	5	4		3	3										4	3						
	4	6				5				4			4			3	4			3							
								4	3	3		4		6		3											
5	4	4		4			4				3				5												
	2	4	5					5	2	5						3											
	2		2						2																		
			2																								
		4																									
			4	4																							

#12

2	2		2				7	3		3	5			7		7			4	6					6	4			4	1	2	2
1			2		1	4					4	5		4					4	5				5					4			4
			4		7	4	4	4	4	5		4			1	4			4	4			4							2		4
		2		4				5	4			5				5	4			4	5	1								2		4
		2				5				5	4			4	5	6	5	5														
4			4			5	4			4		5								5												
				5			5		4	4		4			4				6													5
	1				3		3	5	4			4	6					6													4	
4	2	2					5				5	5				5													5	4		
3		3	4																									4	2			
2		6	4		5																						5		2		4	5
2		5																									5		3	4	5	4
4			6	1																								4		4		
	4																											5	3			
	5	4	4																										4			4
4																										4	5			5	5	4
3																												4	4		4	
		4									4			4											1	3		3			4	
3	5									5						6									4			4		2	2	4
1									6				5		4			4						6				5	4	6	6	
								5					6		5		6							4					6			
							4			4	5	6	7				5									5		3		3	4	
			4			5				5	4			4							3					4		6	5	2	4	
		8					3	5				8	7			5								4	6			5		2		
						3		4	5			8				5		6			3						4			5	4	4
			4	1				3		3				4	4	3		3				1			4	4	4	4	5			
1						8	4	7						7	5				5			5				5					4	4

14 CONEXIÓN (link-a-pix)

#13

Descubre qué personaje es teniendo en cuenta la imagen que se forma y estas pistas (o quizá despistas ;-):

1. Es un auténtico icono.
2. Es especialista en cumpleaños.
3. Tuvo relación con el béisbol durante unos años.
4. Desde pequeña siguió su propia norma en la vida.
5. Sus padres eran evangélicos.
6. Se le relaciona con la muerte de un viajante.
7. Las paradas de autobús tienen su tirón.

ATENCIÓN: si lo acabas correctamente, deberás ver la imagen en negativo y, al cerrar los ojos, su positivo.

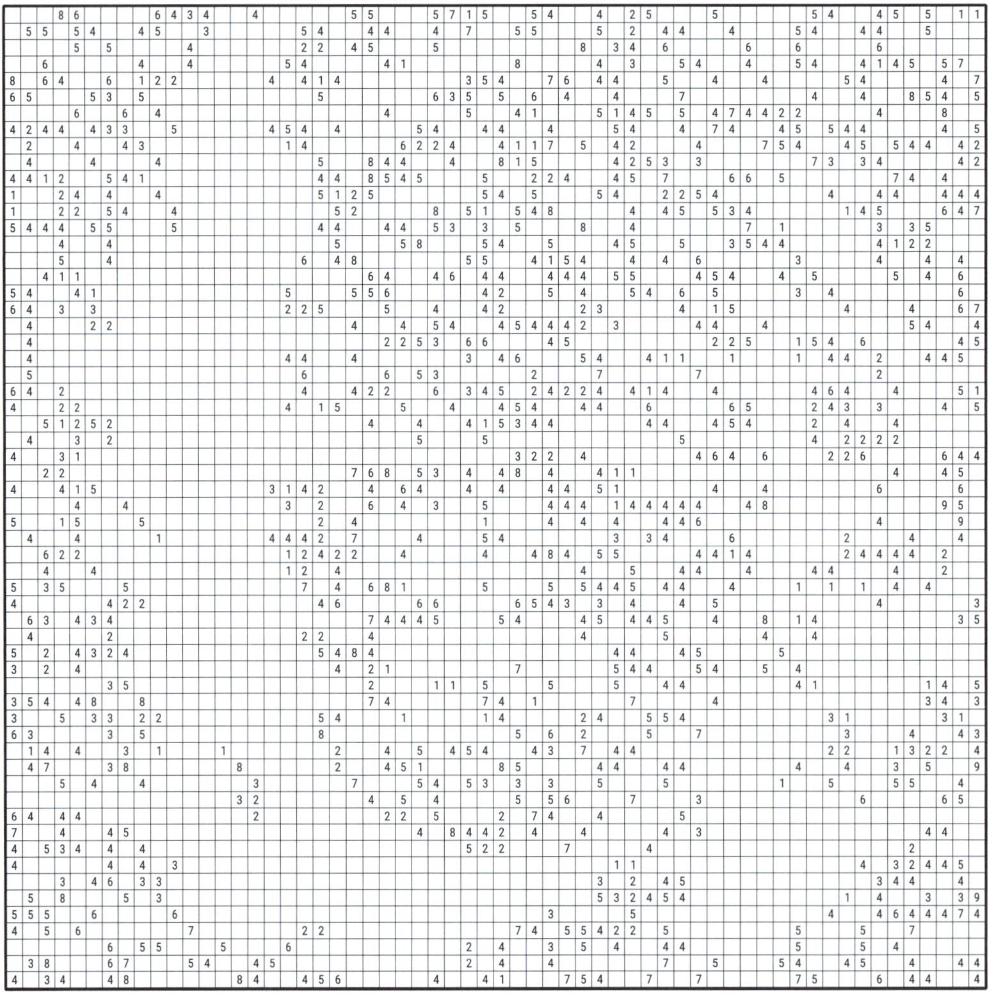

14

CONEXIÓN (soluciones)

#01

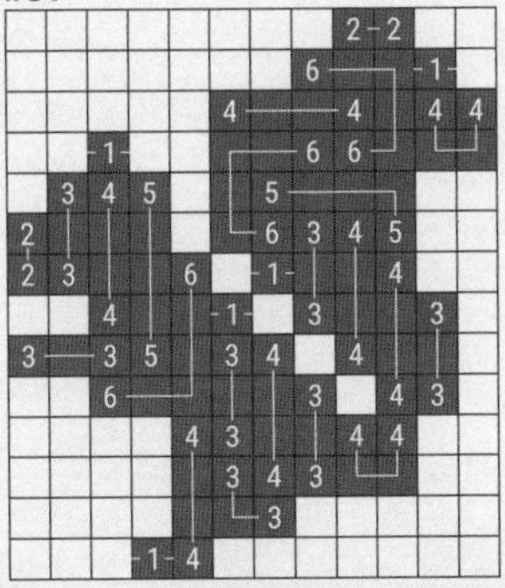

#00

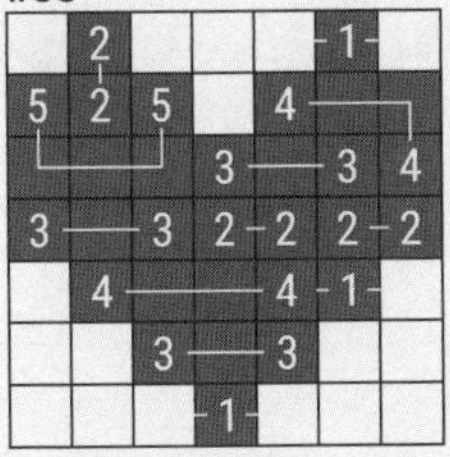

#02

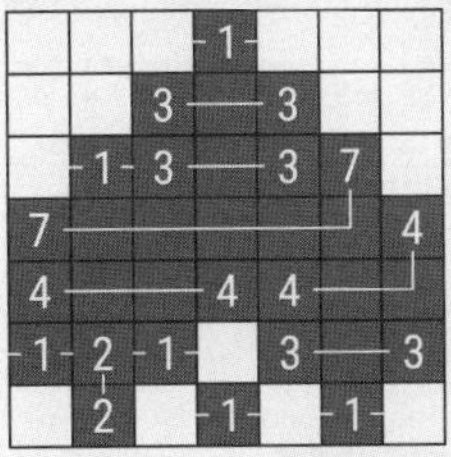

#03

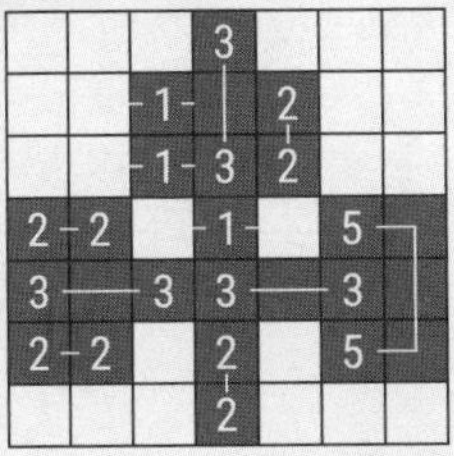

#04

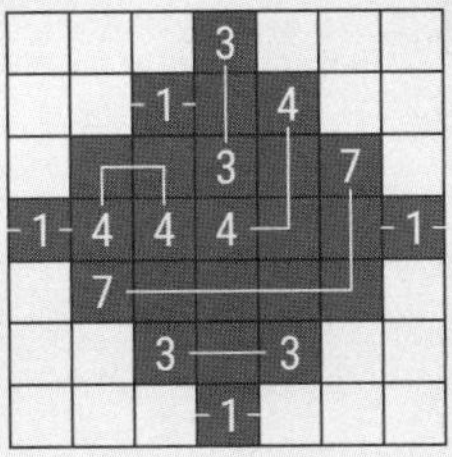

#05

#06

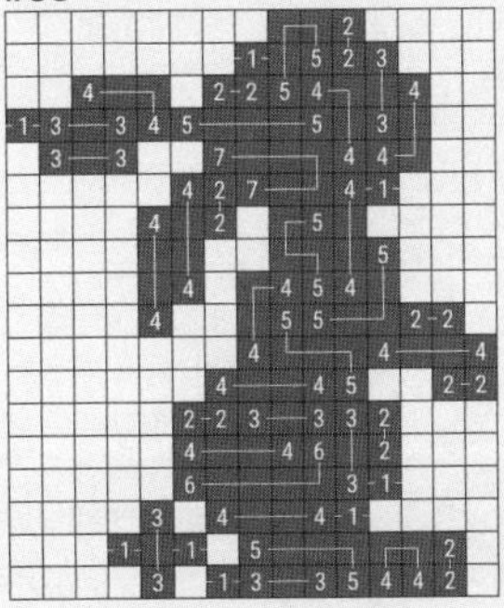

#07

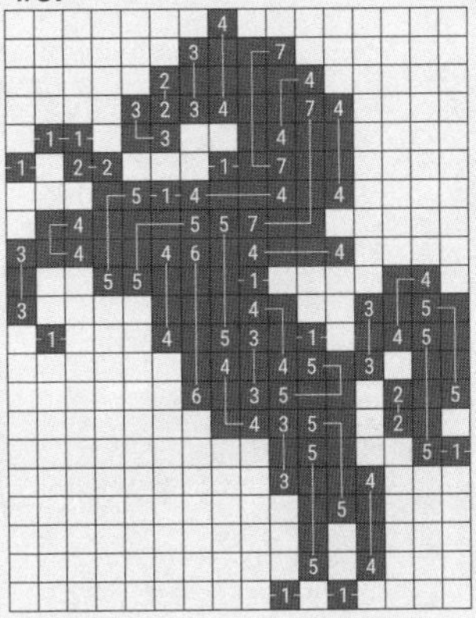

#08

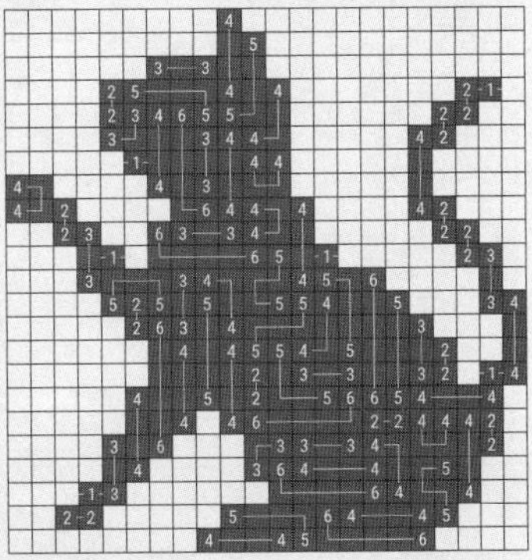

#09

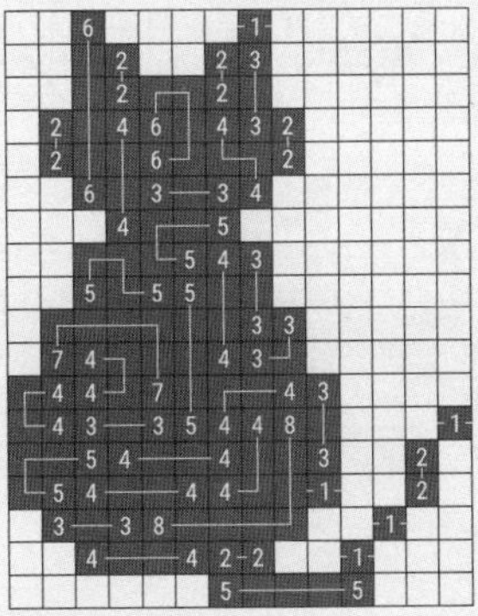

#10

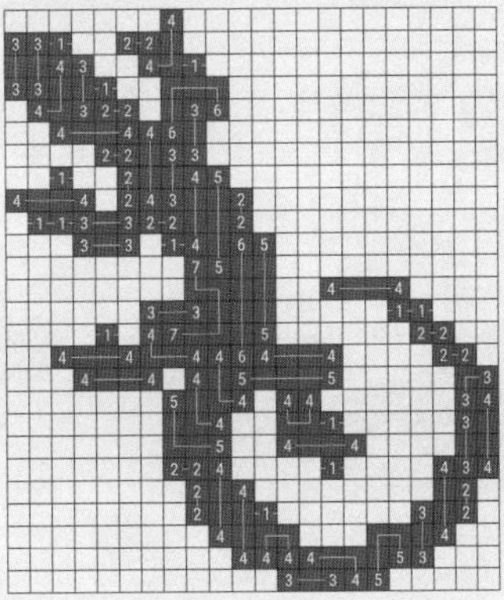

CONEXIÓN (soluciones)

#11

#12

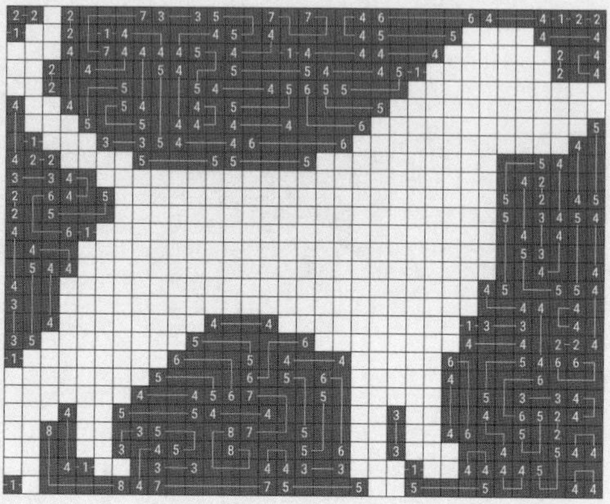

#13

El personaje es **Marilyn Monroe.** Solo tendrás que investigar un poco para deducir el porqué de las pistas. La vista "positiva" de la imagen la conseguiras si miras a su centro (punto naranja) durante un minuto y luego cierras los ojos.

15

RECIPIENTES (water fun)

El objetivo es llenar de agua algunas partes de los recipientes, teniendo en cuenta que:

- Los números fuera de la cuadrícula muestran cuántas casillas de cada fila y columna deben llenarse con agua.
- Los recipientes conectados de casillas rellenas deben tener el mismo nivel de agua en todas partes, como en los vasos comunicantes.
- El agua fluye siempre hacia abajo y hacia ambos lados, a menos que sea detenida por una de las paredes del recipiente.

Ejemplo resuelto, para que puedas entender mejor en qué consiste el pasatiempo.

#00

CONSEJOS para resolver el pasatiempo:

1. Cada pasatiempo tiene una solución única.
2. Todas las correspondencias de números se deducen de forma lógica: no hace falta adivinar.
3. No hay bolsas de aire bajo el agua de una región, es decir, que cuando se sabe que una casilla no tiene agua, todas las casillas que se encuentran por encima en la misma región también deben estar vacías.
4. Si hay agua en la zona superior de una región, las demás casillas de la región que se encuentren al mismo nivel y hacia abajo serán de agua.

#01

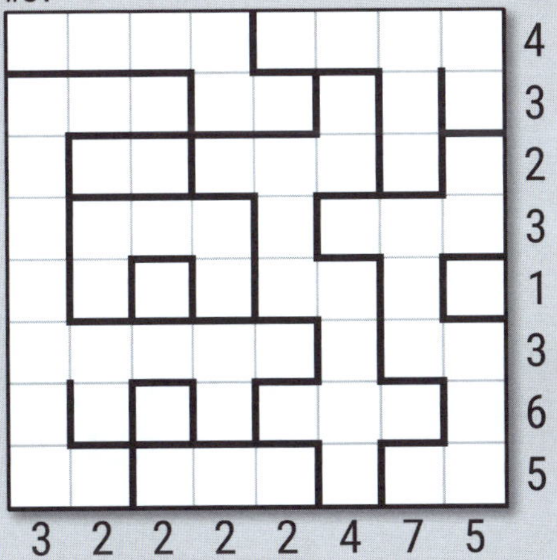

¿Sabías que...

Este pasatiempo se usó por primera vez en el Indian Puzzle Championship de 2011, que se celebró en Chennai (la actual Madrás), al sureste de la India. También se le conoce como aquarium.

15 RECIPIENTES (water fun)

#02

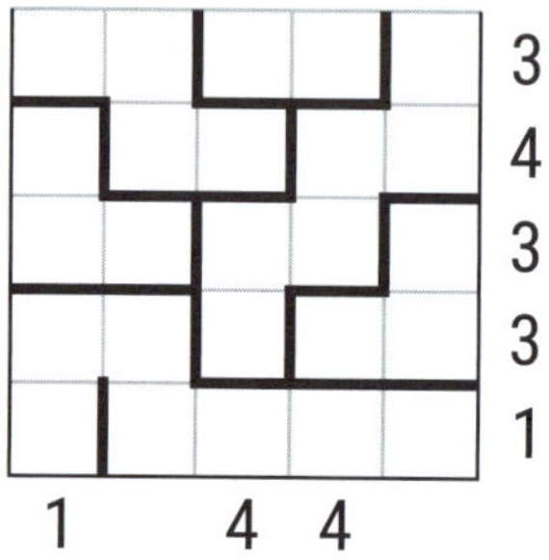

#03

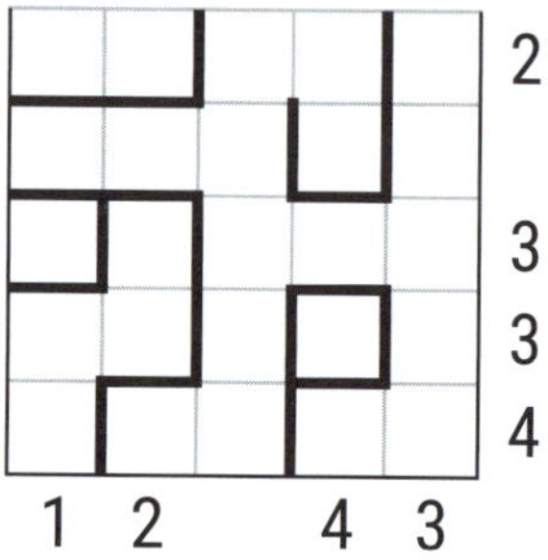

#04

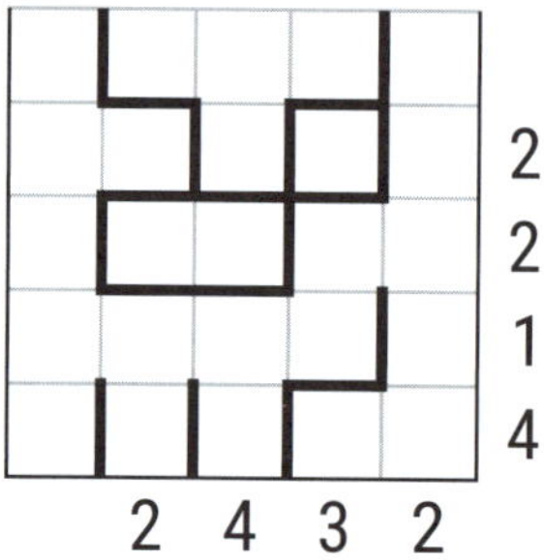

#05

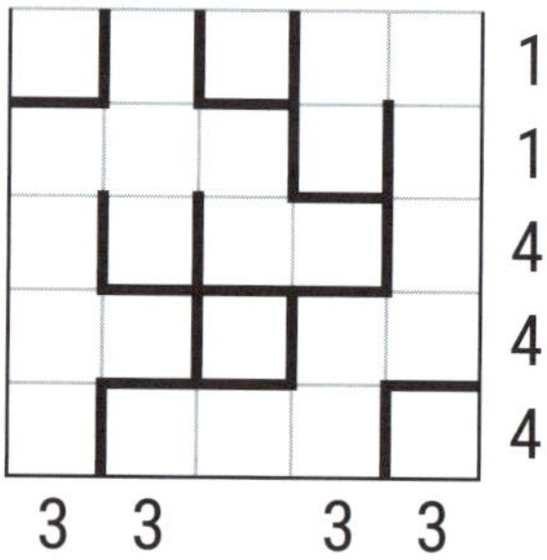

#06

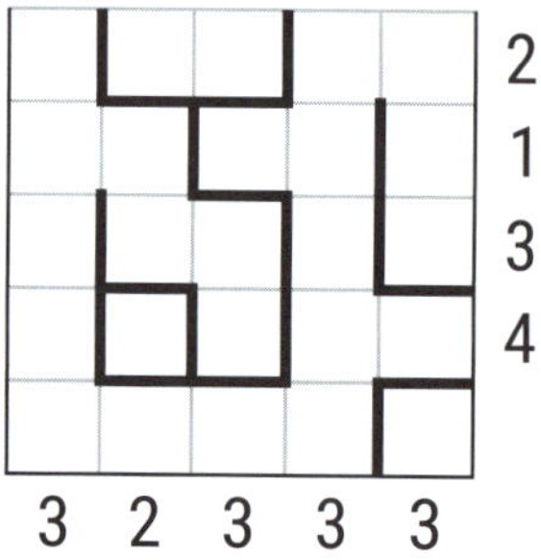

#07

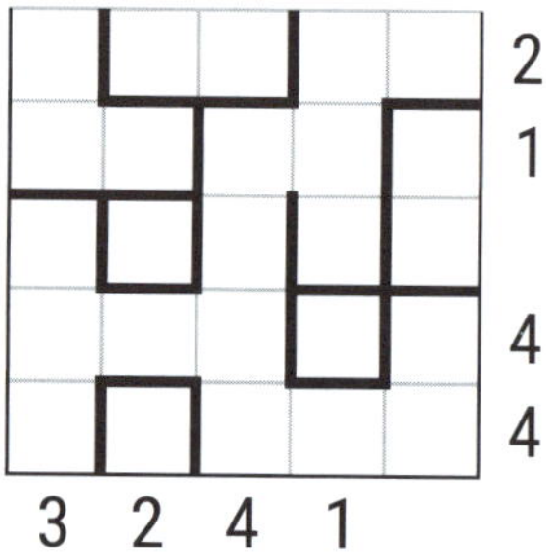

#08

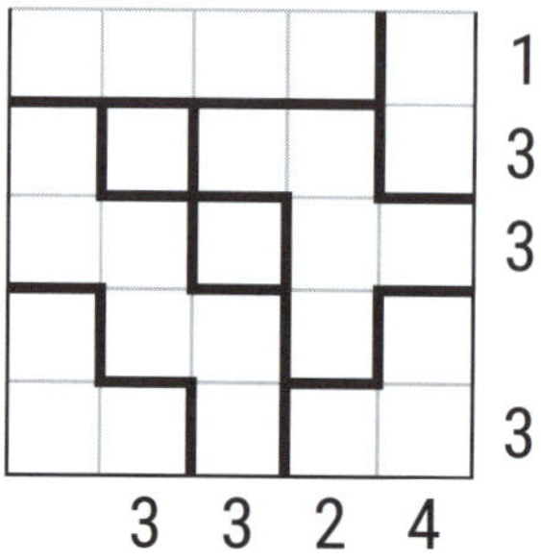

#09

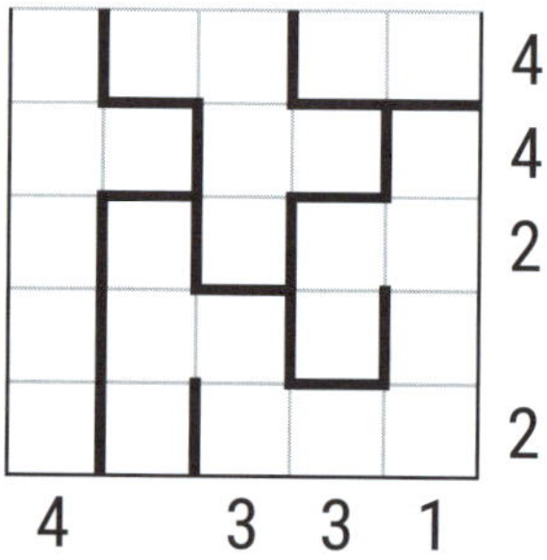

15

RECIPIENTES (water fun)

#10

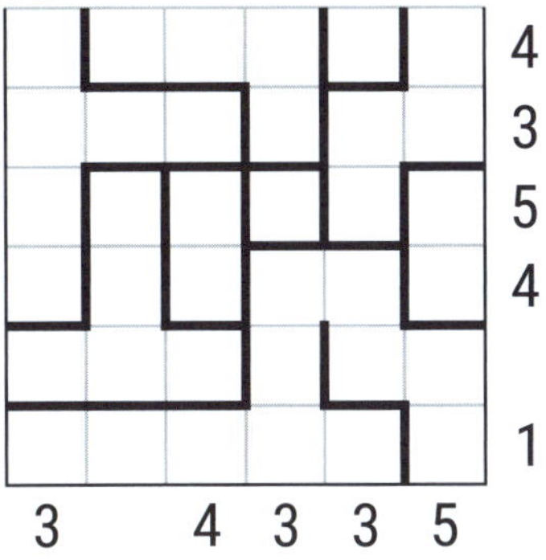

#11

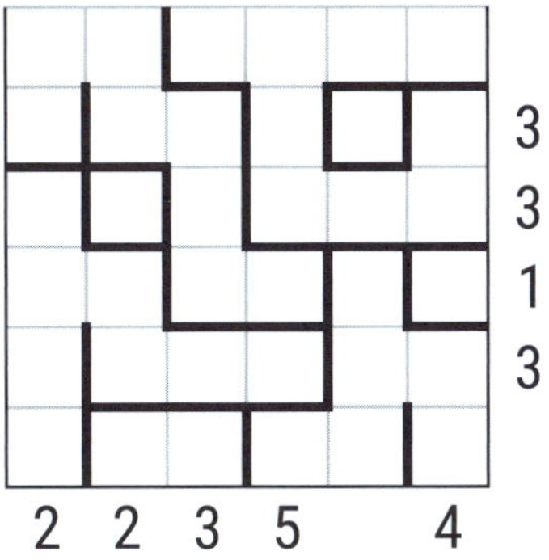

#12

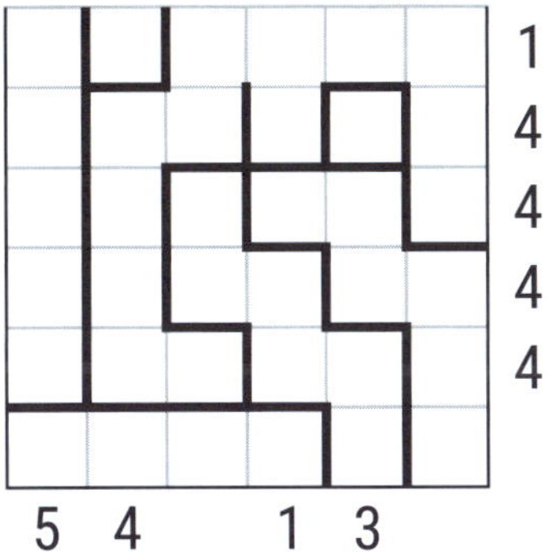

#13

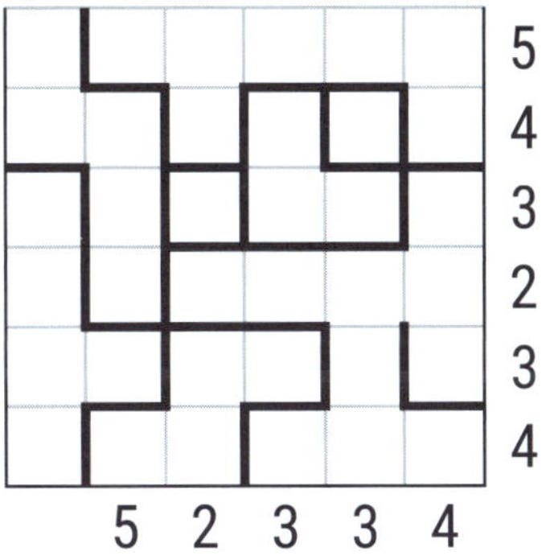

#14

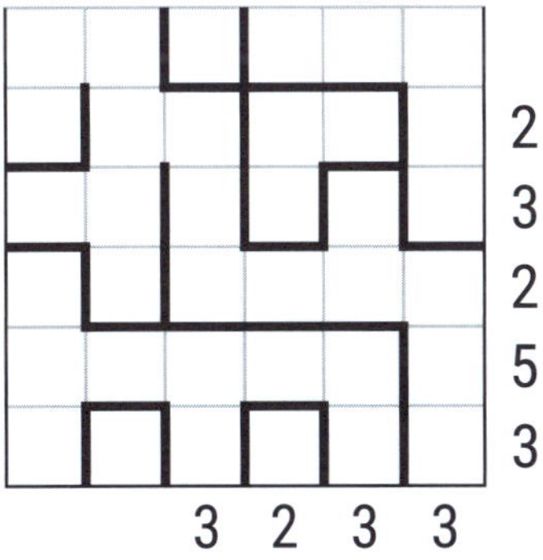

#15

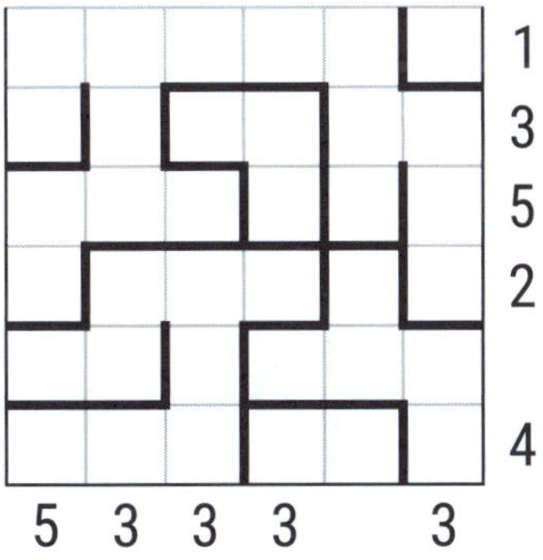

15

RECIPIENTES (water fun)

#16

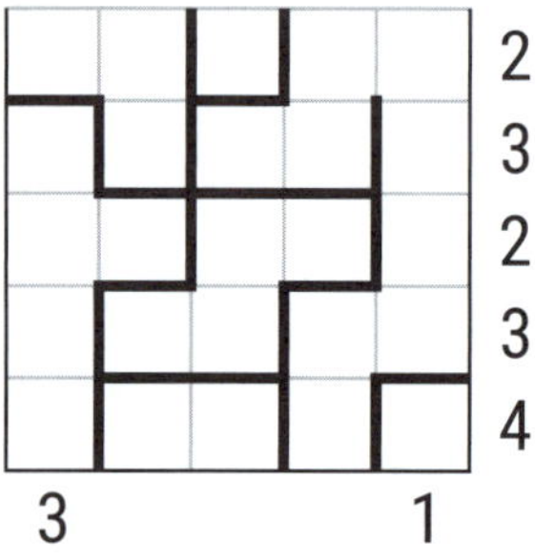

#17

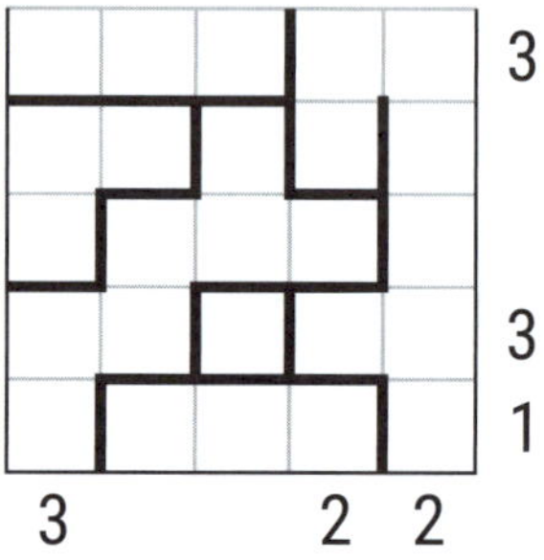

#18

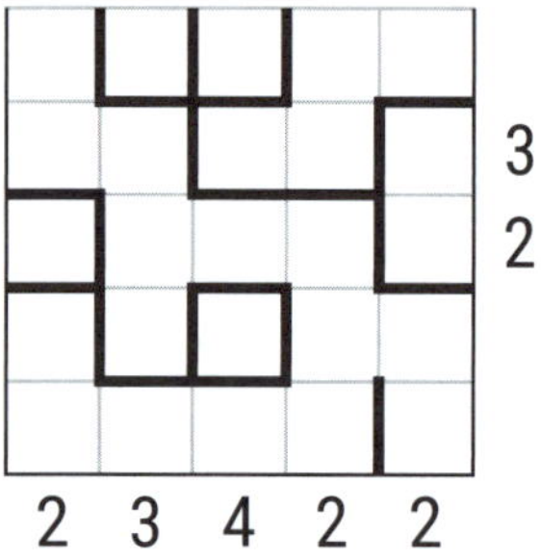

#19

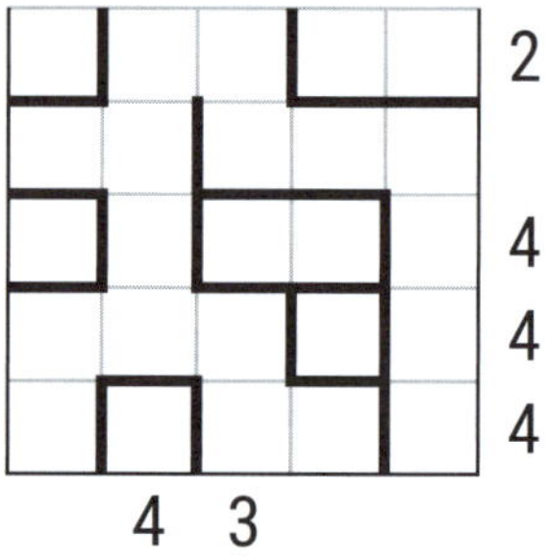

#20

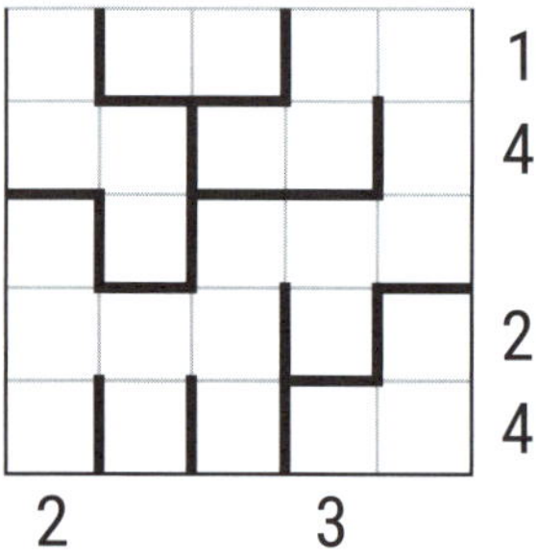

#21

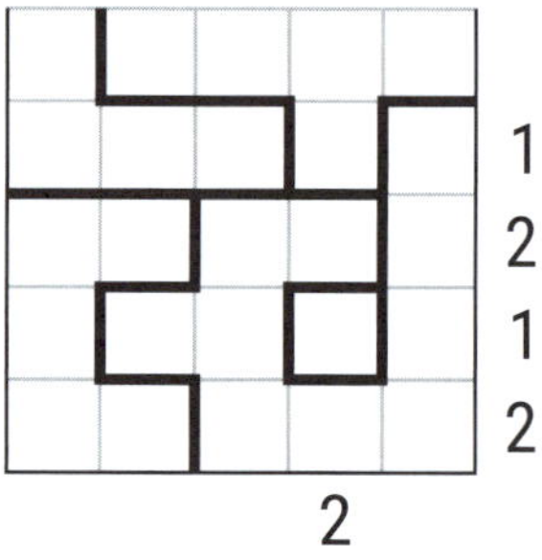

#22

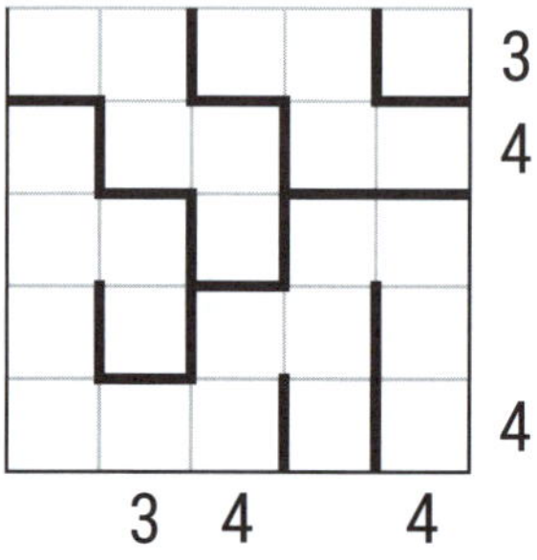

#23

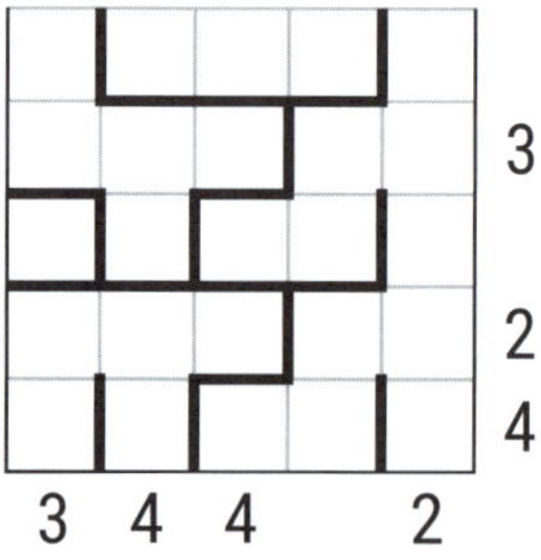

15

RECIPIENTES (water fun)

#24

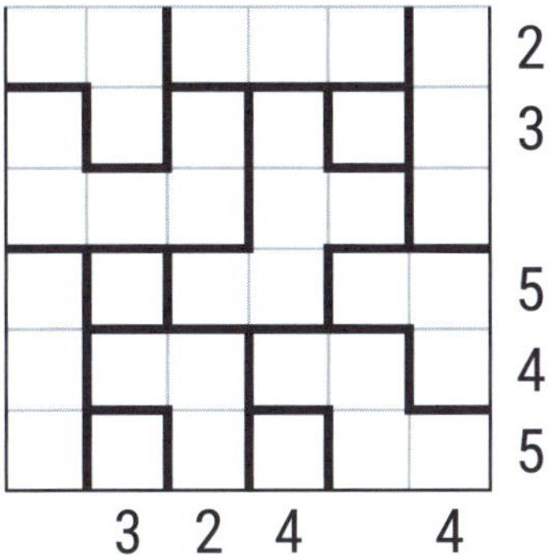

#25

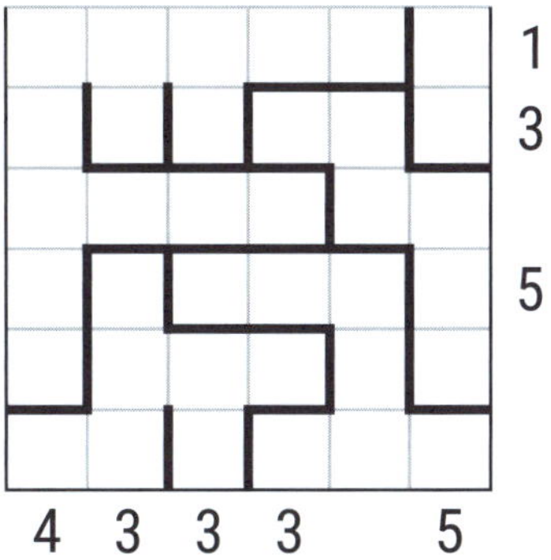

#26

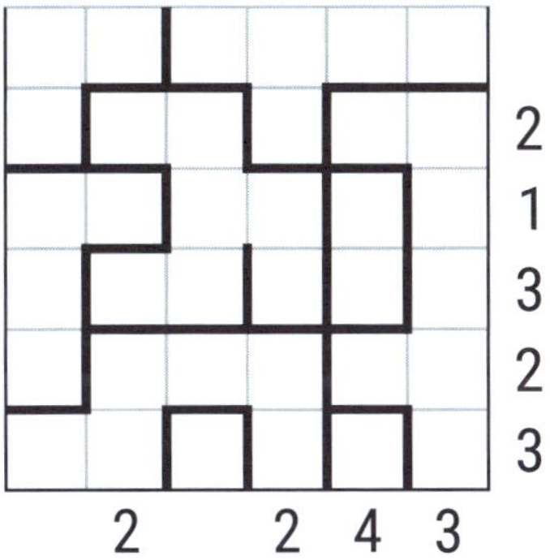

#27

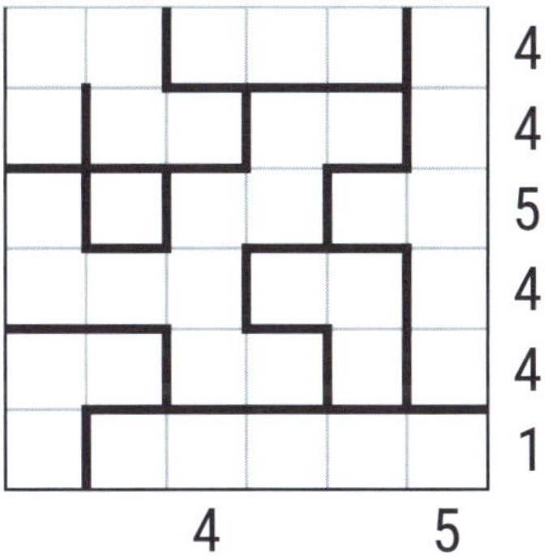

#28

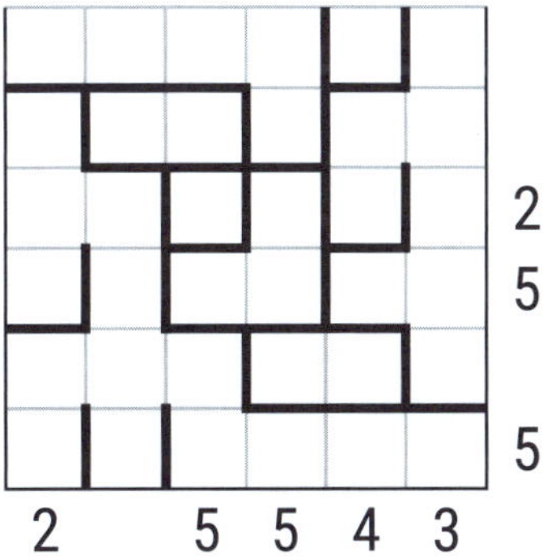

#29

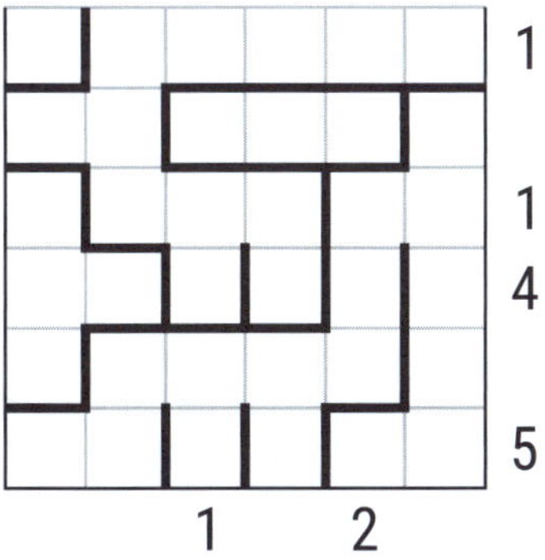

15
RECIPIENTES (water fun)

#30

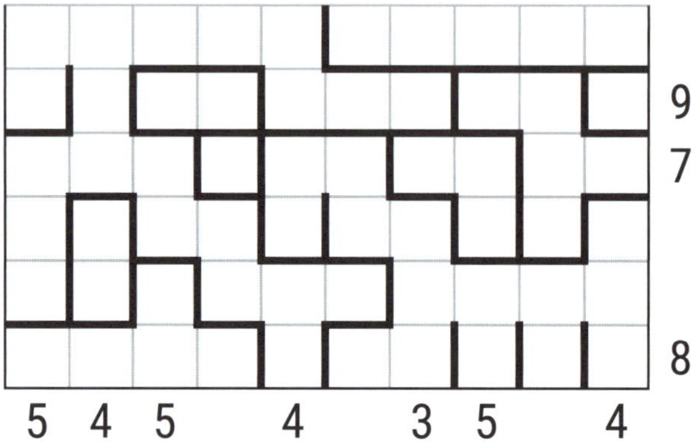

#31

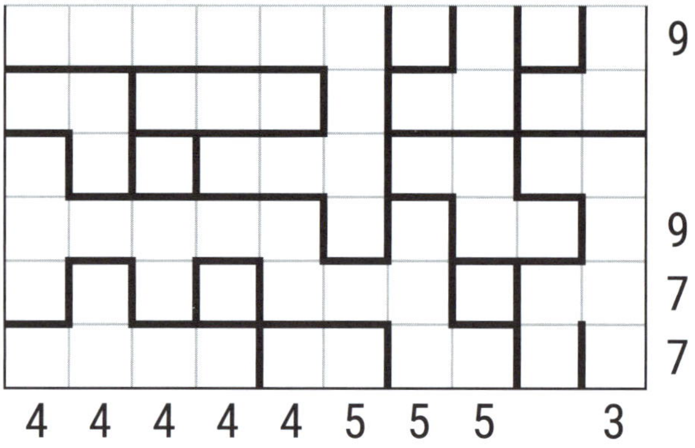

#32

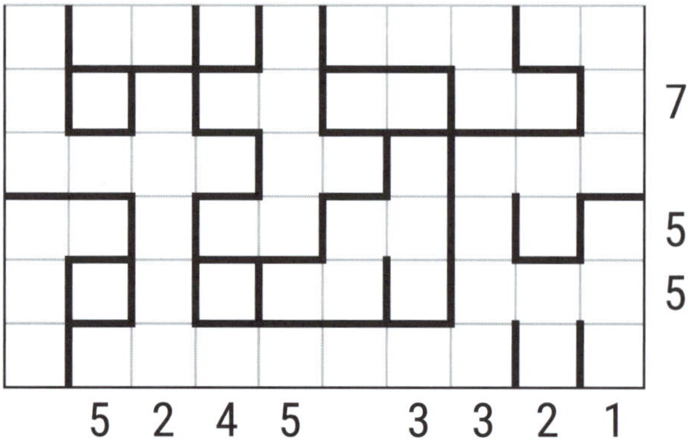

15

RECIPIENTES (soluciones)

#00

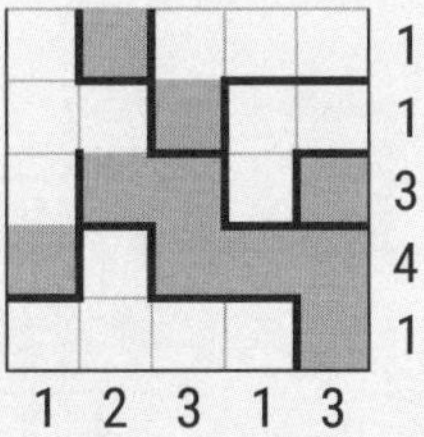

#01

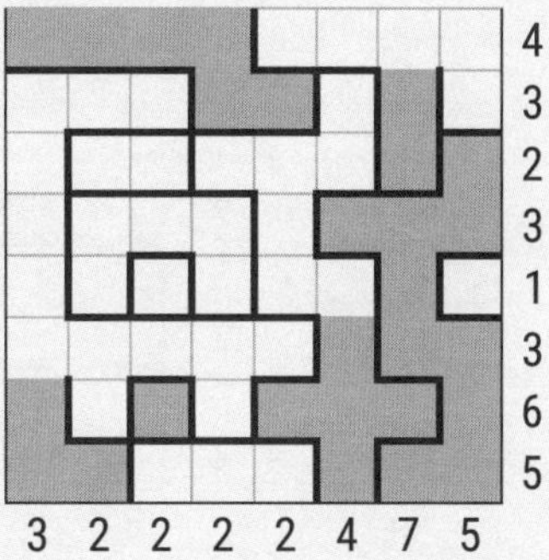

#02

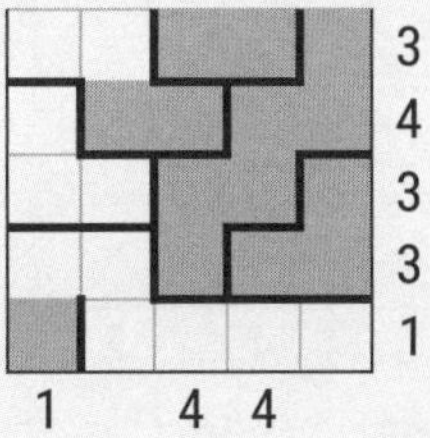

#03

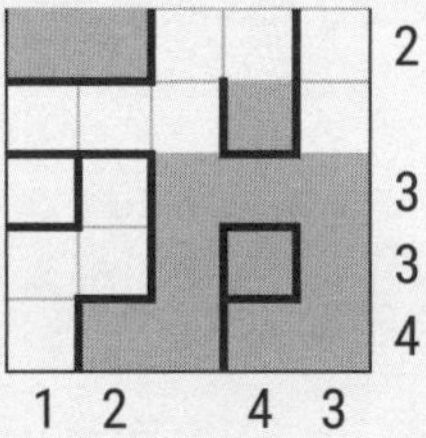

#04

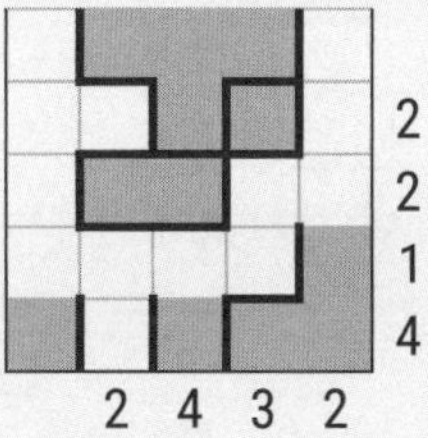

#05

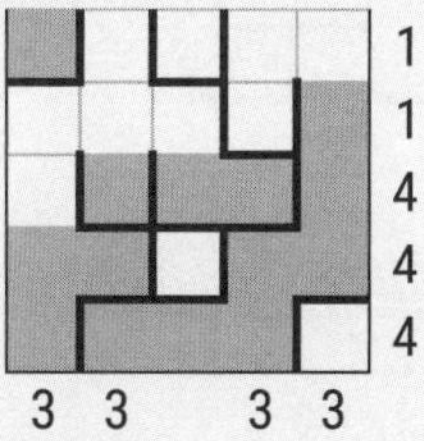

#06

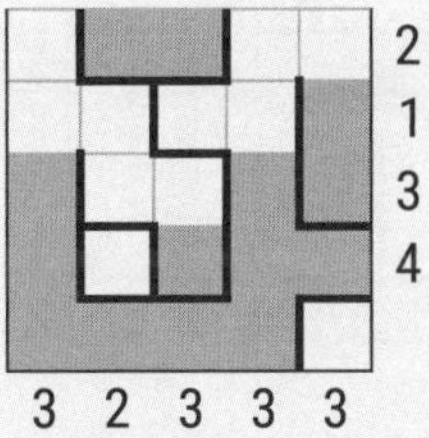

#07

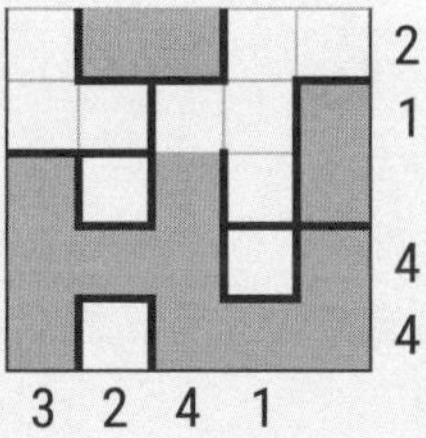

#08

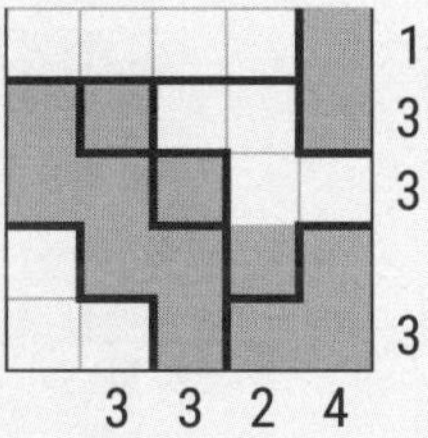

#09

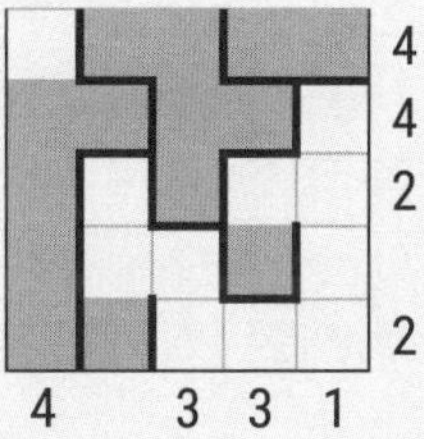

#10

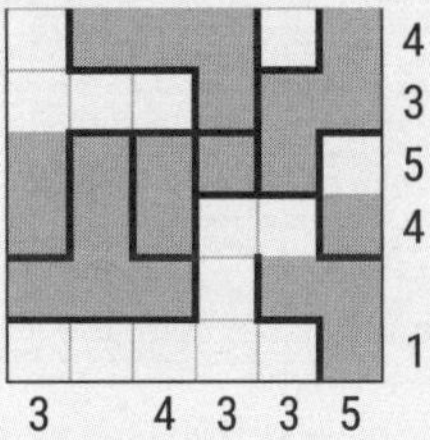

#11

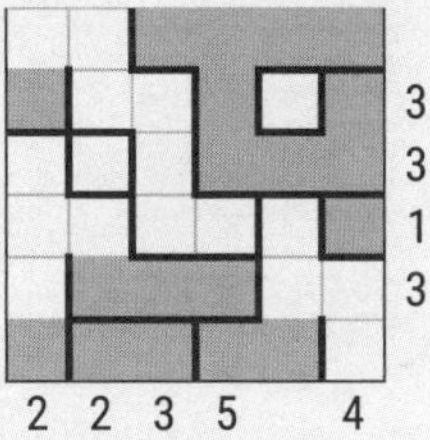

#12

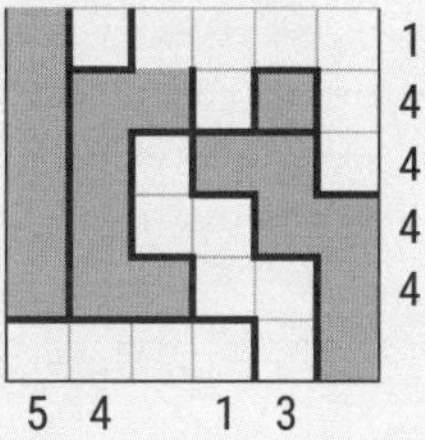

#13

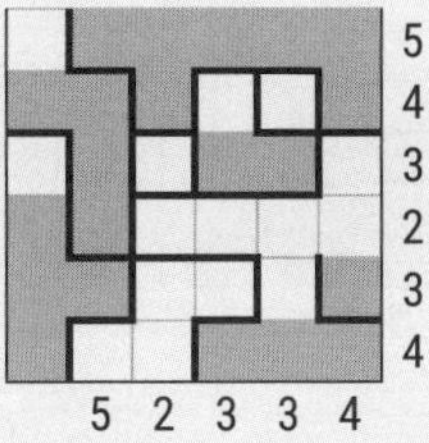

#14

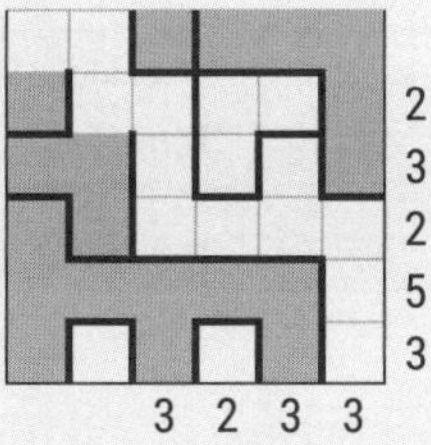

#15

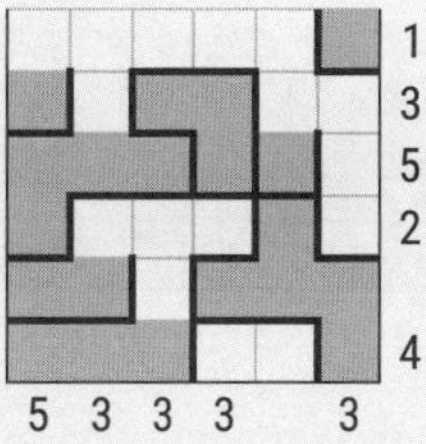

15 RECIPIENTES (soluciones)

#16

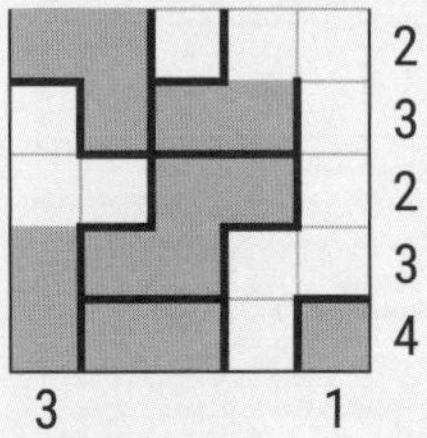

#17

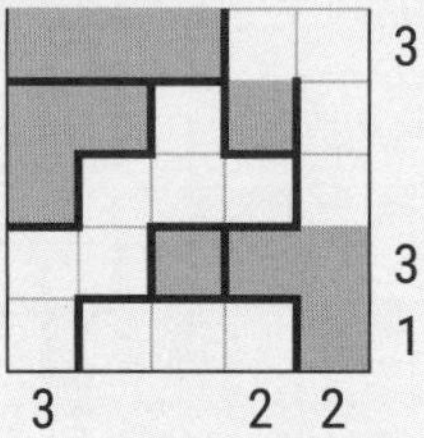

#18

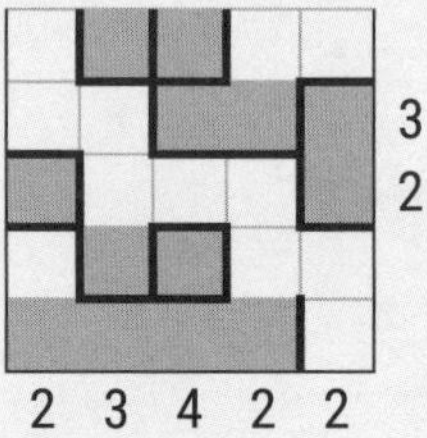

#19

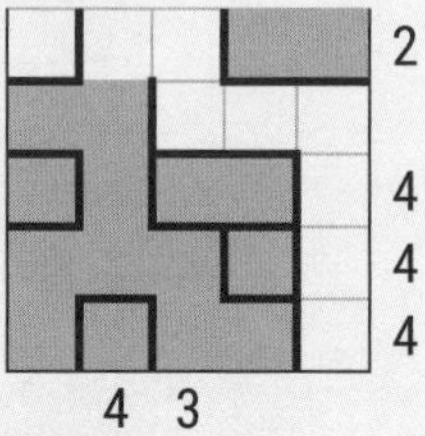

#20

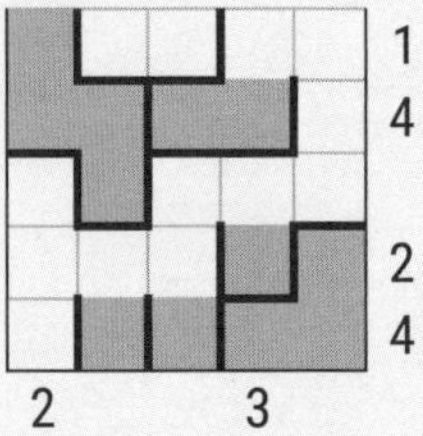

#21

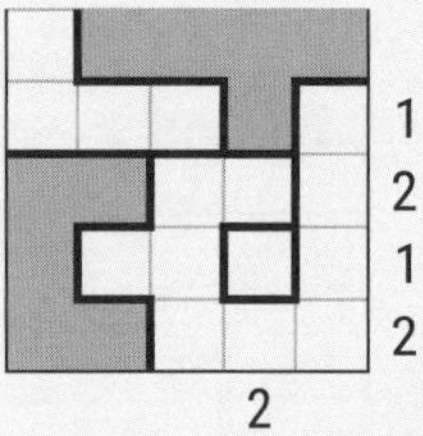

#22

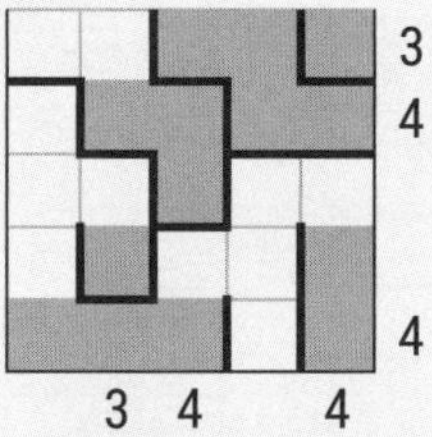

#23

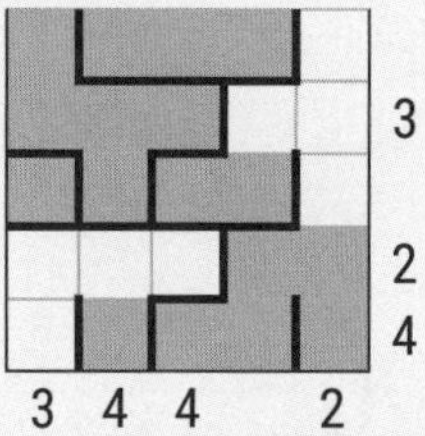

#24

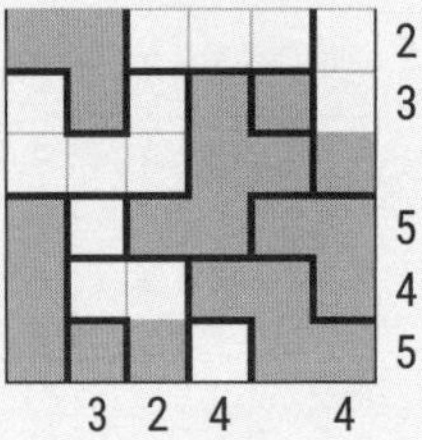

#25

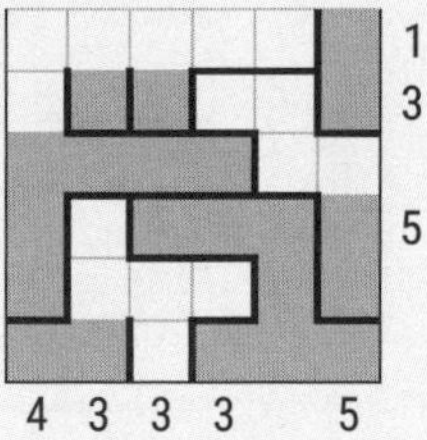

#26

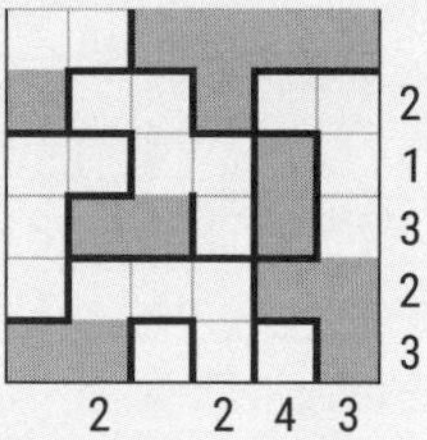

#27

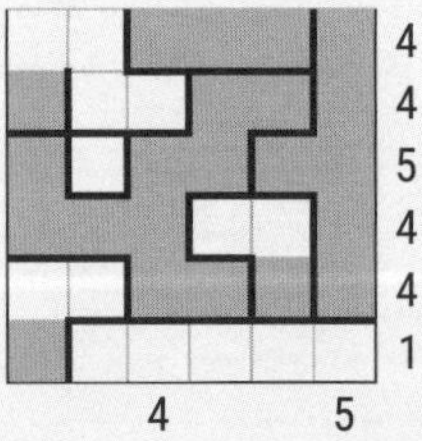

#28

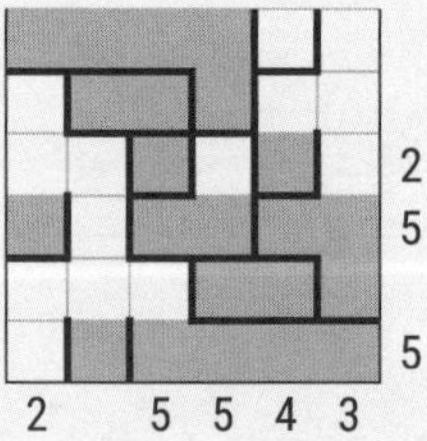

#29

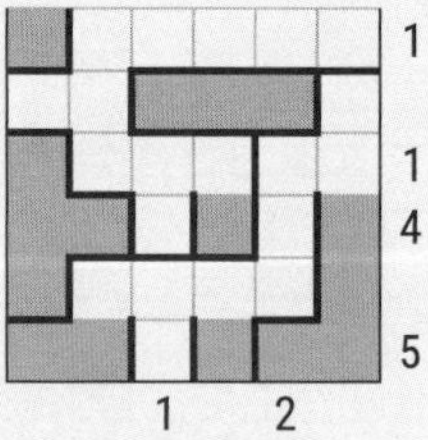

#30

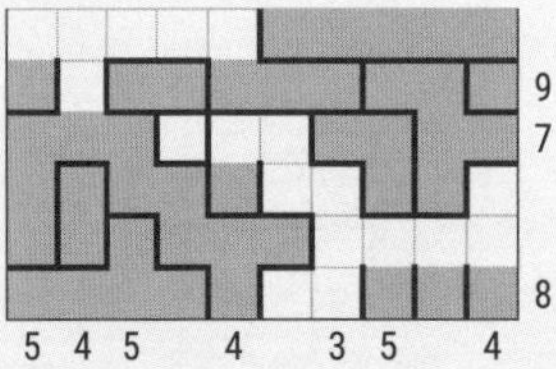

#31

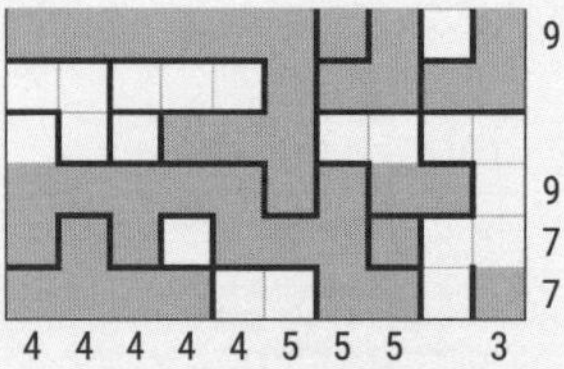

#32

16

LA TABLA (factorism)

El objetivo es colocar números en los laterales del tablero teniendo en cuenta que:

- Los números del 1 al N (número de casillas del lado del tablero) deben estar en la parte superior e izquierda de la cuadrícula N x N, en cualquier orden.
- Un número en una casilla del tablero indica el producto de los números de los bordes del tablero, en su fila y columna correspondientes.

	16			8
	8	6	2	
			1	2
	12	9		

▼

			1	2
	16			8
2	8	6	2	
1			1	2
	12	9		

▼

	4	3	1	2
4	16			8
2	8	6	2	
1			1	2
3	12	9		

Ejemplo resuelto, para que puedas entender mejor en qué consiste el pasatiempo.

#00

	4	1		
	16			
	12	3		
			6	4

CONSEJOS para resolver el pasatiempo:

1. Cada pasatiempo tiene una solución única.
2. Todas las correspondencias de factores se deducen de forma lógica: no hace falta adivinar.
3. Comienza buscando cuadrados perfectos: 1, 25, 49... lo que te permitirá colocar en el exterior sus raíces cuadradas: 1, 5, 7...
4. Una vez que colocas los factores de los cuadrados podrás descubrir el resultado de nuevos productos cuando tienes la multiplicación en el tablero y uno de los factores en los laterales.

#01

	10	25		5	15	30
	8		16			24
			4	1		
	4		8	2		
		30	24		18	36
		15	12		9	

¿Sabías que...

Este pasatiempo fue inventado por el americano **Iva Sallay**, que lo bautizó como find the factors. Evidentemente, se basa en la tabla de multiplicar, que todos hemos conocido para aprender a hacer dicha operación.

16

LA TABLA (factorism)

#02

		6	3	
		4		8
	3			4
	12		4	

#03

	4		16	
	2		8	
		3		2
		9		6

#04

		16		8
		8		4
	9		3	
	3		1	

#05

		3	4	
		12	16	4
				3
	4		8	

#06

		6		12
	3		1	4
	12			16
			2	

#07

			4	2
	9	3		
	6		8	
		4		8

#08

		6		
			12	6
	1			2
		12	16	8

#09

			4		20
		2		3	
	12			9	
					25

16 LA TABLA (factorism)

#10

	18	15	6			
						6
				16	4	12
			2	4		3
		25	10	20		
	36	30	12			

#11

			16	4		12
	6	2	4	1		3
			20	5	25	
		6		3		
	36	12				18

#12

				10	20	5
		18	36			6
		9		6		3
	20			8		
	10				8	2
		3				1

#13

		24	16			
		30			25	
				1		3
		36		6	30	18
	4		8			
	6			3	15	9

#14

				3		
	8	16	4	12	24	20
	4	8		6		10
		12				15
	12		6			
						25

#15

	10		15	20		
	8			16		20
		6		24		
	4			8		10
		1				
		3	9	12	18	

16

LA TABLA (factorism)

#16

	8			
				9
	4		1	

#17

	4	8		
			4	
		12		

#18

		2		3
		6		
			4	

#19

	12			8
		12		
		8		
	3			

#20

	2			
	8		12	
		3		

#21

			8	
	3			
		6		8

#22

				1
	12			
	8	6		

#23

		6		9
	8			
	4			

16

LA TABLA (factorism)

#24

	20					
			10			
	4					
	16					
		18			3	9
				12		

#25

						12
	30					
		4				
		16		4		
			10			
			6		9	

#26

			5	1		2
		12				
	12					
					12	
	18					
			25		20	

#27

					2	
						36
	15					
		3				18
			10	8		
		4				

#28

			9			
	16					20
		36				
				4		
		30			5	
		6				

#29

					3	
			6		9	
						30
					12	
	10					
		6		24		

16 LA TABLA (factorism)

#30

		36	30	6	42	12	24
			5	1		2	
	9	18	15	3	21		
				5		10	
	12		20			8	16
		42	35		49		
	6		10			4	8

#31

		6					
				25		10	
					12		
		12			16		28
			36				
	1			5		2	
		21					49

#32

					4		8
						35	
			15				
		42					
			3				
				24			

16

LA TABLA (soluciones)

#00

	4	1	3	2
1	4	1		
4	16			
3	12	3		
2			6	4

#01

	2	5	4	1	3	6
5	10	25		5	15	30
4	8		16			24
1			4	1		
2	4		8	2		
6		30	24		18	36
3		15	12		9	

#02

	3	2	1	4
3		6	3	
2		4		8
1	3			4
4	12		4	

#03

	1	3	4	2
4	4		16	
2	2		8	
1		3		2
3		9		6

#04

	3	4	1	2
4		16		8
2		8		4
3	9		3	
1	3		1	

#05

	2	3	4	1
1		3	4	
4		12	16	4
3				3
2	4		8	

#06

	3	2	1	4
3		6		12
1	3		1	4
4	12			16
2			2	

#07

	3	1	4	2
1			4	2
3	9	3		
2	6		8	
4		4		8

#08

	1	3	4	2
2		6		
3			12	6
1	1			2
4		12	16	8

#09

	4	2	1	3	5
4			4		20
1		2		3	
3	12			9	
2					
5					25

#10

	6	5	2	4	1	3
3	18	15	6			
2						6
4				16	4	12
1			2	4		3
5		25	10	20		
6	36	30	12			

#11

	6	2	4	1	5	3
4			16	4		12
2						
1	6	2	4	1		3
5			20	5	25	
3		6		3		
6	36	12				18

#12

	5	3	6	2	4	1
5				10	20	5
6		18	36			6
3		9		6		3
4	20			8		
2	10				8	2
1		3				1

#13

	2	6	4	1	5	3
4		24	16			
5		30			25	
1				1		3
6		36		6	30	18
2	4		8			
3	6			3	15	9

#14

	2	4	1	3	6	5
1				3		
4	8	16	4	12	24	20
2	4	8		6		10
3		12				15
6	12		6			
5						25

#15

	2	1	3	4	6	5
5	10		15	20		
4	8			16		20
6		6		24		
2	4			8		10
1		1				
3		3	9	12	18	

16

LA TABLA (soluciones)

#16

	4	2	1	3
4				
2	8			
3				9
1	4		1	

#17

	2	4	1	3
2	4	8		
4			4	
1				
3		12		

#18

	4	2	1	3
1		2		3
3		6		
2				
4			4	

#19

	3	4	1	2
4	12			8
3		12		
2		8		
1	3			

#20

	2	1	3	4
1	2			
4	8		12	
2				
3		3		

#21

	1	3	2	4
4			8	
3	3			
2		6		8
1				

#22

	4	3	2	1
1				1
3	12			
4				
2	8	6		

#23

	4	2	1	3
3		6		9
2	8			
1	4			
4				

#24

	4	6	5	2	1	3
5	20					
2			10			
1	4					
4	16					
3		18			3	9
6				12		

#25

	5	4	2	1	3	6
2						12
6	30					
1		4				
4		16		4		
5			10			
3			6		9	

#26

	3	6	5	1	4	2
1			5	1		2
2		12				
4	12					
3					12	
6	18					
5			25		20	

#27

	3	1	5	4	2	6
1					2	
6						36
5	15					
3		3				18
2			10	8		
4		4				

#28

	4	6	3	2	1	5
3			9			
4	16					20
6		36				
2				4		
5		30			5	
1		6				

#29

	5	1	2	4	3	6
1					3	
3			6		9	
5						30
4					12	
2	10					
6		6		24		

#30

	3	6	5	1	7	2	4
6		36	30	6	42	12	24
1			5	1		2	
3	9	18	15	3	21		
5				5		10	
4	12		20			8	16
7		42	35		49		
2	6		10			4	8

#31

	1	3	6	5	4	2	7
2		6					
5				25		10	
3					12		
4		12			16		28
6			36				
1	1			5		2	
7		21					49

#32

	1	7	3	6	2	5	4
2					4		8
7						35	
5			15				
6		42					
3							
1			3				
4				24			

BOLAS NUMÉRICAS (nanbaburo)

El objetivo es colocar los números de un rango determinado (que se indica para cada pasatiempo) en algunas casillas del tablero con las siguientes condiciones:

- En cada fila y columna cada número se usa siempre solo una vez.
- Si en una casilla hay una bola (círculo), debe contener un número.
- Si en la casilla hay un aspa, no se puede poner ningún número.
- Pueden dejarse casillas vacías.

1~3

3	1		✕
○		○	○
	○		
✕	○		2

▼

3	1	2	✕
○	x	○	○
	○		
✕	③		2

▼

3	1	2	✕
②		③	①
1	②		3
✕	③	1	2

Ejemplo resuelto, para que puedas entender mejor en qué consiste el pasatiempo.

#00 1~3

○			1
	1		○
○		✕	○
3			✕

CONSEJOS para resolver el pasatiempo:

1. Cada pasatiempo tiene una solución única.
2. Todos los números se deducen de forma lógica: no hace falta adivinar.
3. Inicia buscando filas o columnas donde solo quede una opción donde colocar un número concreto.
4. Observa el tablero porque a medida que colocas números aparecen nuevas posibiidades.
5. Marca con una X aquellas casillas que sabes que no pueden tener ningún número, porque en la fila ya tienes todos los que puedes tener.

#01 1~4

3		1	○		4
	3	○		4	○
○	1		3		
		○	○	2	○
5			○		○
4	○	○			✕

¿Sabías que...

Este pasatiempo fue inventado por el japonés **Naoki Inaba**, que lo bautizó como nanbaburo, aunque también se lo conoce como number ball.

17

BOLAS NUMÉRICAS (nanbaburo)

#02 1~3

○			×
○			3
	1	○	
3		○	○

#03 1~3

1		3	2
		1	
×			
		×	3

#04 1~3

1	○	×	3
○			○
	○	3	
			×

#05 1~3

3		1	2
	○		
×		○	
2	3		

#06 1~3

		1	3
	1		○
1		3	×

#07 1~3

×	○		2
		×	
3	×		○
○		1	×

#08 1~3

○		○	2
		3	×
×		○	3

#09 1~3

	2		1
○			
	3		2
2	○		

17 BOLAS NUMÉRICAS (nanbaburo)

#10 1 ~ 4

○	○		×	○	1
○		○			○
	2		4		×
×		○	○	2	
○	×		○		○
1		4			×

#11 1 ~ 4

×		○	4		1
○	○			○	×
	4	2	○		
○	×		○		3
○		○		1	
○	1		○		○

#12 1 ~ 4

×		○			×
○	×			4	
		○	1		4
4	○			×	1
	○	○		3	
×	2	○		○	3

#13 1 ~ 4

	○		×		○
4	3	×		×	○
○	×		○	○	
		○	○		4
2		4		○	
3	○			4	1

#14 1 ~ 4

4	×		×	3	○
	○		×		
		○			○
	○		○	4	
3		×		○	○
2	3		○		1

#15 1 ~ 4

1	3		×	4	×
					4
	○		○	×	
○		○			1
×		1	○	×	
3	×		○		×

17
BOLAS NUMÉRICAS (nanbaburo)

#16 1 ~ 3

×			3
			○
		○	1
2			

#17 1 ~ 3

			○
	1		
3	○		○
			3

#18 1 ~ 3

1		3	
	○		2
		○	3

#19 1 ~ 3

			3
	2		
			○
1		×	

#20 1 ~ 3

1		3	
○	3		
			2

#21 1 ~ 3

2	○		
	2		
3		×	○

#22 1 ~ 3

○		2	○
		1	
			○
			3

#23 1 ~ 3

2			○
		×	○
	2		
			1

17

BOLAS NUMÉRICAS (nanbaburo)

#24 1 ~ 4

1	×				3
		○		3	
×			×		2
		○	1		○
	2			×	
2		4			

#25 1 ~ 4

4	2		○		
○	○	×			
	1				○
			○		
3	○				○
○		×		4	1

#26 1 ~ 4

1		○	○		4
	×			○	
					2
		2		1	
×	3				
		1	○	○	

#27 1 ~ 4

2	3			○	4
		4			○
	2				○
○		3		○	○
○				×	
3		○			

#28 1 ~ 4

	○	○			1
○			×		
	○	○		3	
			4		○
		2	×		○
	1				2

#29 1 ~ 4

×		2			
	2				
		×			×
	○			○	1
	○	○		1	
2					3

17 BOLAS NUMÉRICAS (nanbaburo)

#30 — 1~5

×	○		○	5		3
○	×		○		×	
5		○		2	○	×
	×	1				
2			3	×		○
○	○	○		1		×
4			×		1	5

#31 — 1~5

2			×		5	×
	○					
○		4	1			5
	2	○			4	
4			5			
○			×			×
		1		×	○	4

#32 — 1~6

5			6	2	×	
	4	5	○			
6				×		1
	○					
2	○		1			
	○	○	○		4	6
4					5	3

17 BOLAS NUMÉRICAS (soluciones)

#00

②		3	1
	1	2	③
①	3	X	②
3	2	1	X

#01

3		1	②	5	4
1	3	⑤		4	②
②	1	4	3		5
	4	③	⑤	2	①
5	2		④	1	③
4	⑤	②	1	3	X

#02

②	3	1	X
①	2		3
	1	③	2
3		②	①

#03

1		3	2
3	2	1	
X	3	2	1
2	1	X	3

#04

1	②	X	3
③		2	①
	①	3	2
2	3	1	X

#05

3		1	2
1	②	3	
X	1	②	3
2	3		1

#06

2		1	3
3	1		②
	3	2	1
1	2	3	X

#07

X	①	3	2
1	2	X	3
3	X	2	①
②	3	1	X

#08

③		①	2
1	2	3	X
2	3		1
X	1	②	3

#09

3	2		1
①		2	3
	3	1	2
2	①	3	

#10

②	④		X	③	1
④	1	②			③
	2	3	4	1	X
X		①	③	2	4
③	X		①	4	②
1	3	4	2		X

#11

X	2	③	4		1
④	③	1		②	X
	4	2	①	3	
①	X		②	4	3
③		④		1	2
②	1		③		④

#12

X	1	③	4	2	X
①	X		3	4	2
3		②	1		4
4	③		2	X	1
2	④	①		3	
X	2	④		①	3

#13

	④	1	X	2	③
4	3	X	1	X	②
①	X	2	④	③	
	1	③	②		4
2		4	3	①	
3	②			4	1

#14

4	X	1	X	3	②
1	④	3	X	2	
	2	④	1		③
	①	2	③	4	
3		X	2	①	④
2	3		④		1

#15

1	3	2	X	4	X
	2		1	3	4
2	①		④	X	3
④		③		2	1
X	4	1	③	X	2
3	X	4	②	1	X

17

BOLAS NUMÉRICAS (soluciones)

#16

X	2	1	3
1	3		②
3		②	1
2	1	3	

#17

	3	1	②
2	1	3	
3	②		①
1		2	3

#18

1	2	3	
	3	2	1
3	①		2
2		①	3

#19

	1	2	3
3	2	1	
2		3	①
1	3	X	2

#20

1	2	3	
②	3		1
	1	2	3
3		1	2

#21

2	③	1	
1		2	3
	2	3	1
3	1	X	②

#22

③		2	①
2	3	1	
	1	3	②
1	2		3

#23

2		1	③
3	1	X	②
1	2	3	
	3	2	1

#24

1	X		4	2	3
	4	①	2	3	
X	1	3	X	4	2
3		②	1		④
4	2		3	X	1
2	3	4		1	

#25

4	2	3	①		
①	③	X	4	2	
	1	2		3	④
		4	②	1	3
3	④	1			②
②		X	3	4	1

#26

1		③	②		4
2	X		1	④	3
4	1		3		2
3	4	2		1	
X	3	4		2	1
	2	1	④	③	

#27

2	3			①	4
		4	1	2	③
	2		4	3	①
①		3		④	②
④	1	2	3	X	
3	4	①	2		

#28

	④	③	2		1
②	3	1	X	4	
	②	④	1	3	
1			4	2	③
3		2	X	1	④
4	1		3		2

#29

X		2	1	3	4
1	2	4	3		
3	1	X	2	4	X
4	③			②	1
	④	③		1	2
2		1	4		3

#30

X	④		①	5	2	3
①	X	3	⑤	4	X	2
5	1	④		2	③	X
	X	1	2	3	5	4
2	5		3	X	4	①
③	②	⑤	4	1		X
4	3	2	X		1	5

#31

2	1	3	X	4	5	X
1	③		4	5		2
③		4	1	2		5
	2	⑤	3		4	1
4			5	1	2	3
⑤	4	2	X	3	1	X
	5	1	2	X	③	4

#32

5	1	3	6	2	X	4
1	4	5	③	6	2	
6	5	2	4	X	3	1
3	⑥	4		5	1	2
2	③		1	4	6	5
	②	①	⑤	3	4	6
4		6	2	1	5	3

18

FLECHAS (stars and arrows)

El objetivo es colocar estrellas en celdas vacías del tablero teniendo en cuenta las siguientes condiciones:

- Cada flecha apunta exactamente a una estrella.
- A cada estrella la apunta solo una flecha.
- Los números exteriores indican el número de estrellas en cada fila o columna.

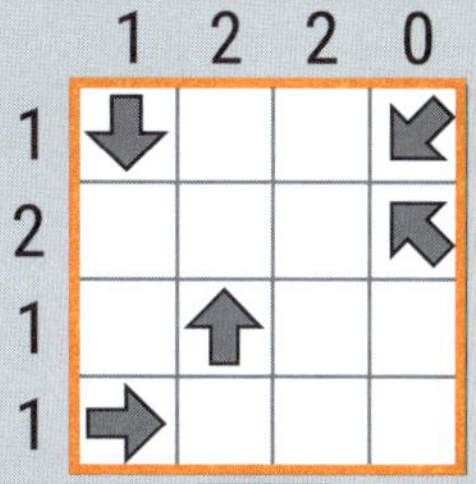

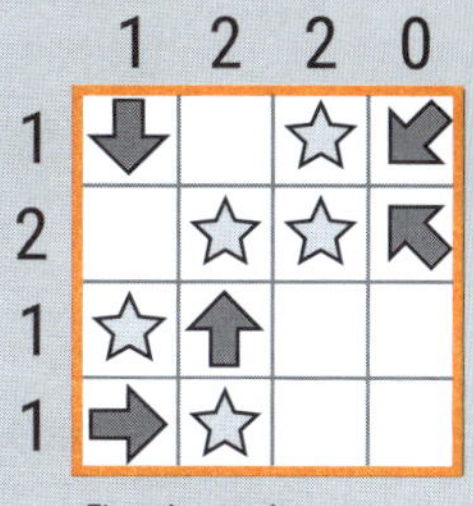

Ejemplo resuelto, para que puedas entender mejor en qué consiste el pasatiempo.

#00

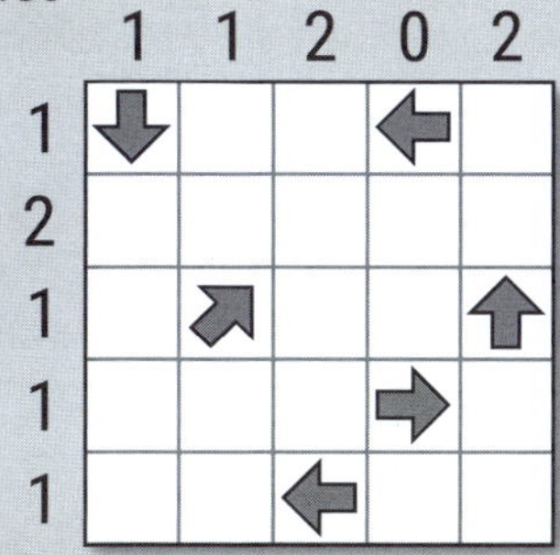

CONSEJOS para resolver el pasatiempo:

1. Cada pasatiempo tiene una solución única.
2. Todas las estrellas se deducen de forma lógica: no hace falta adivinar.
3. Comienza poniendo una X donde sepas que no puede ir ninguna estrella.
4. Del mismo modo, coloca una estrella cuando solo haya una posibilidad.
5. Cada vez que colocas una estrella o sepas que no la hay, vuelve a repasar.

#01

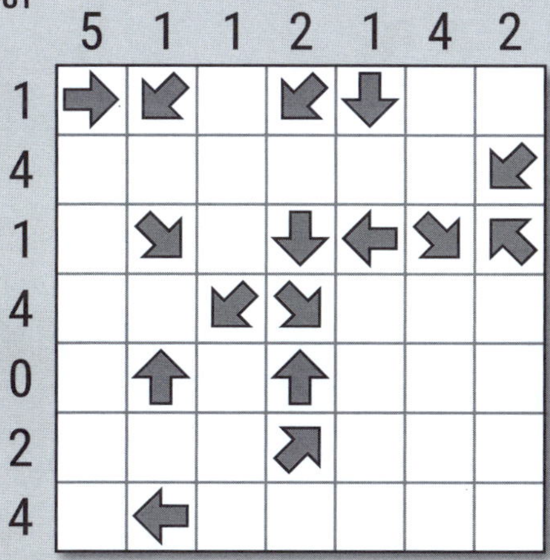

18

FLECHAS (stars and arrows)

#02	2	2	1	2	1
2			↙		↙
1		↑	↓		
1			↖		↑
3					
1			↗		←

#03	2	1	1	4	1
1	↘		↙		←
1			→		
2					
2	↓	↘	↘		
3		↗			↑

#04	2	2	1	3	1
1	↘		↓	↙	←
3		←			
1			↙	↗	
2		↗			
2		→			

#05	1	3	2	2	0
1	↓	→	↙		
3				↓	
1	→			↖	
1	→	↓			
2					

#06	1	1	3	1	2
1	→	↙		↘	
2			↙		
3					
1		→		↗	↖
1		→			

#07	2	1	2	1	1
1		↘			↓
2		↓	↑		
1	↓	↖			
2					
1		→			

#08	1	3	1	3	1
1	↘	↘	→		
2			↓		
3	↑		←		
2					↙
1	↗				↑

#09	1	3	3	1	0
2	↘			↓	
1	↘	↙	↑		
3				↖	
1	→				
1		→			

18

FLECHAS [stars and arrows]

#10

	5	2	2	2	1	1	4
0		↙	↙		↙		
3				↘			
2		↙	↓	↖	↓		
3					↙		
3				↗		↓	
4		↑	←	↗			
2	↗		→			↗	

#11

	2	1	6	1	1	3	1
1				←			↓
4		←					
1	↓	→					↖
1			↙	↑	↖		↙
3	↘						
1				↖	↓		↙
4		↗					

#12

	2	2	2	1	3	2	1
2						↙	↓
4			↙	↖			
2	↑		→		↗		
1							
2	↗						
1	→			↖			↖
1				↑			←

#13

	3	2	1	3	3	2	2
2		→					
4	↑		↓				
2		↑			↖	↑	↓
1	↓	→				↓	
2	↘		↖			←	
3				↘			
2		↗				↖	

#14

	1	3	2	3	2	2	2
3				↙	↙	↙	
2	↗						↓
1							←
2	↘		→		↓		
1					↙	←	↑
2	↑	↓					
4					↗		

#15

	2	3	4	0	1	0	4
1	→		↙		↙		
3	↘				→	↙	
1					↘		
1		↓		←			
5							
1	→	↘				↘	↖
2					↑		

18 FLECHAS [stars and arrows]

#16

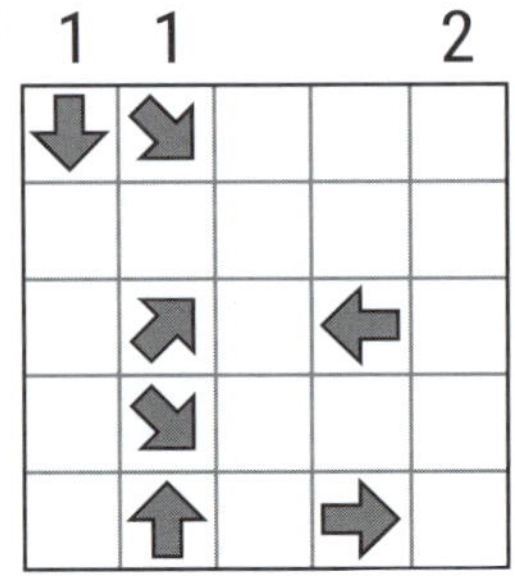

#17

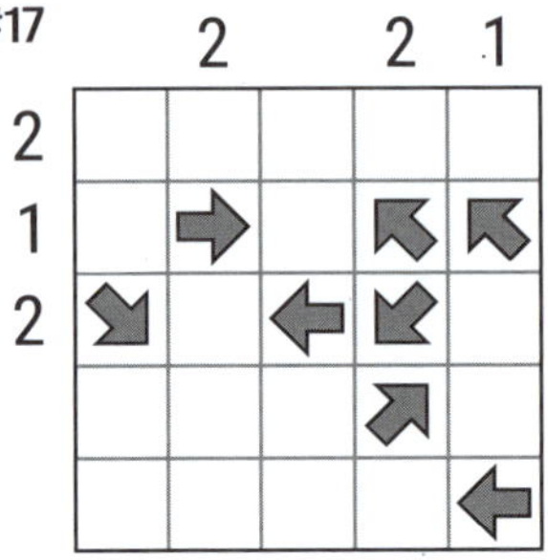

#18

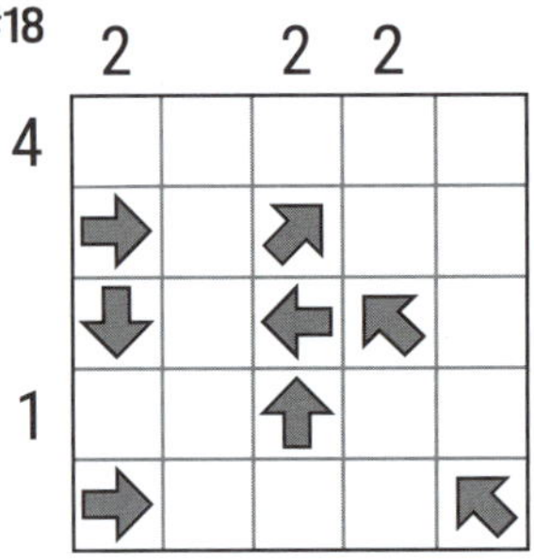

#19

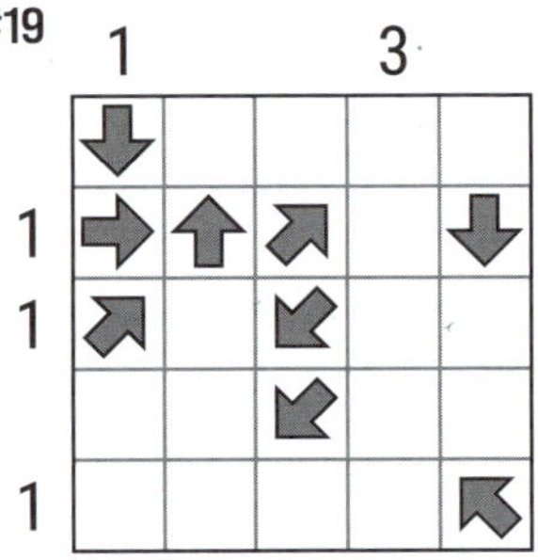

#20

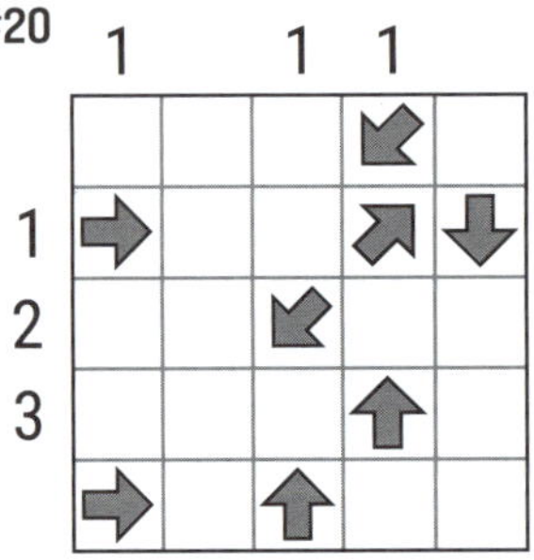

#21

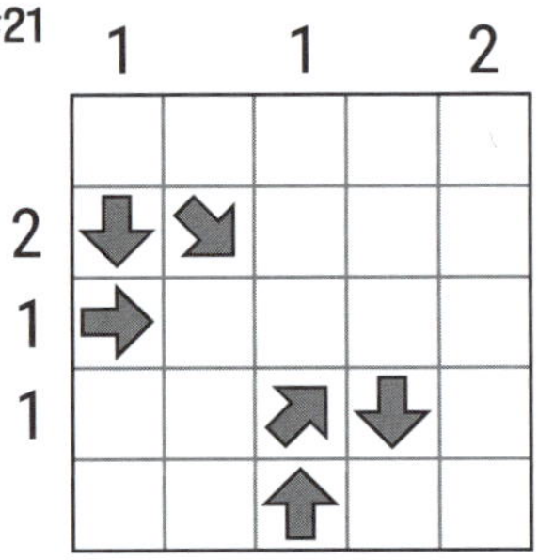

#22

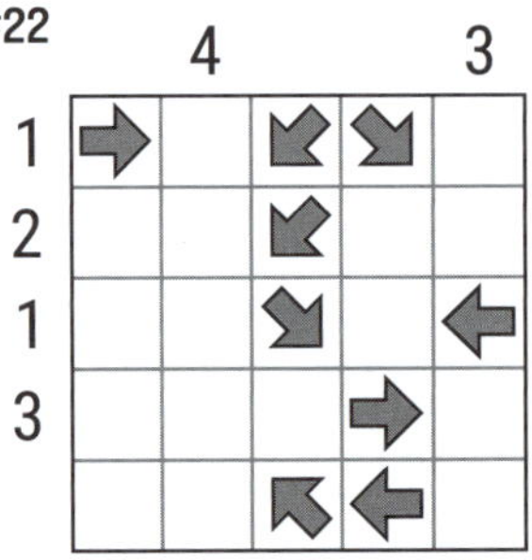

#23

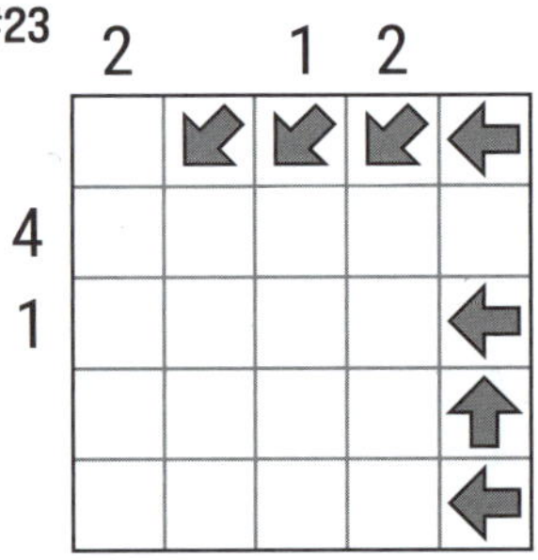

18 FLECHAS (stars and arrows)

#24

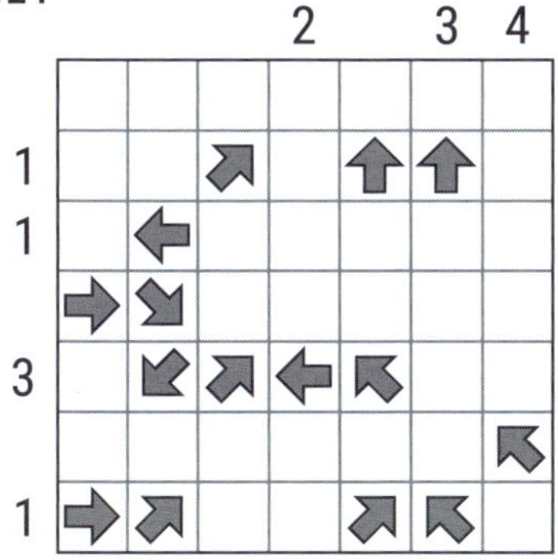

#25

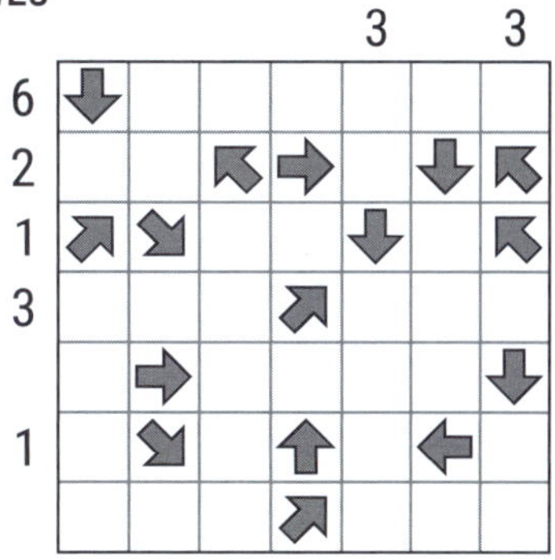

#26

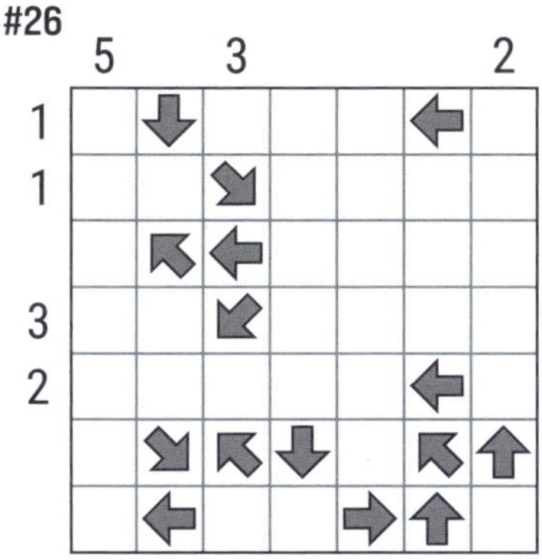

#27

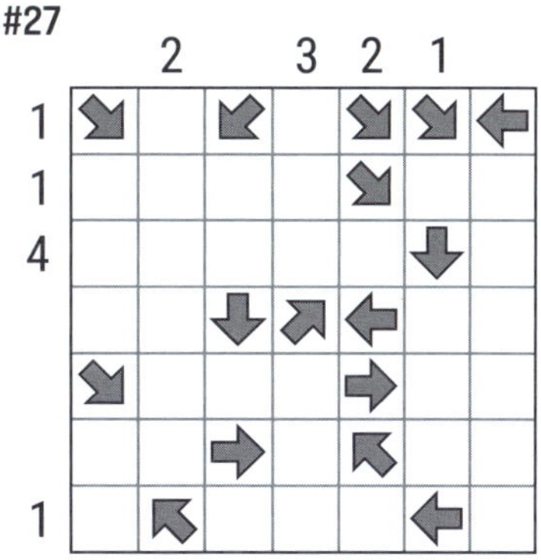

#28

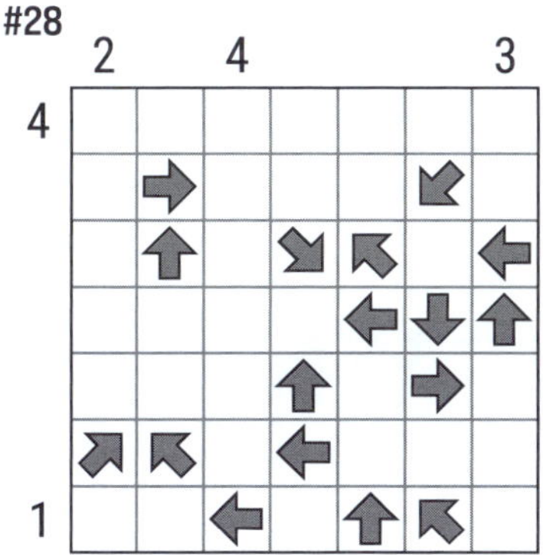

#29

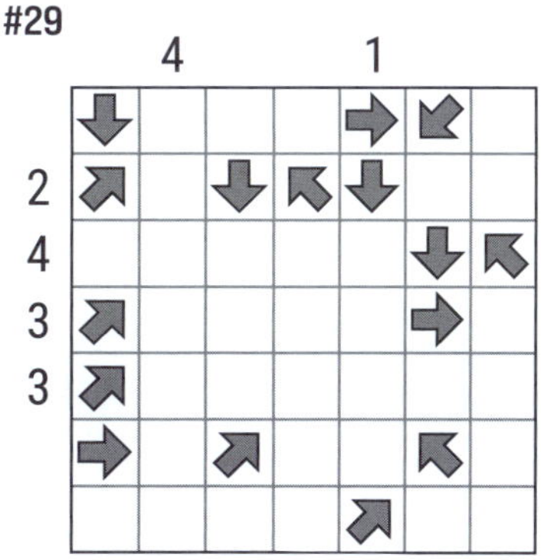

18

FLECHAS [stars and arrows]

#30

	4	6	2	4	3	1	2	2	4	1
1	→				↘	↓	↘	↙		↙
4	↘	↙								↙
3			→							
4		←	↙				↖			
4	↗				↘			↓		
1			↘				←		↙	↙
1			↑	↓		↗	↖		←	↙
2		↙	↓							
5										
4										↑

#31

	2	1		2	2		2	3		3
2		↓			→	↘	↘	↘		
2								→	↙	
4										
2					↘	↖				↙
2					↙	↖			↖	↓
4	↗	↗								↙
3		↗					←			↖
3										
1	↑					↖			↖	←
			→							

#32

		5	4		3	3				4
3					↙		↓		→	
2				→	↗					
	↗				→	↖			↘	
5										
	↘	→		↖	↗	↖	↘	↑		
			↘			↙	←	↙	↙	↓
6								→		
	→		↖	↖						
	↑	→								

18 FLECHAS (soluciones)

#00

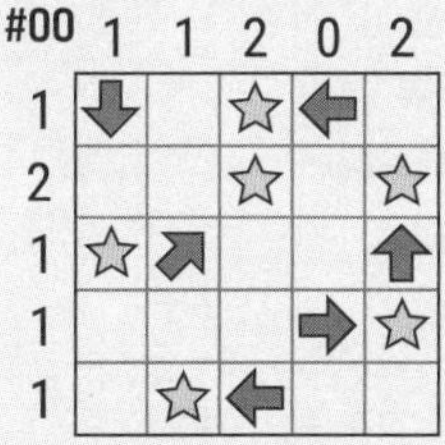

#01

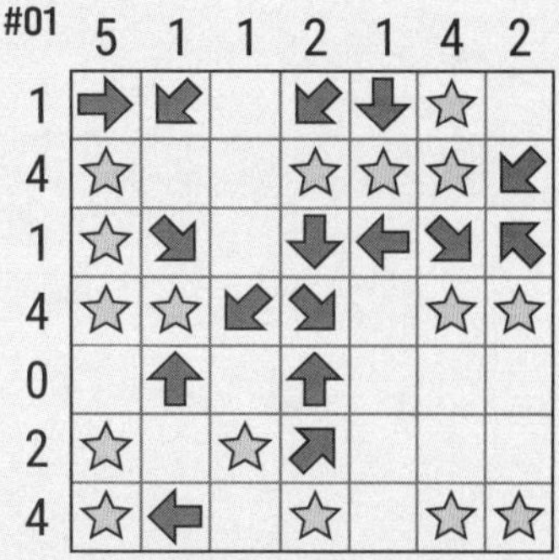

#02

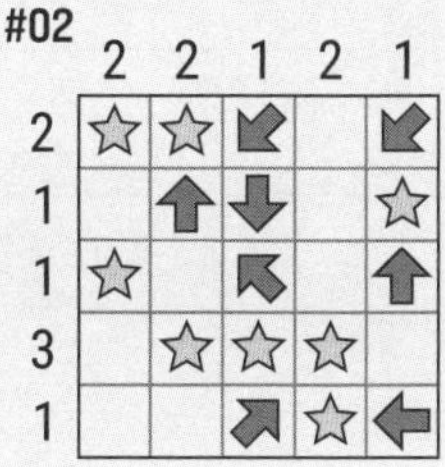

#03

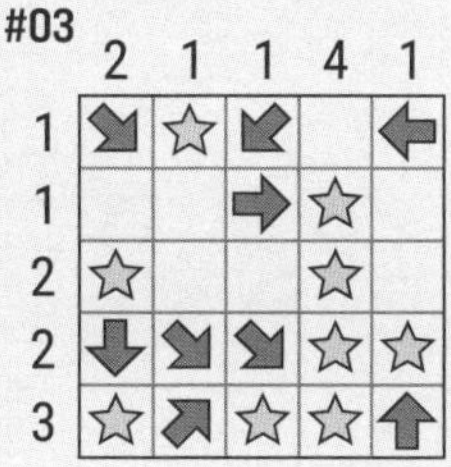

#04

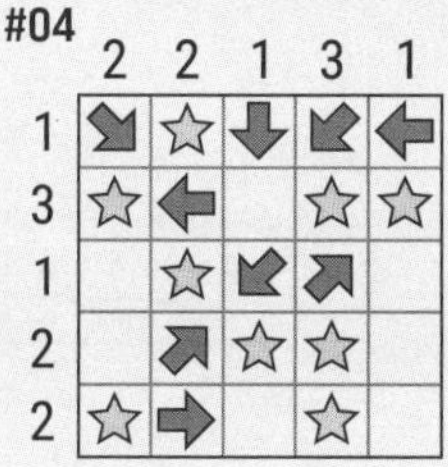

#05

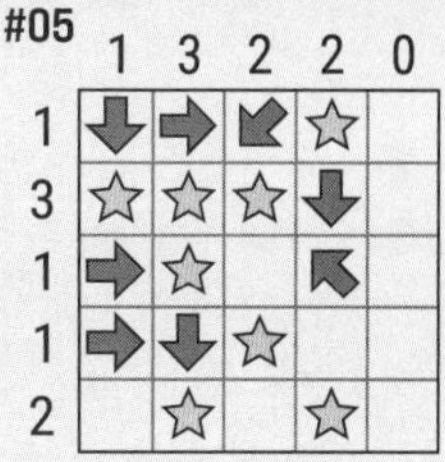

#06

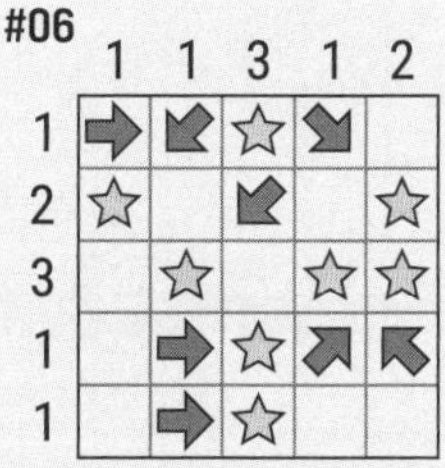

#07

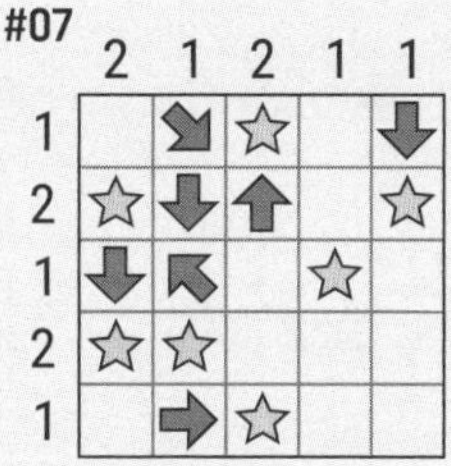

#08

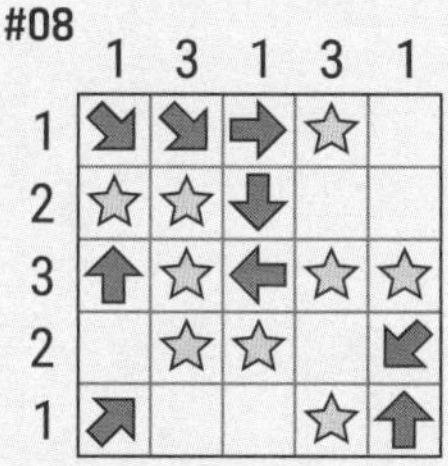

#09

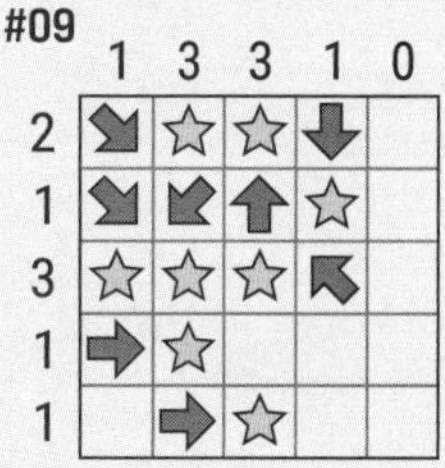

#10

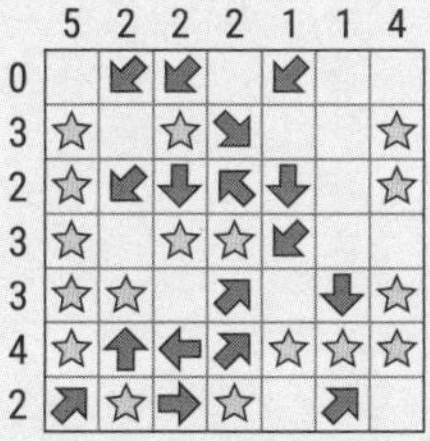

#11

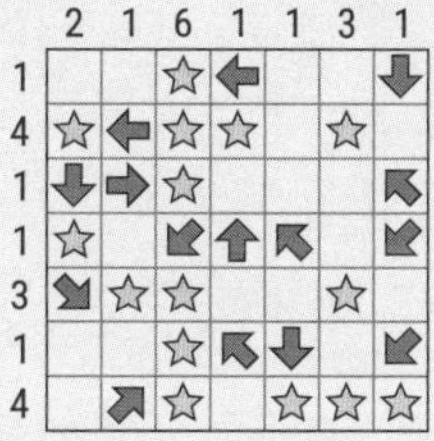

#12

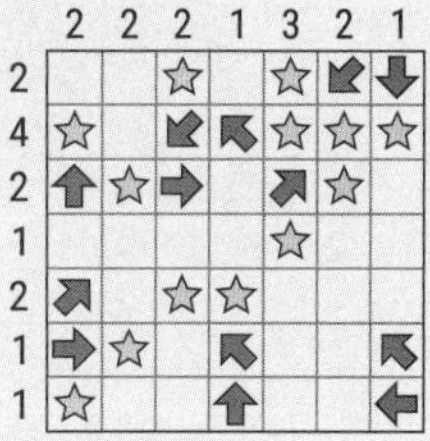

#13

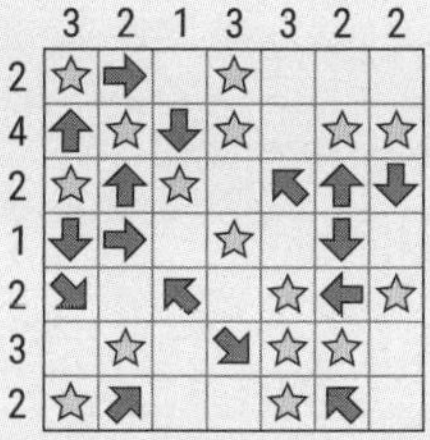

#14

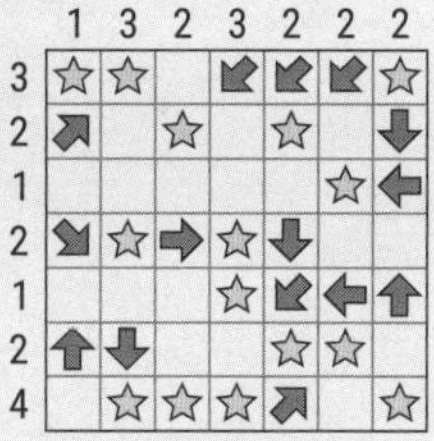

#15

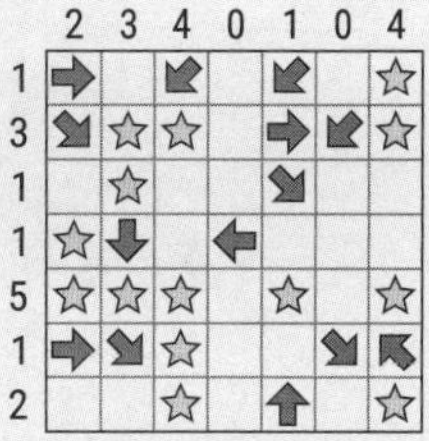

18

FLECHAS (soluciones)

#16
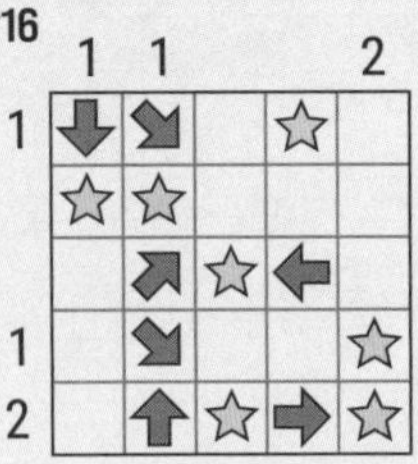

#17
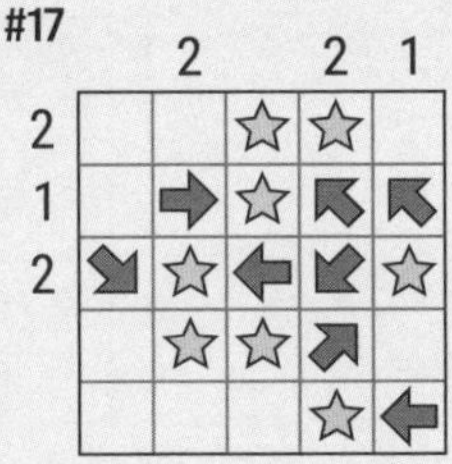

#18
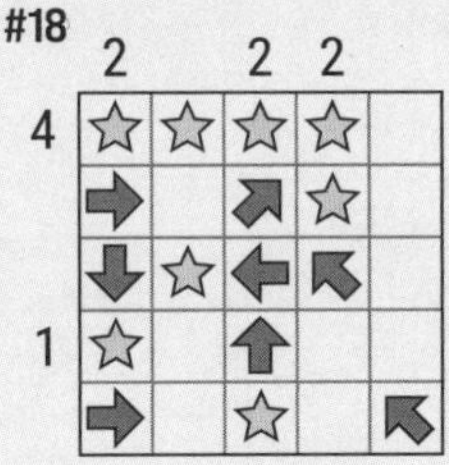

#19
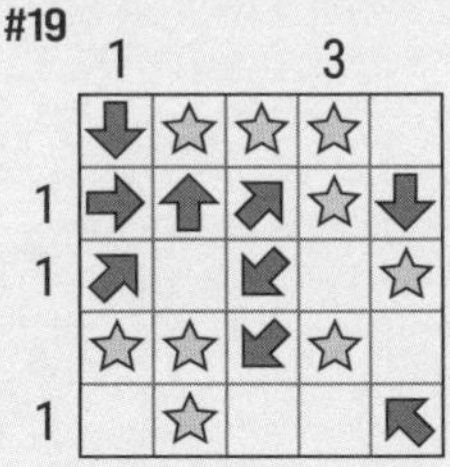

#20
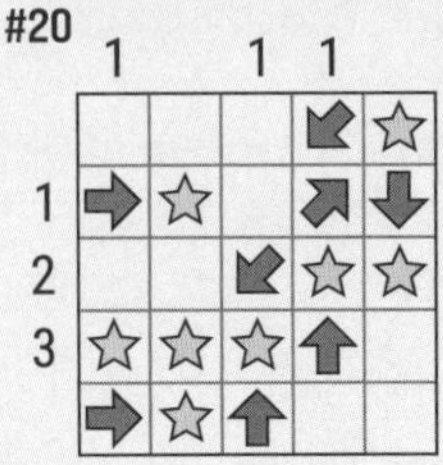

#21
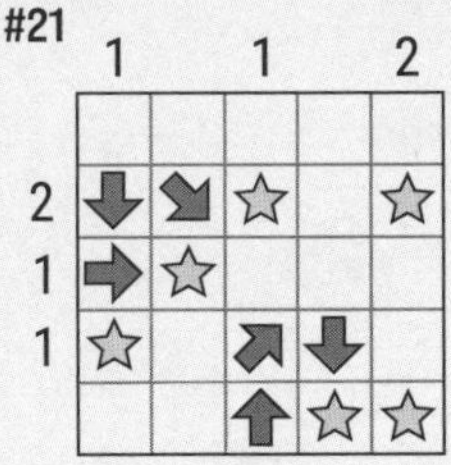

#22
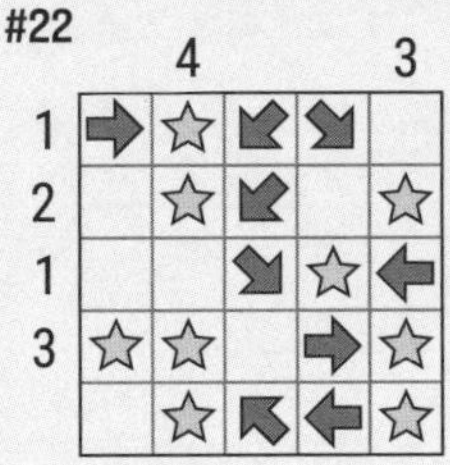

#23
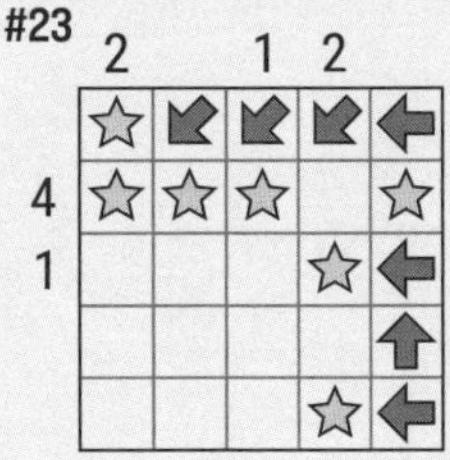

#24
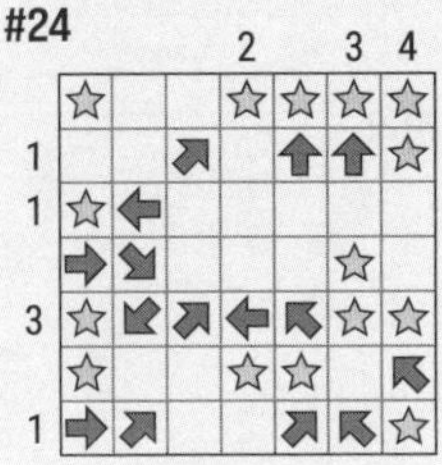

#25
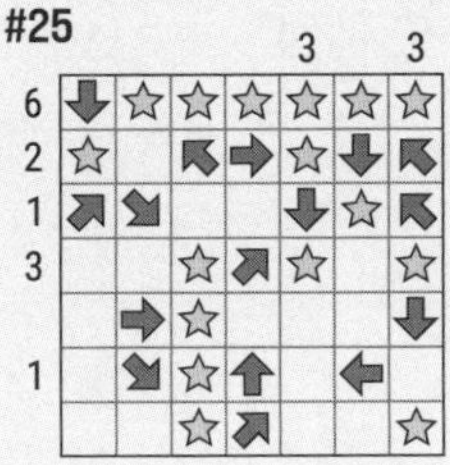

#26
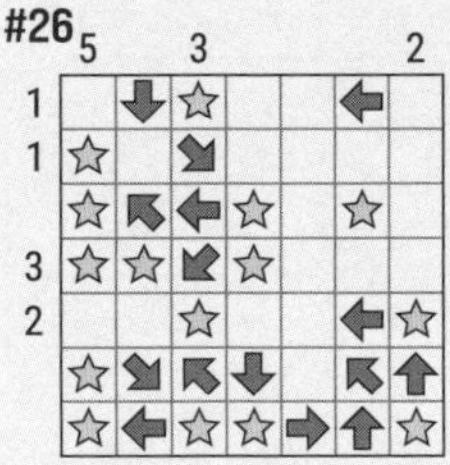

#27
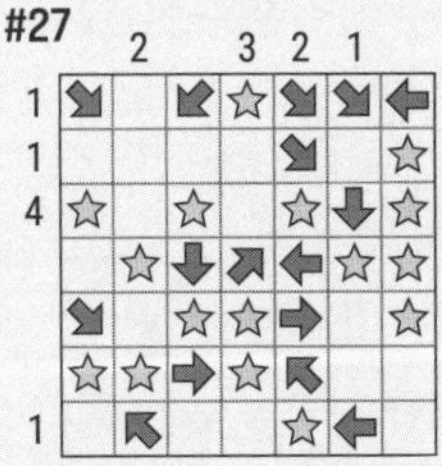

#28
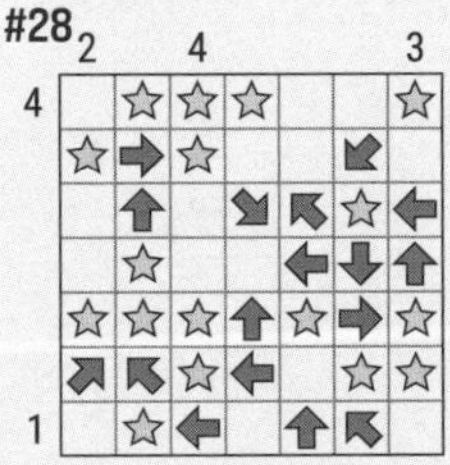

#29
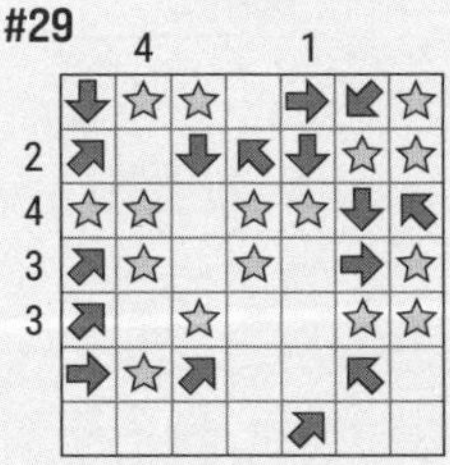

#30
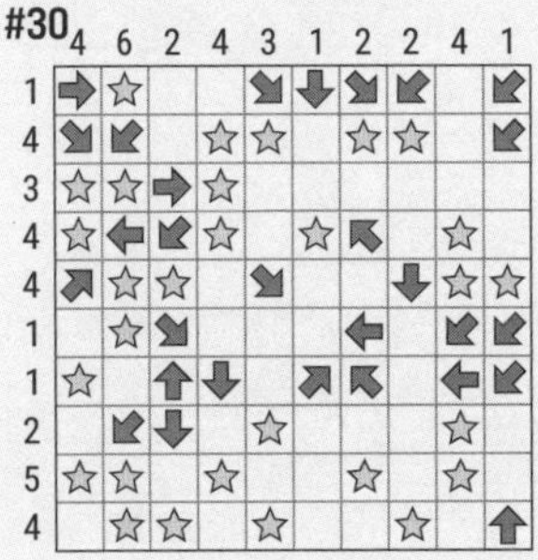

#31
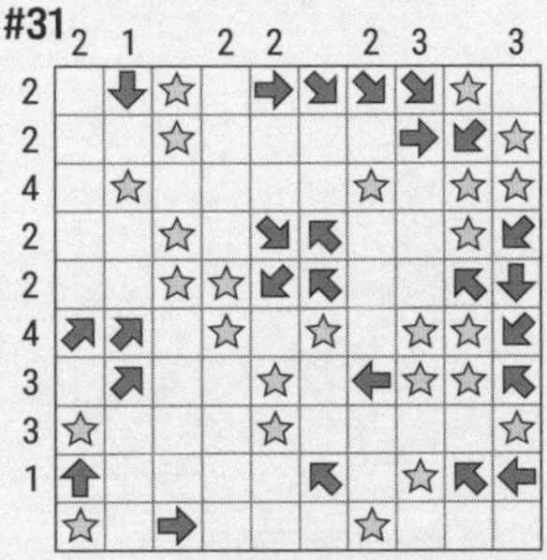

#32
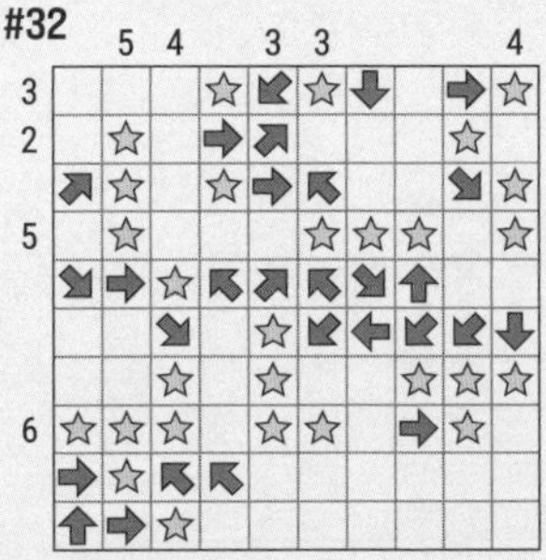

19

DIAGONALES (gokigen naname)

El objetivo es colocar una línea diagonal en cada casilla del tablero teniendo en cuenta las siguientes condiciones:

- Los círculos con números del 0 al 4 pueden estar situados en intersecciones de líneas dentro de la cuadrícula.
- El número en cada círculo es igual al número de líneas que se extienden desde ese círculo.
- Las líneas diagonales no deben formar un bucle cerrado.

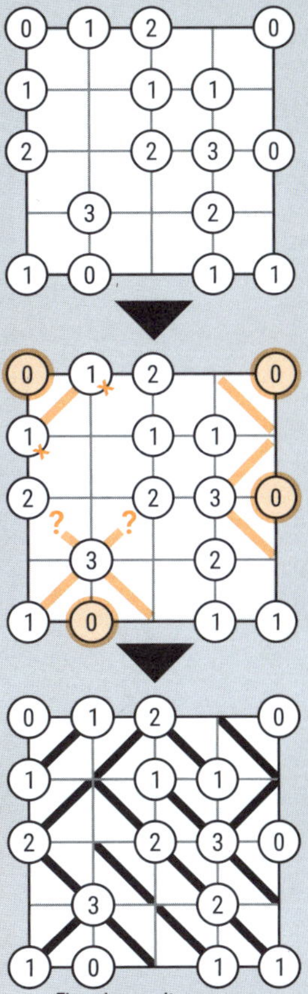

Ejemplo resuelto, para que puedas entender mejor en qué consiste el pasatiempo.

#00

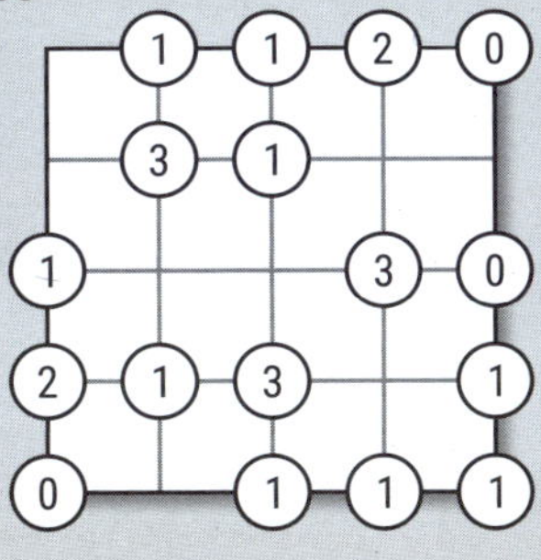

CONSEJOS para resolver el pasatiempo:

1. Cada pasatiempo tiene una solución única.
2. Todas las líneas se deducen de forma lógica: no hace falta adivinar.
3. Si hay un 4 en un círculo ya se sabe que debe haber 4 diagonales a su alrededor.
4. Si hay un 3 en un círculo y una de las casillas que la rodean no concurre en ese círculo, ya sabemos que las otras tres casillas tendrán sus diagonales hacia él.
5. El 0 en una casilla o en el borde ya indica que no puede haber línea hacia el número.

#01

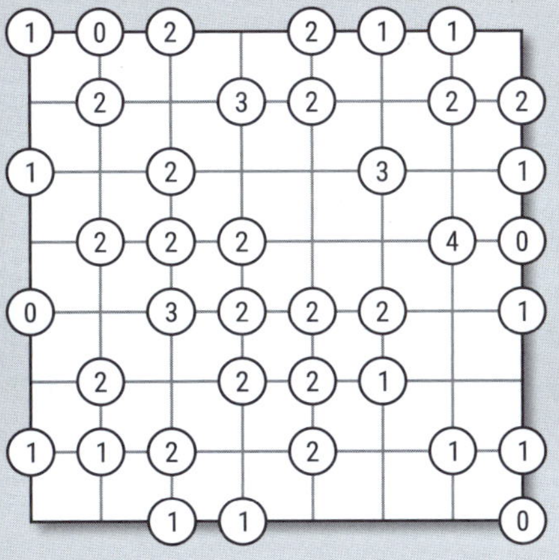

¿Sabías que...

Este pasatiempo fue inventado por la editorial japonesa **Nikoli**, y su nombre quiere decir literalmente *to be in a bad mood* (estar de mal humor) Se lo conoce también con los nombres slalom y slant.

19

DIAGONALES (gokigen naname)

#02

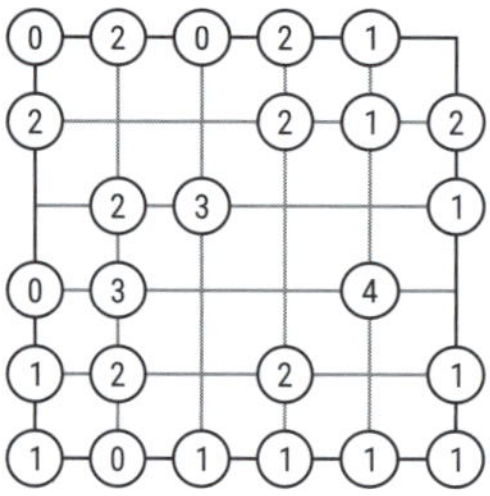

#03

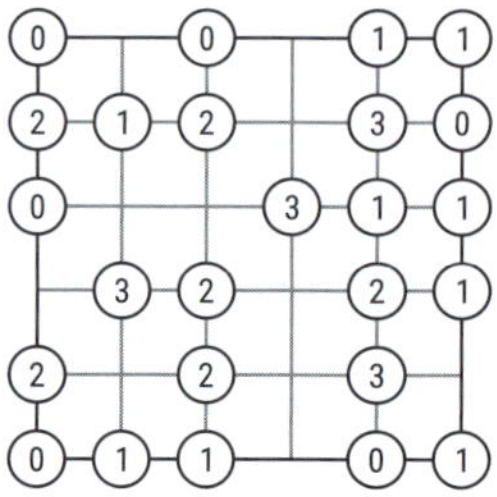

#04

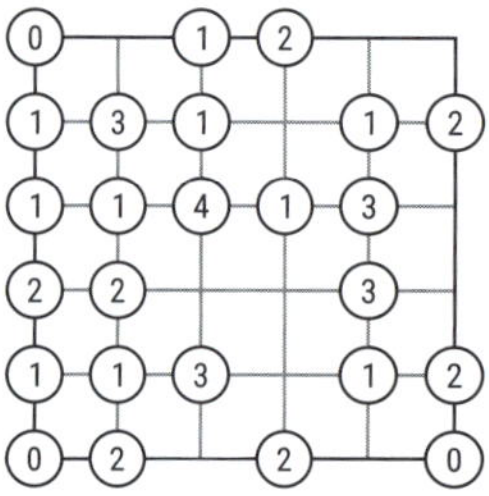

#05

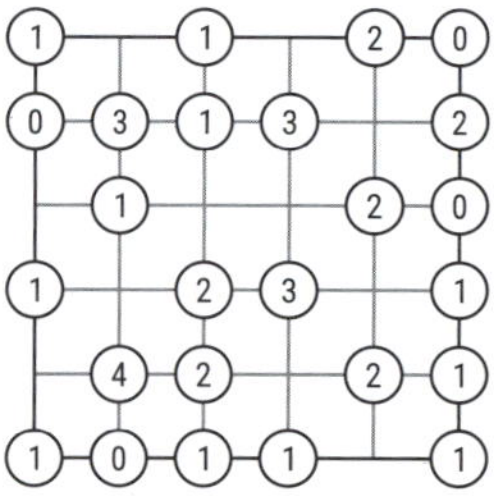

#06

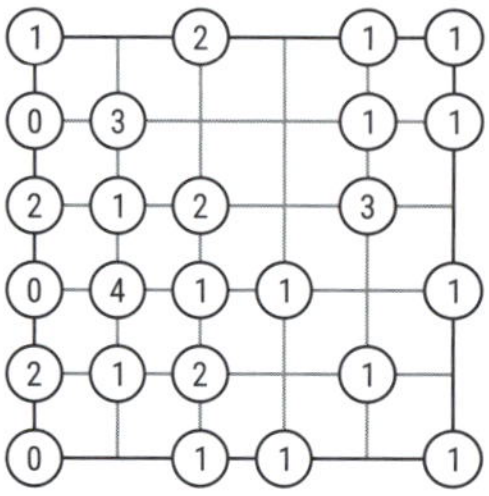

#07

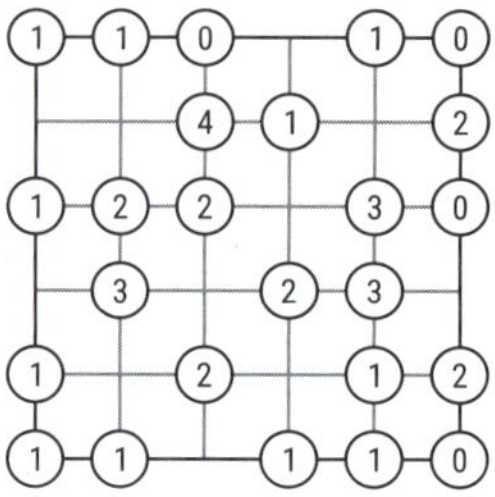

#08

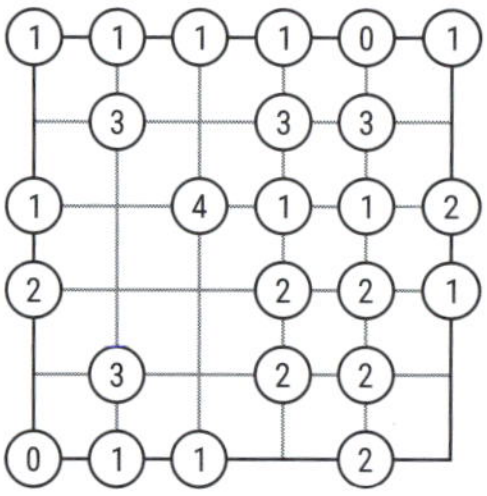

#09

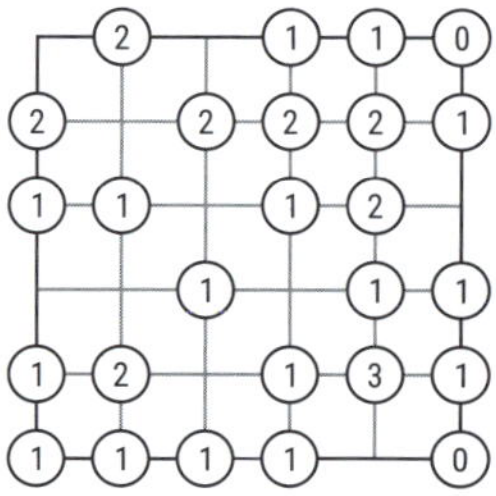

19 DIAGONALES (gokigen naname)

#10

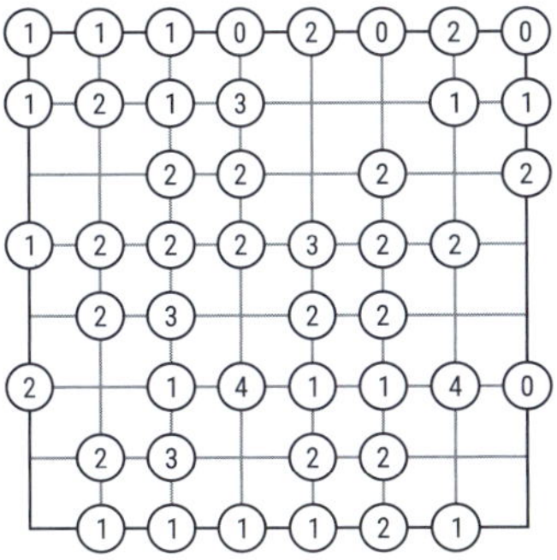

#11

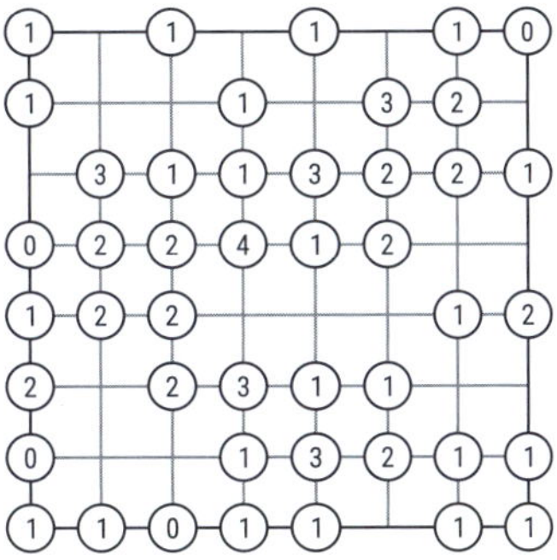

#12

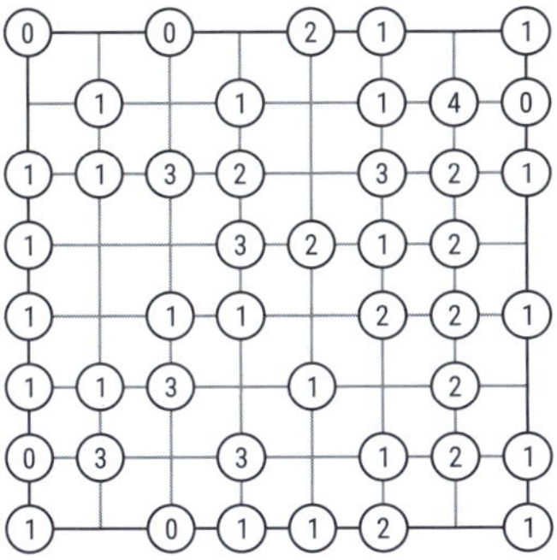

#13

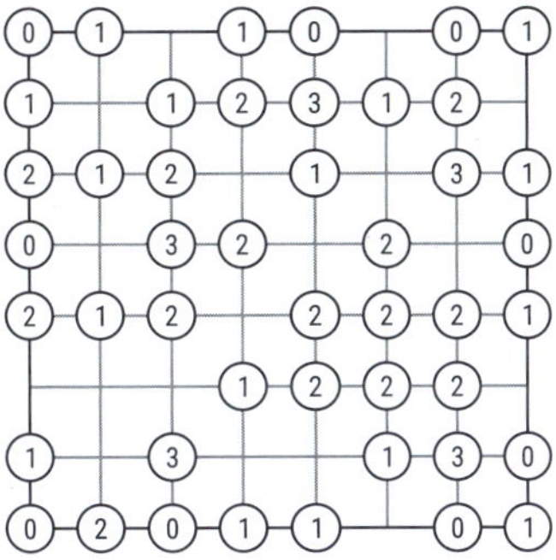

#14

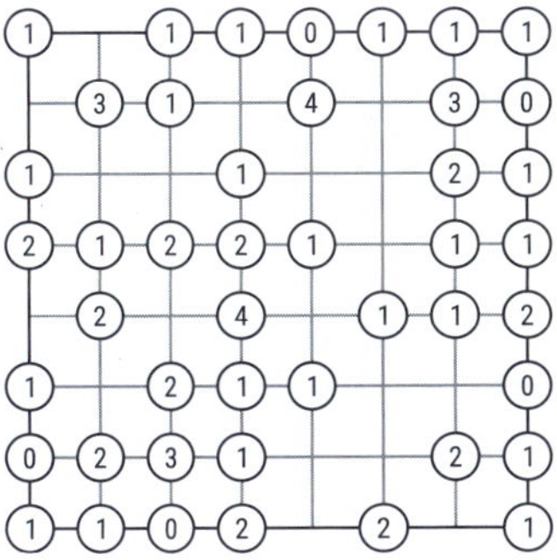

#15

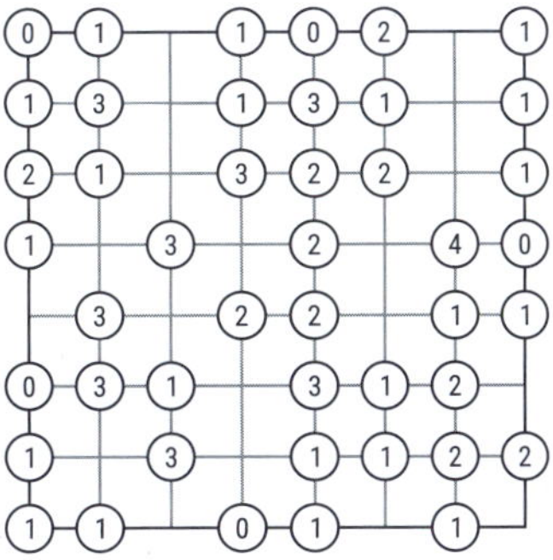

19

DIAGONALES (gokigen naname)

#16

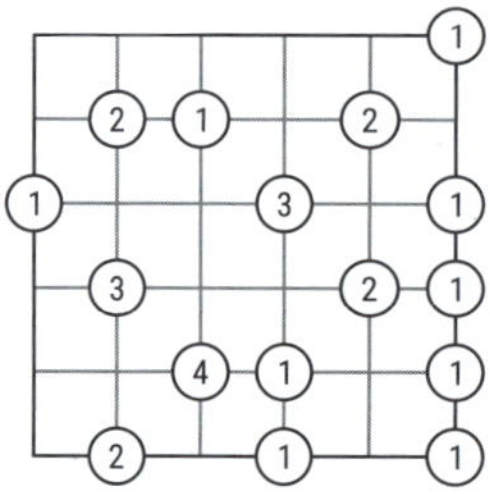

#17

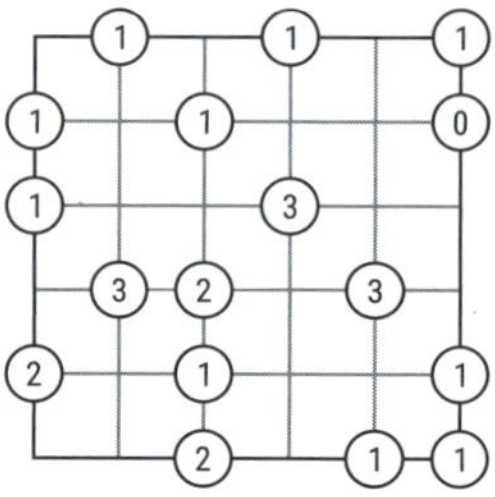

#18

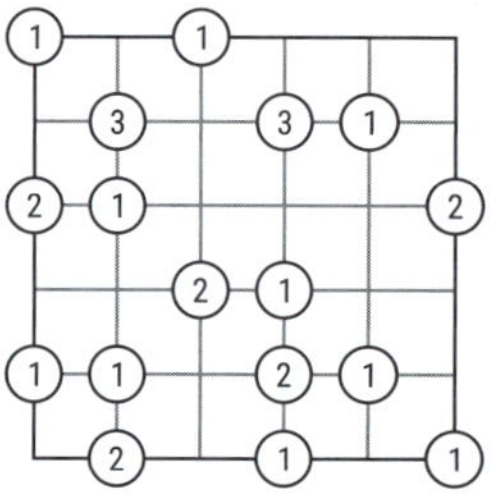

#19

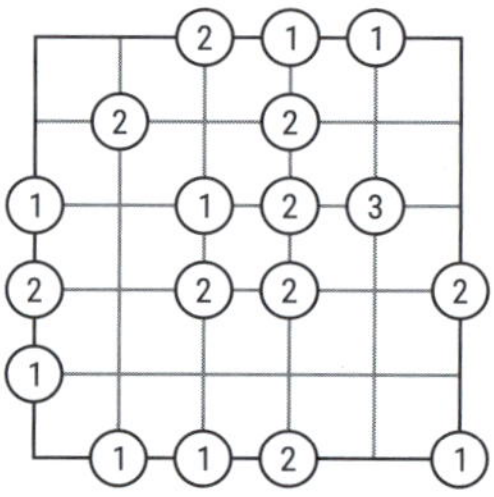

#20

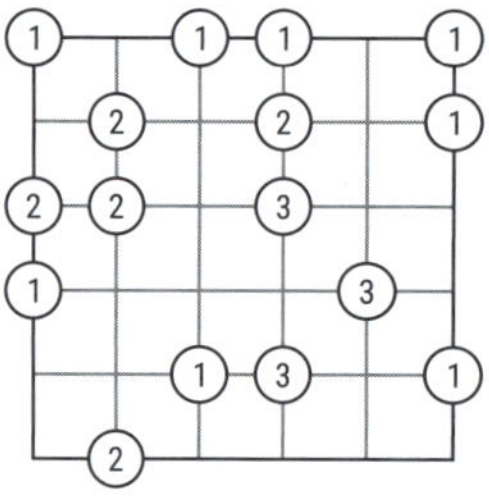

#21

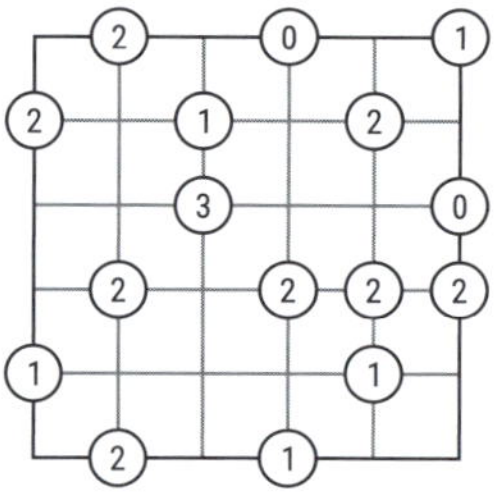

#22

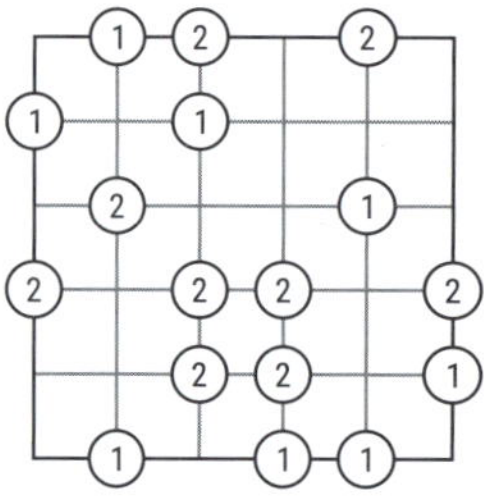

#23

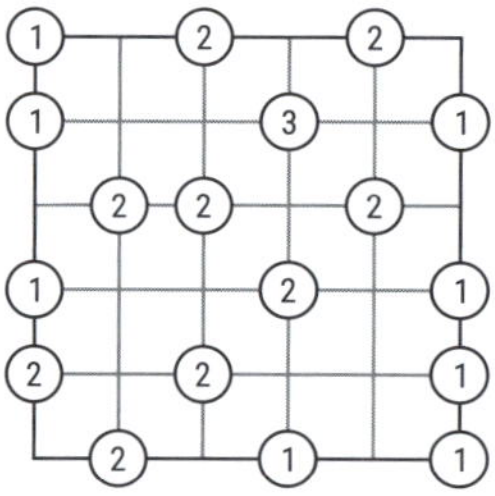

19
DIAGONALES (gokigen naname)

#24

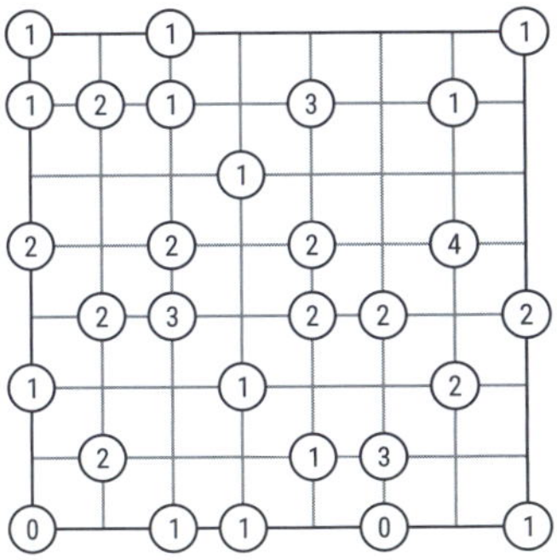

#25

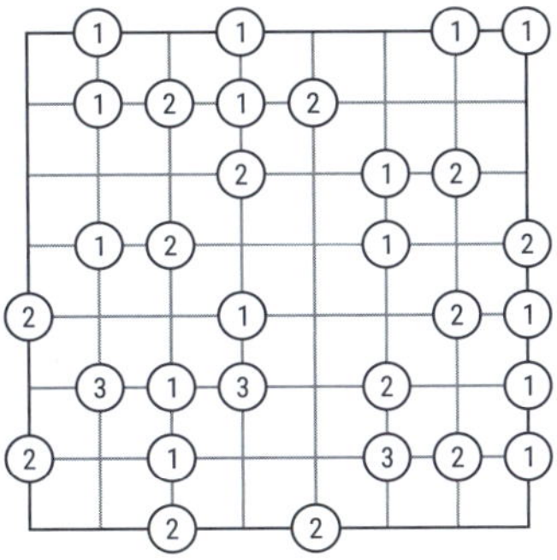

#26

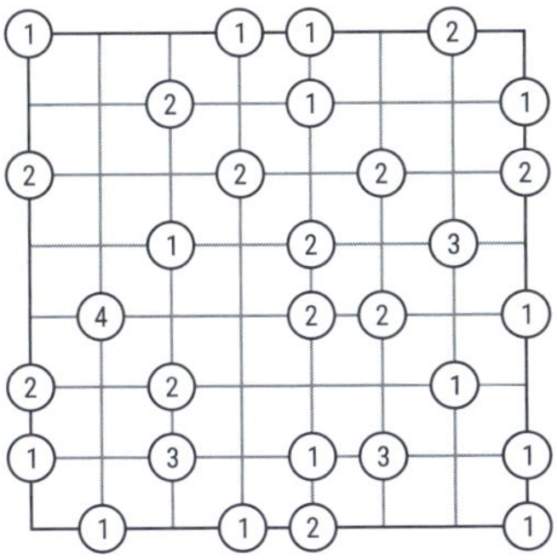

#27

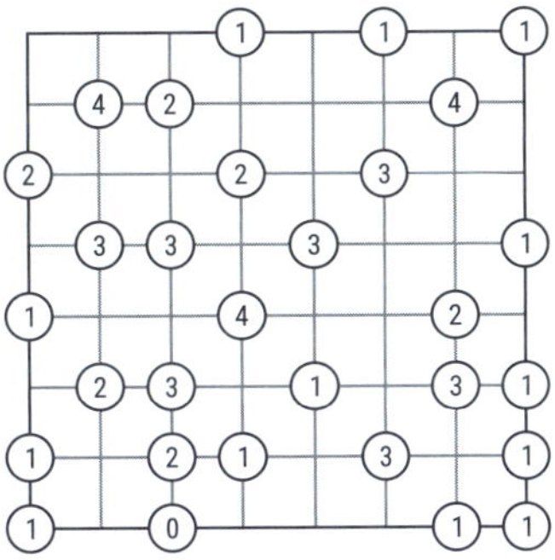

#28

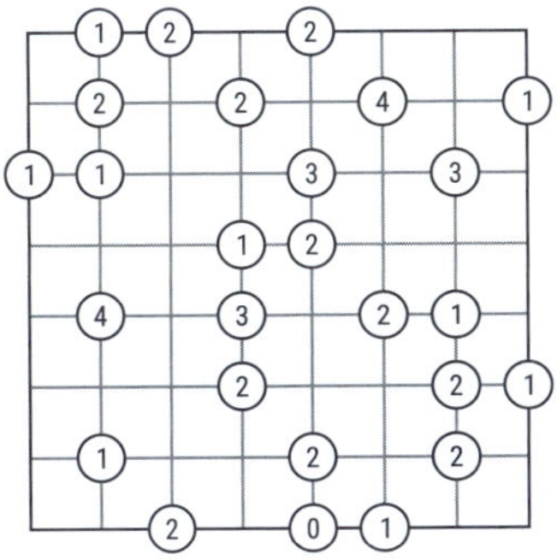

#29

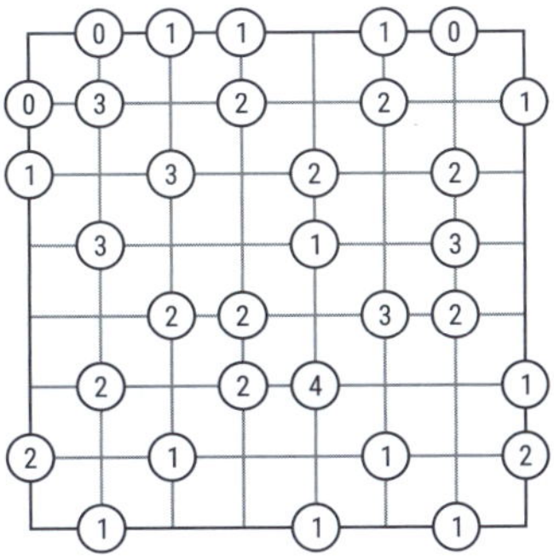

19 DIAGONALES (gokigen naname)

#30

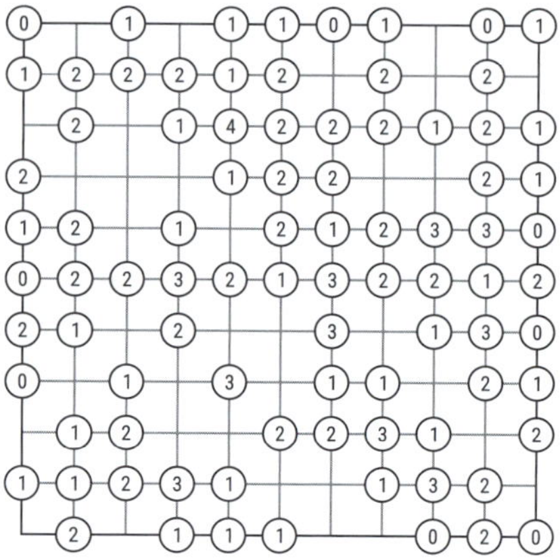

#31

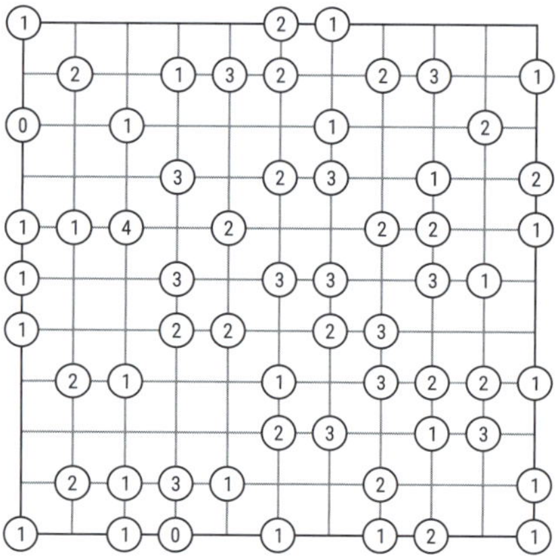

#32

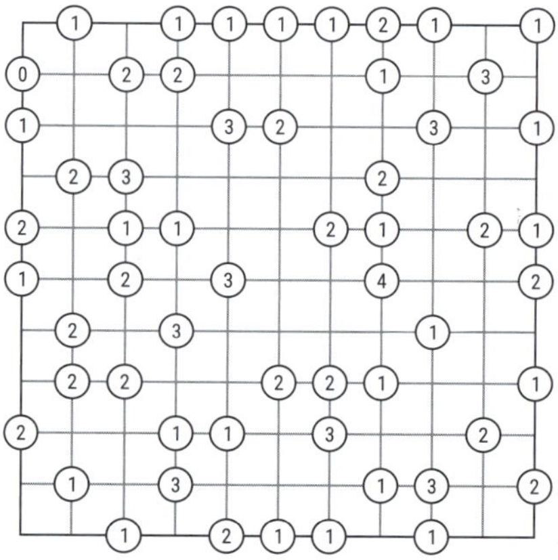

19

DIAGONALES (soluciones)

#00

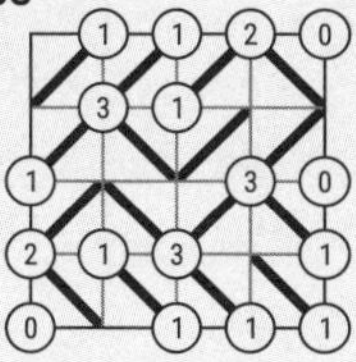

#01

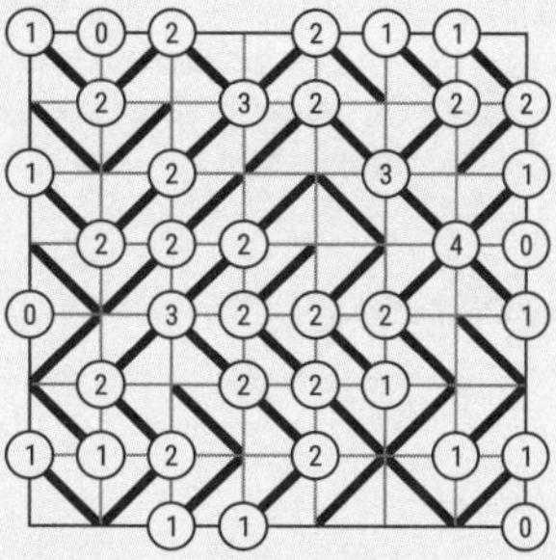

#02

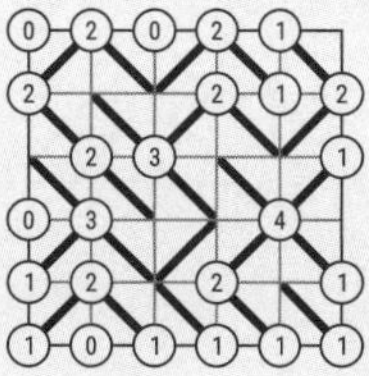

#03

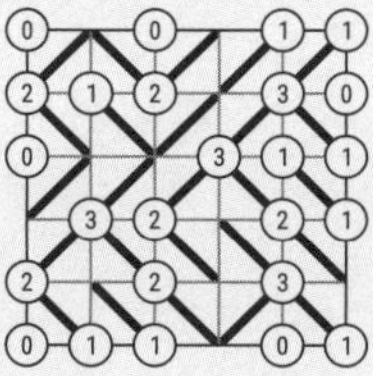

#04

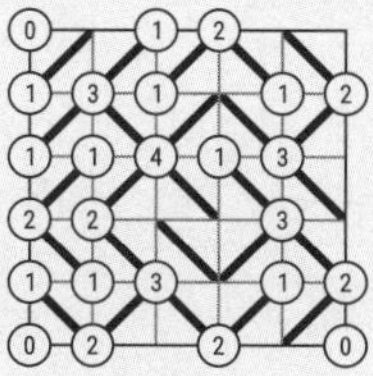

#05

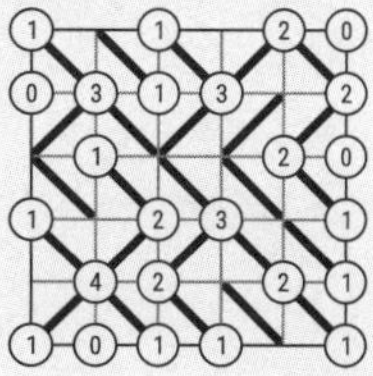

#06

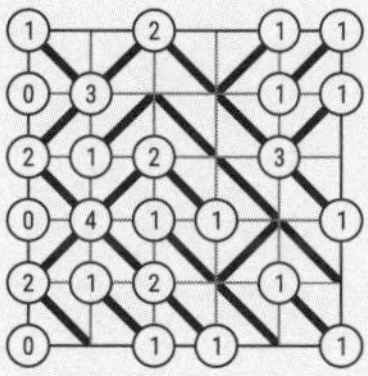

#07

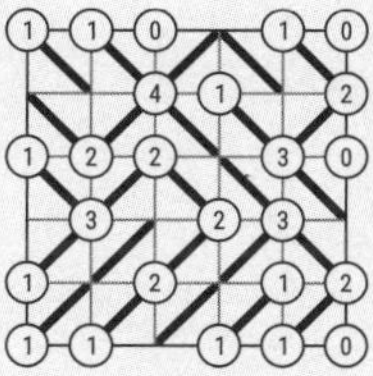

#08

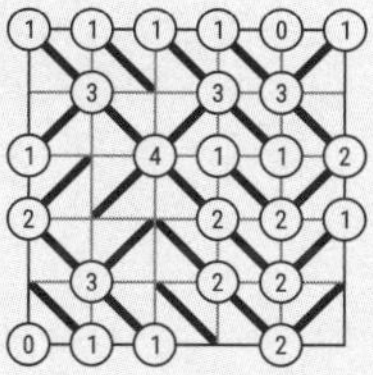

#09

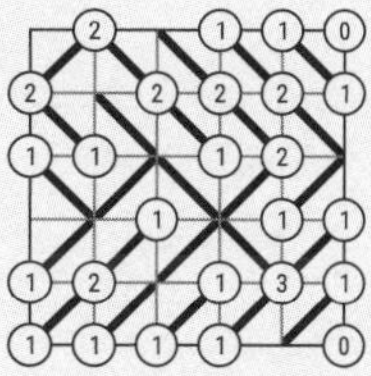

#10

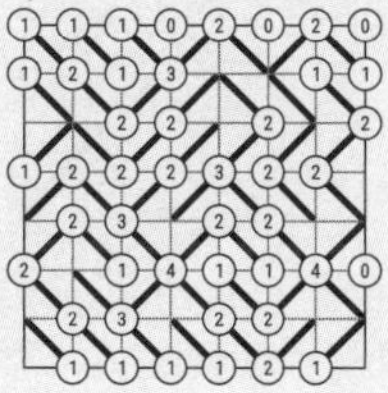

#11

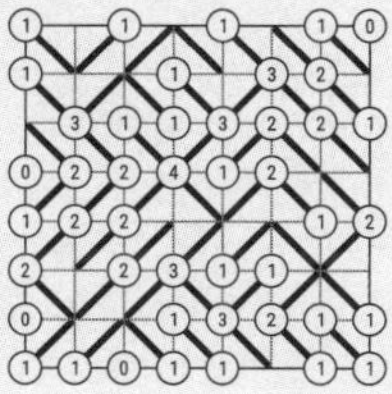

#12

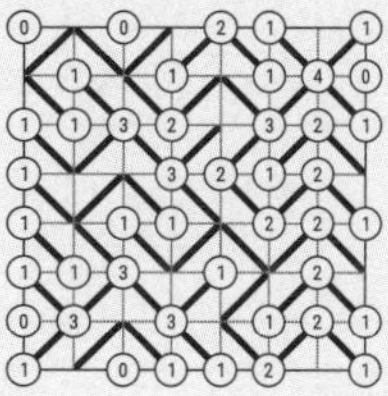

#13

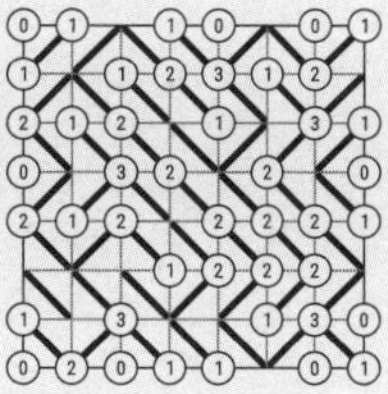

#14

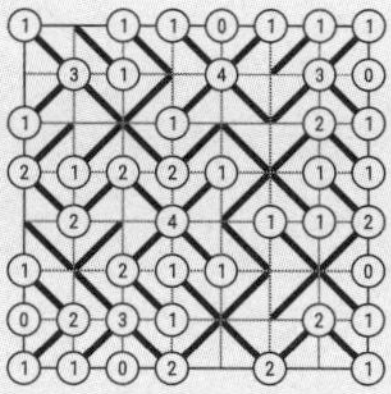

#15

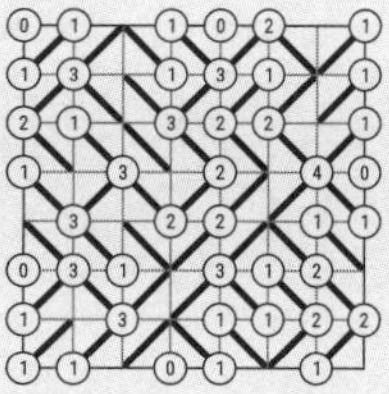

19 DIAGONALES (soluciones)

#16

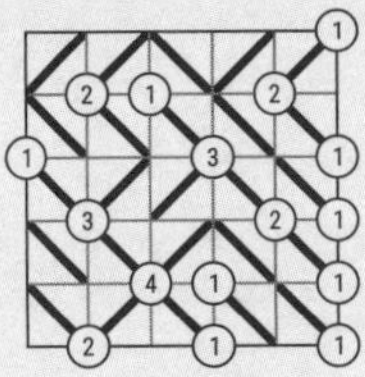

#17

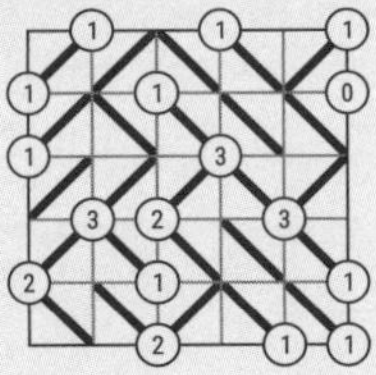

#18

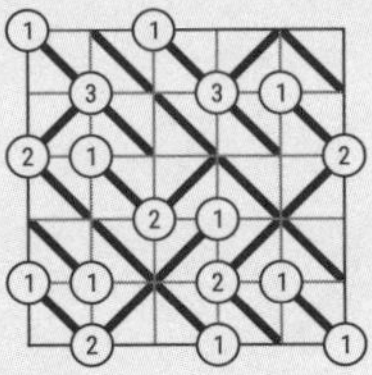

#19

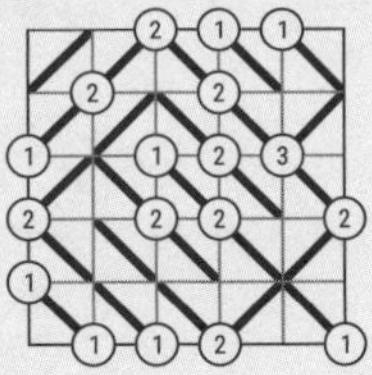

#20

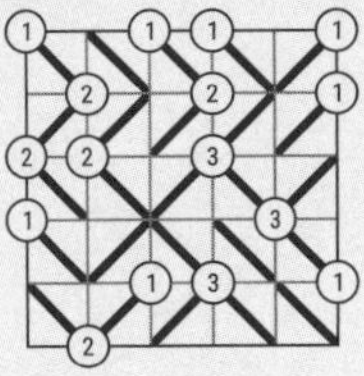

#21

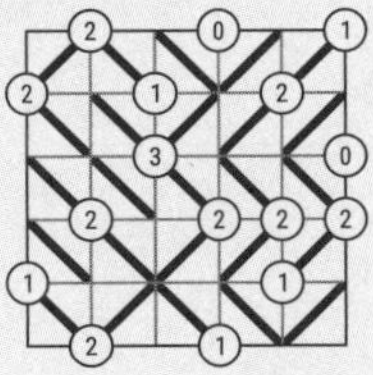

#22

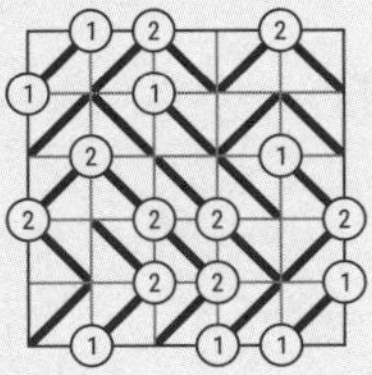

#23

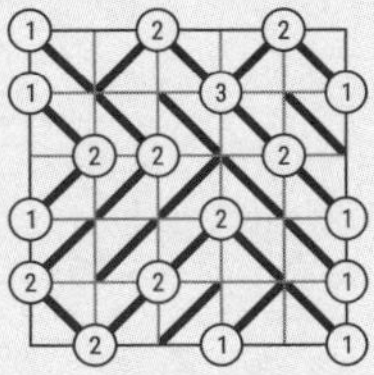

#24

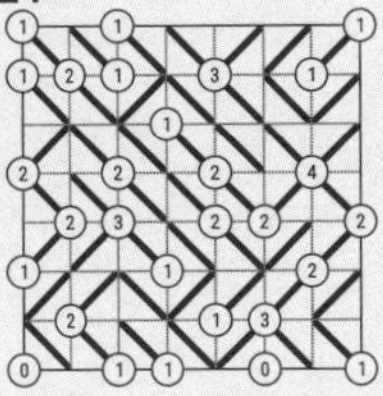

#25

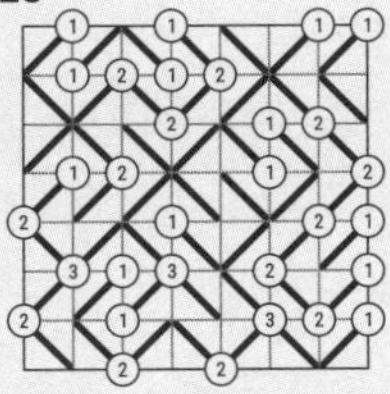

#26

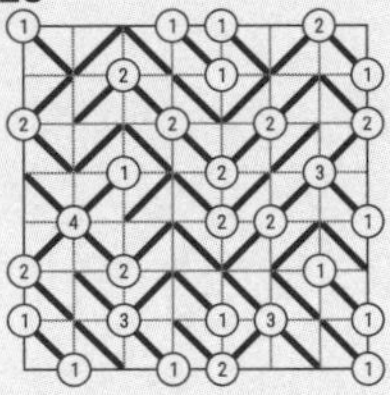

#27

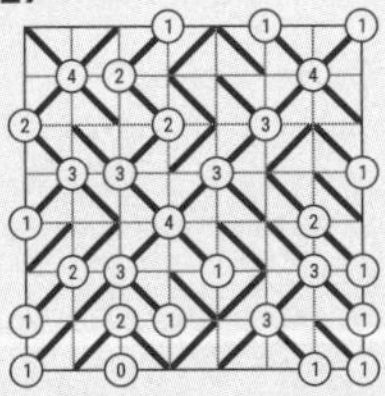

#28

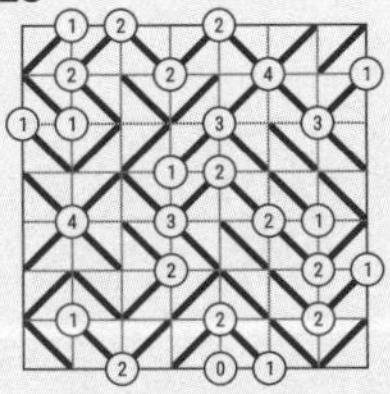

#29

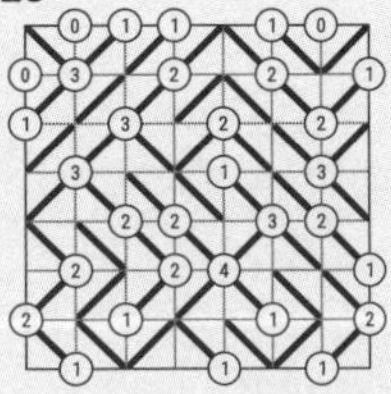

#30

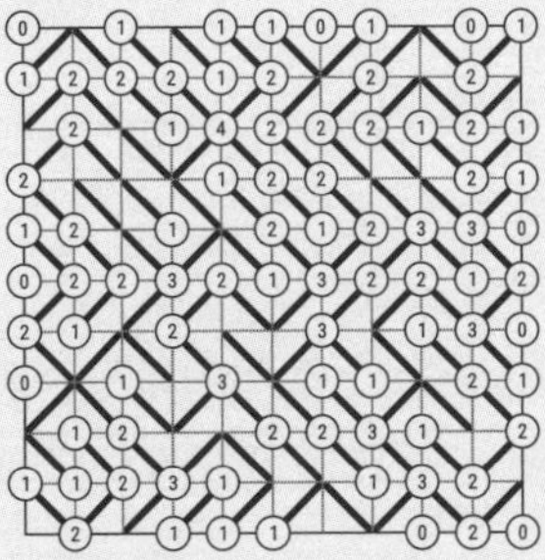

#31

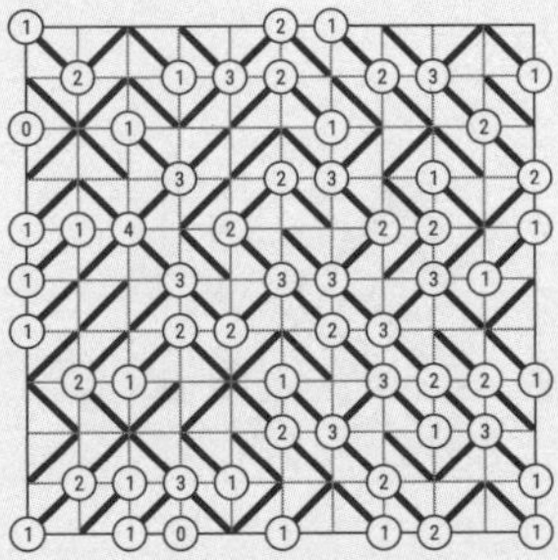

#32

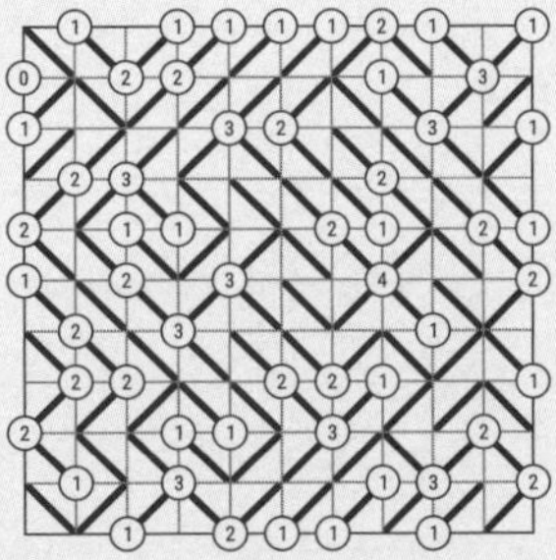

TE (mirukuti)

El objetivo es conectar cada grupo de tres círculos (uno negro y dos blancos) mediante una línea en forma de T, teniendo en cuenta:

- Dos círculos blancos dentro de la misma fila o columna están conectados por una línea. Estos círculos no pueden estar en casillas adyacentes.
- Un círculo negro está conectado con una línea perpendicular a algún punto a lo largo de la línea entre los círculos blancos, formando una especie de "T" en cualquier posición en el tablero.
- La línea del círculo negro no tiene por qué estar centrada a lo largo de la parte superior de la T formada por los círculos blancos.
- Los círculos son siempre los puntos finales de una línea y estas nunca los atraviesan.
- Las líneas de diferentes grupos nunca pueden tocarse ni cruzarse entre sí.

Ejemplo resuelto, para que puedas entender mejor en qué consiste el pasatiempo.

#00

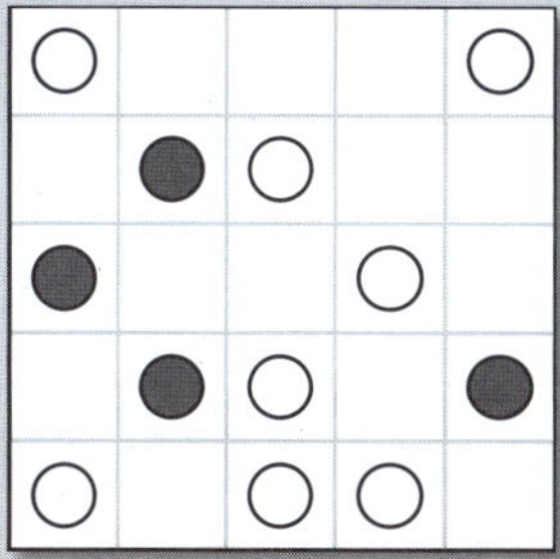

CONSEJOS para resolver el pasatiempo:

1. Cada pasatiempo tiene una solución única.
2. Todas las uniones entre círculos se deducen de forma lógica: no hace falta adivinar.
3. Busca círculos blancos que solo tengan un círculo blanco con el que conectarse, teniendo en cuenta que los que sean contiguos no se pueden unir.
4. Una vez que unes círculos blancos, busca círculos negros que se puedan conectar con la línea formada.
5. También puede ser otra opción buscar círculos negros sueltos, que solo pueden unirse en una dirección.

#01

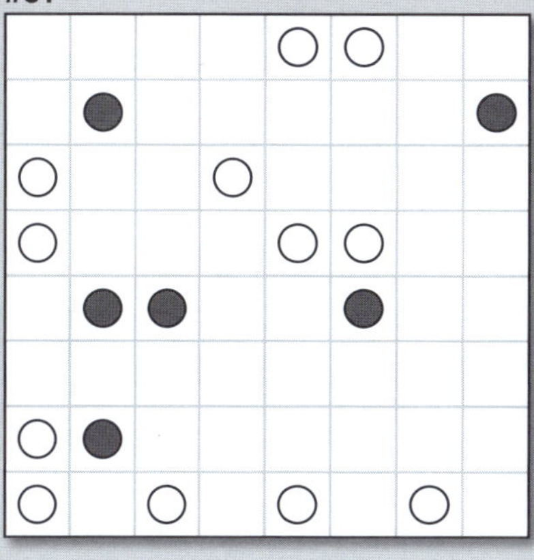

¿Sabías que...

Este pasatiempo se publicó por primera vez en un blog japonés, pero no consta su autor. Se llama de diferentes maneras, haciendo referencia a su forma: milk tea o milk-t.

20 TE (mirukuti)

#02

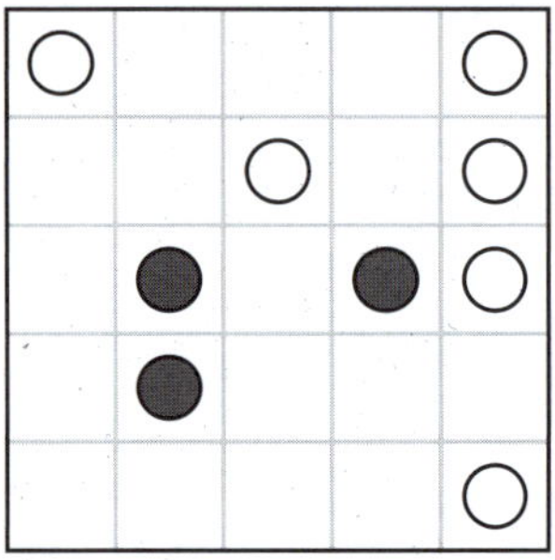

#03

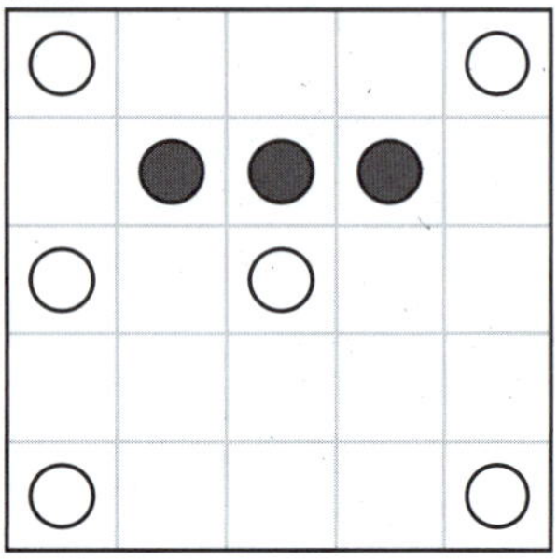

#04

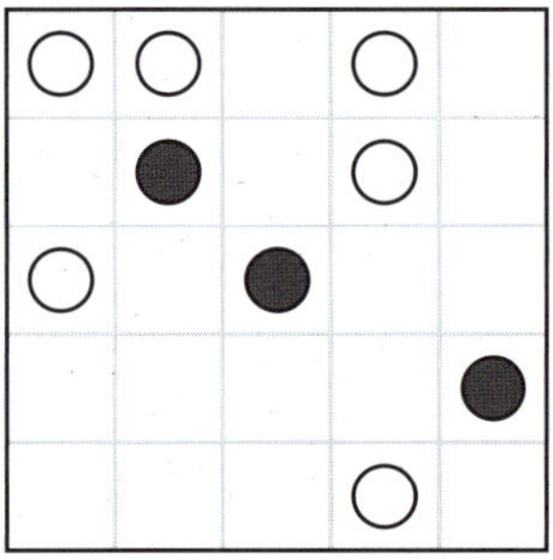

#05

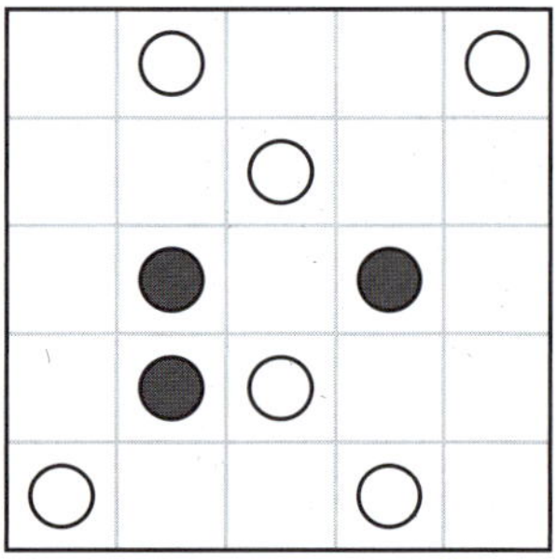

#06

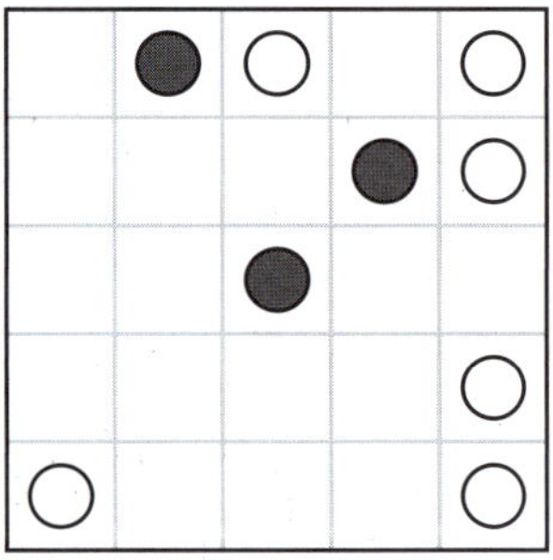

#07

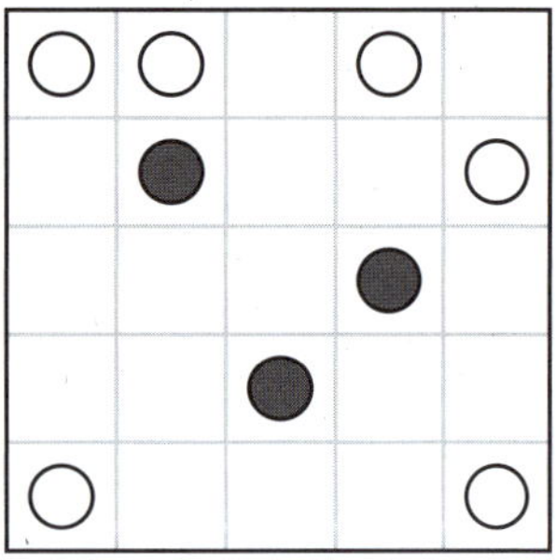

#08

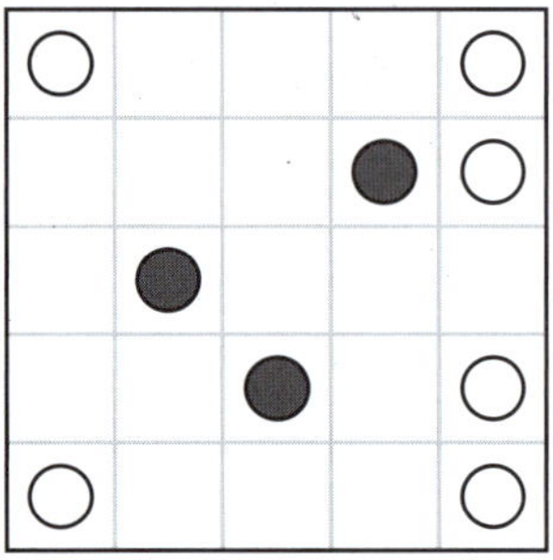

#09

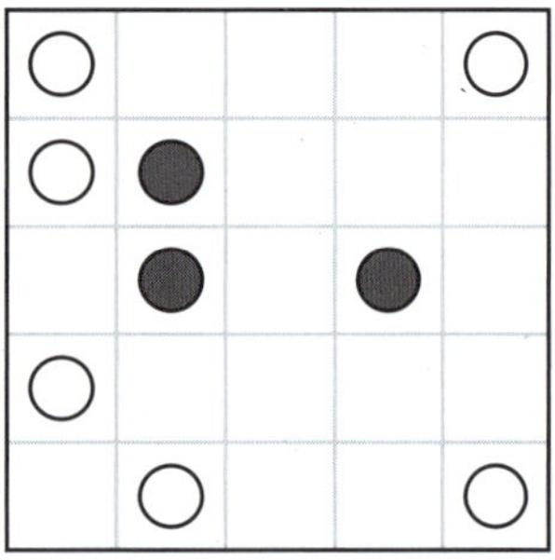

20 TE (mirukuti)

#10

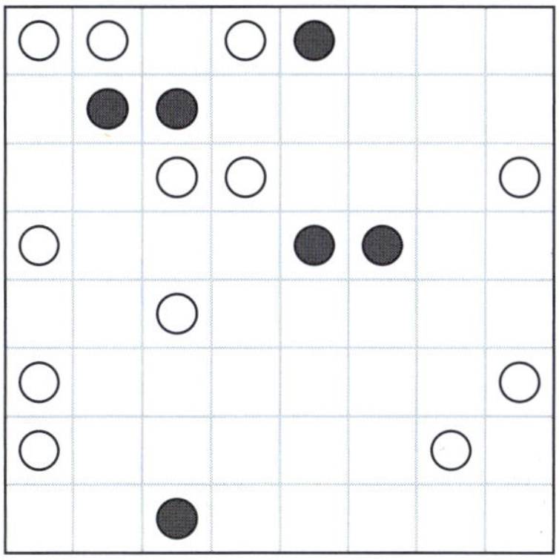

#11

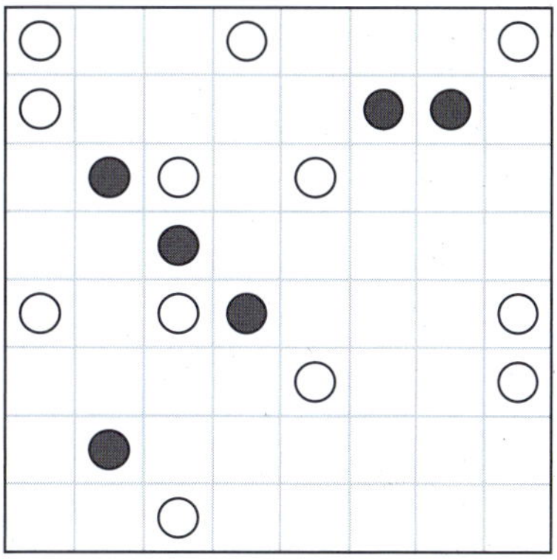

#12

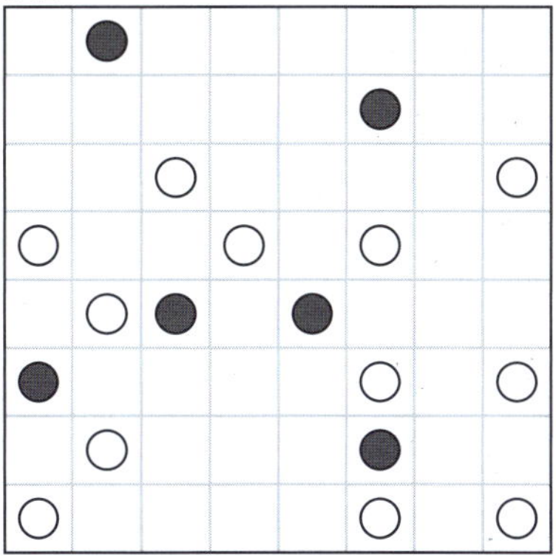

#13

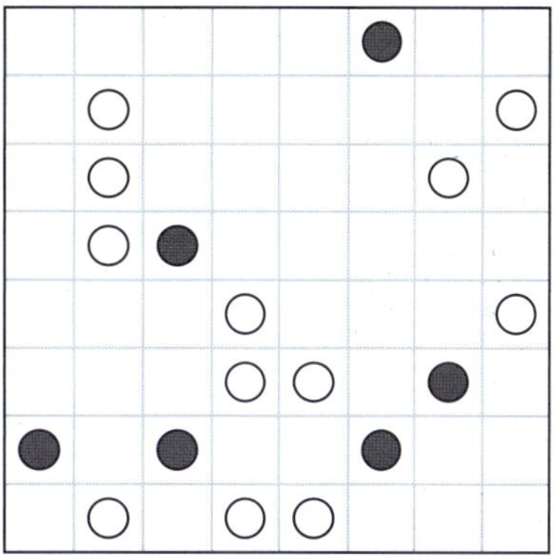

#14

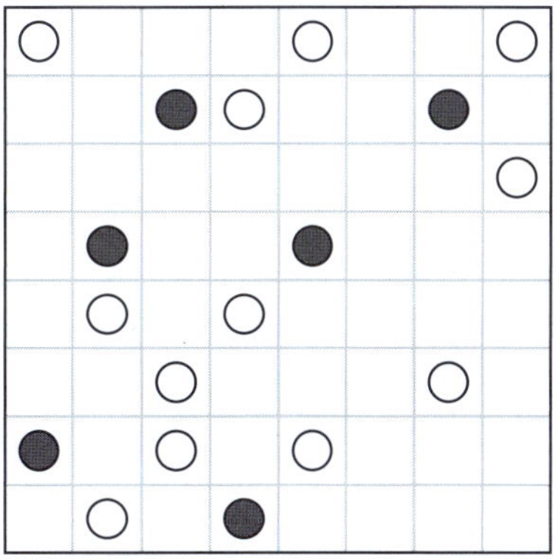

#15

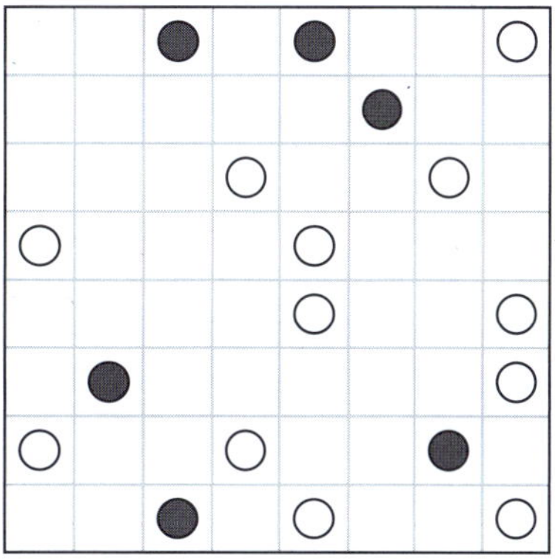

20

TE (mirukuti)

#16

○				○
○	●			○
	●	●		
○				○

#17

○				○
○		○		
			●	
	●			●
○		○		

#18

○				○
			●	○
○		○	●	
	●			
				○

#19

○				○
	●	●	●	
○		○		
		○		○

#20

○		○		
			●	
	●	○		
	○			○
○			●	

#21

○				
	●	○		○
		○		
○	●			
		○	●	

#22

○				○
○	●	○		○
	●	●		
○			●	
○			○	

#23

○			●	
	●			
	○			○
○		●		
○			○	

20
TE (mirukuti)

#24

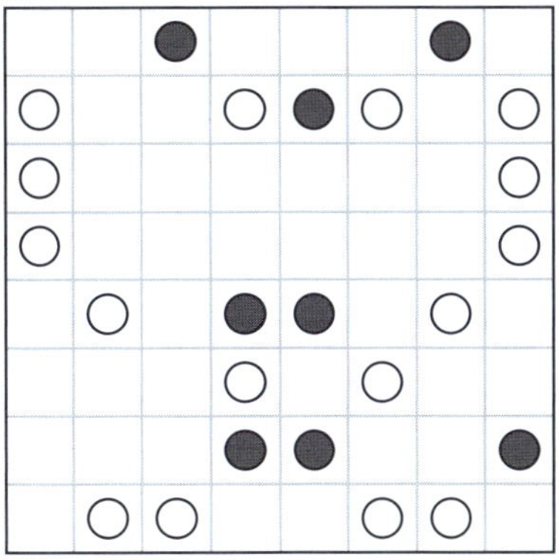

#25

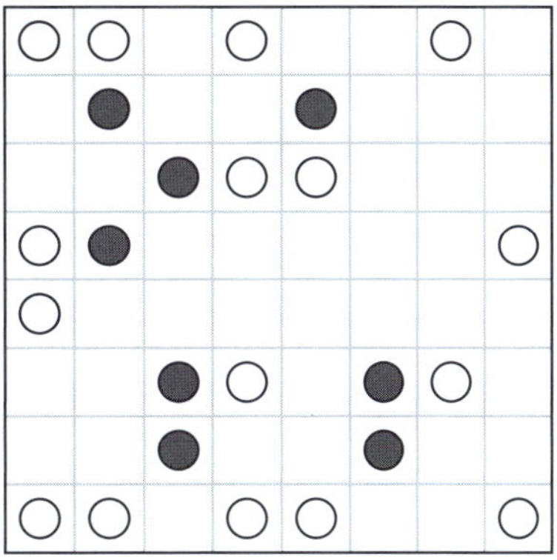

#26

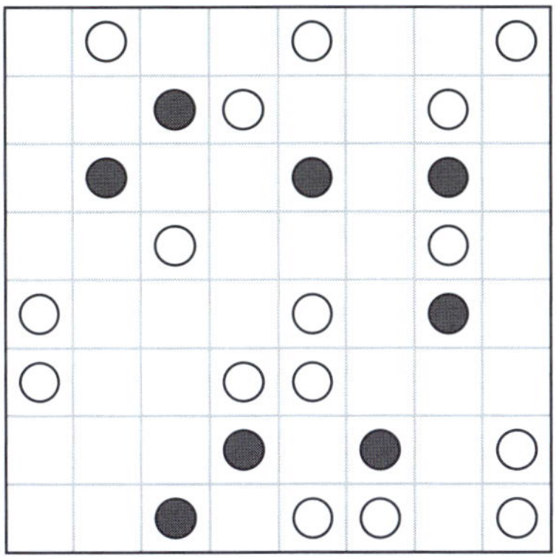

#27

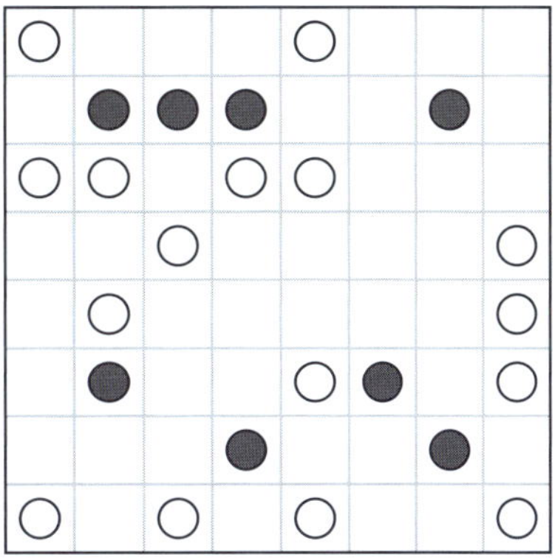

#28

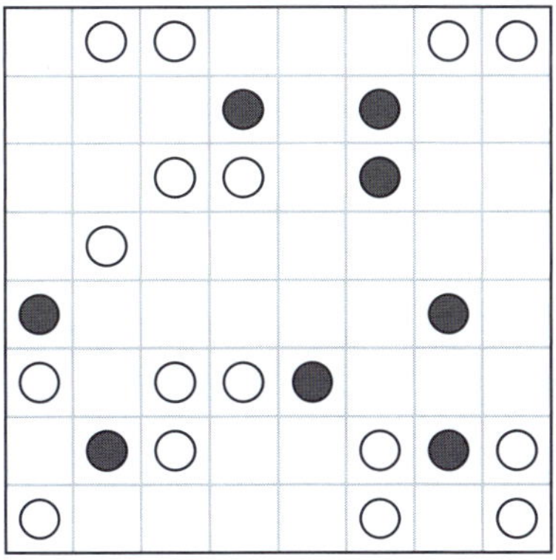

#29

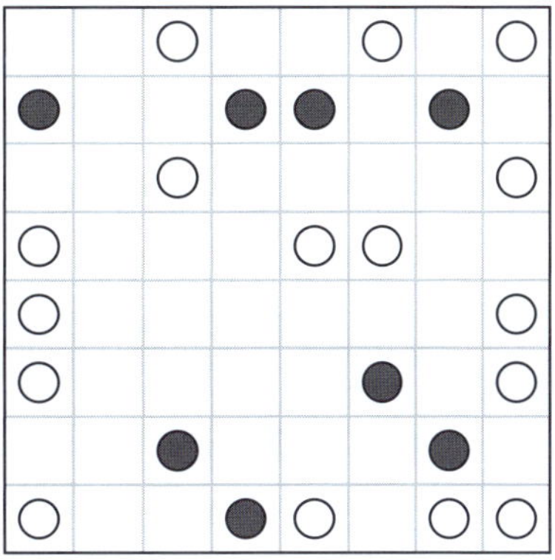

20

TE (mirukuti)

#30

○			○		○					○	○
	●								●		
○				○					○	●	
		●									
						●		●			
				○			○			○	
			○				●				○
						○		○			
○				○							○
										○	
							●			●	
	●										○

#31

		○		○	○						○
	●		●		○		○		○		○
			○		●	●			●	●	
○				○			●	●			
	●	○		●		○		○			
○				○			○	○			○
○		○						○	○		
	●										●
			○	○			○		○	●	
○		○									
	●	●			●	●					
○					○			○	○		○

20

TE (soluciones)

#01

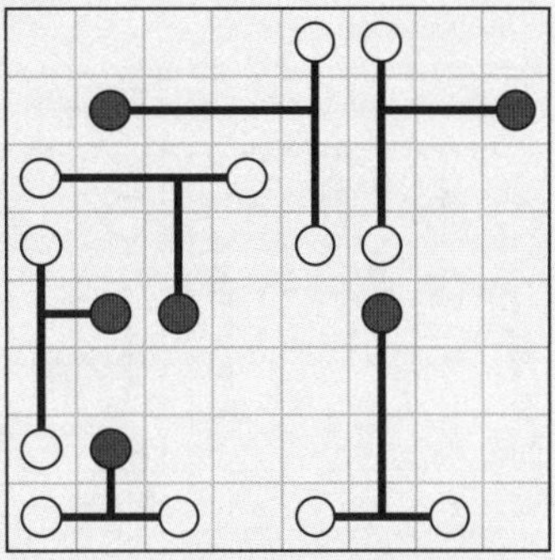

#00

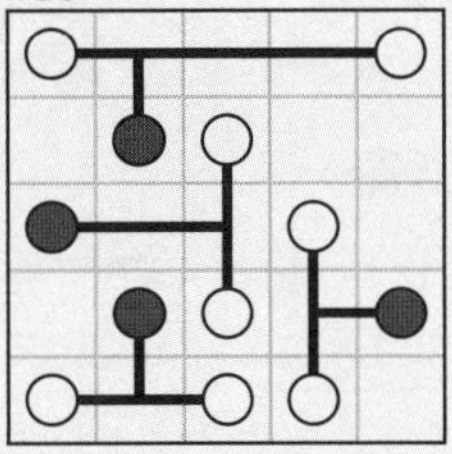

#02

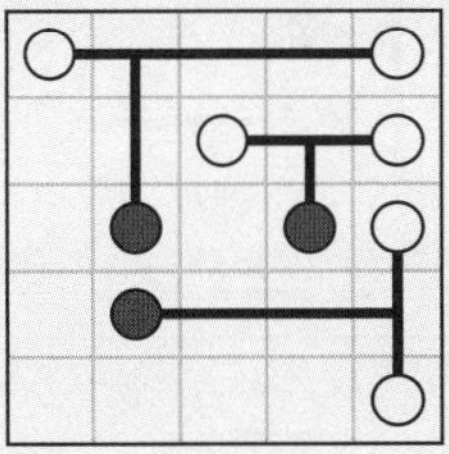

#03

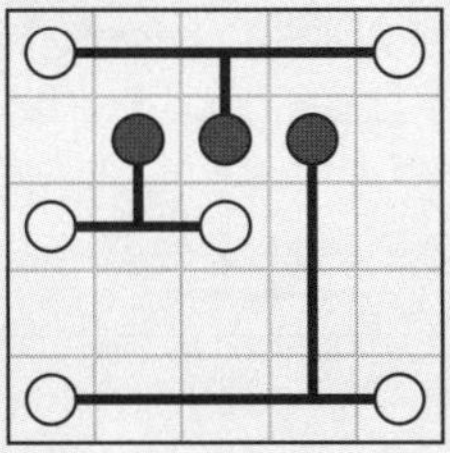

#04

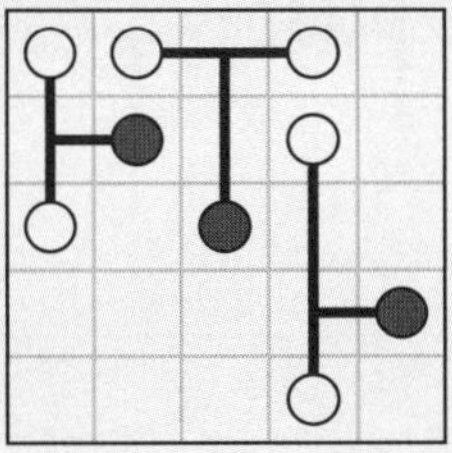

#05

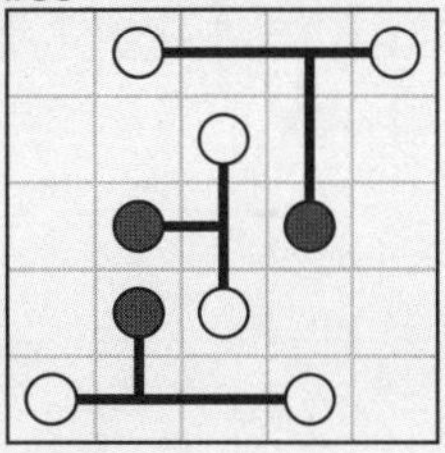

#06

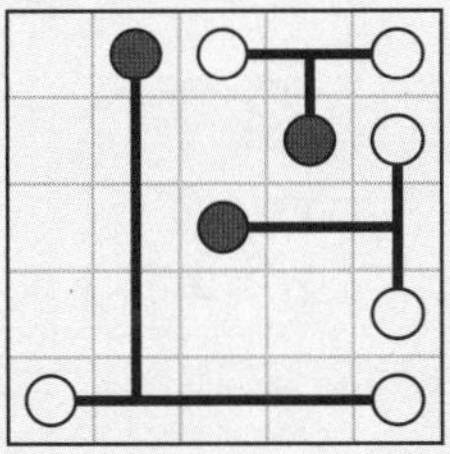

#07

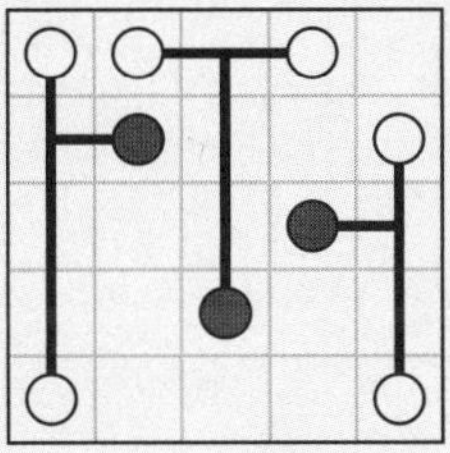

#08

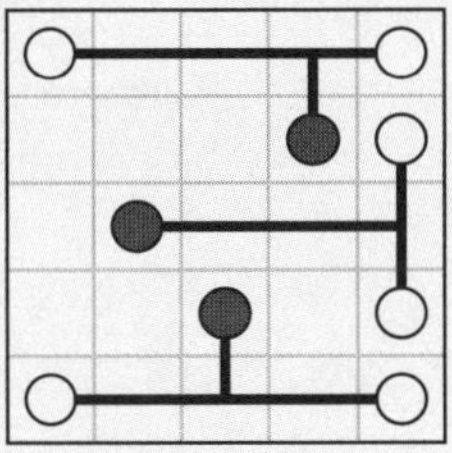

#09

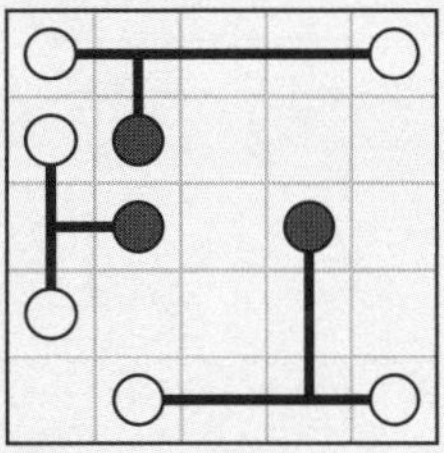

#10

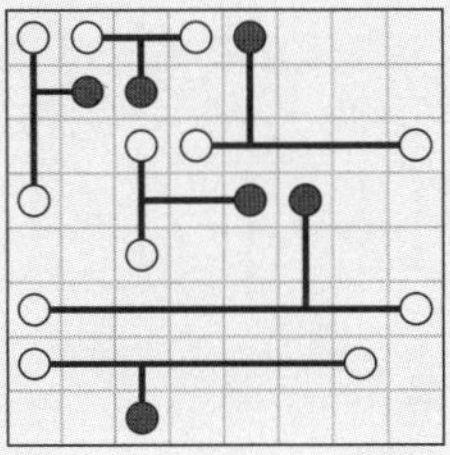

#11

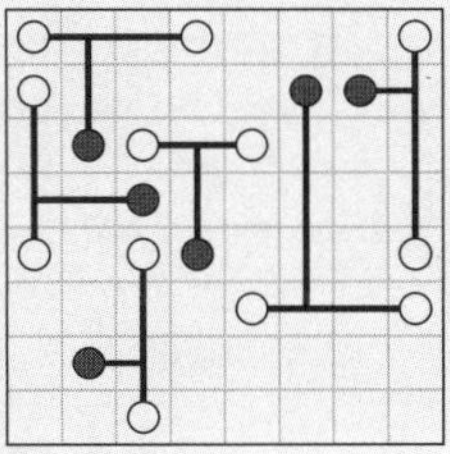

#12

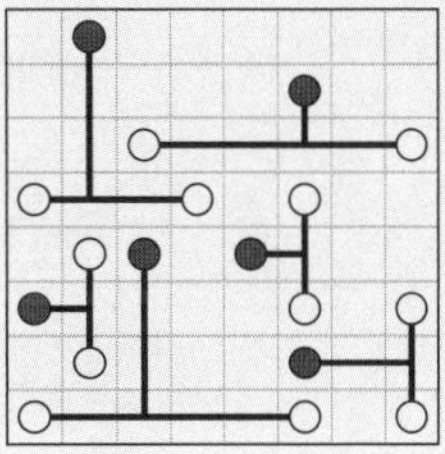

#13

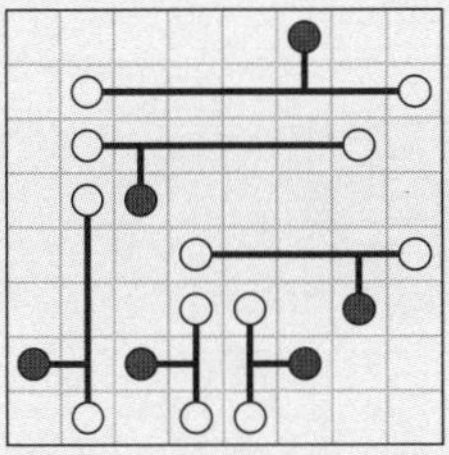

#14

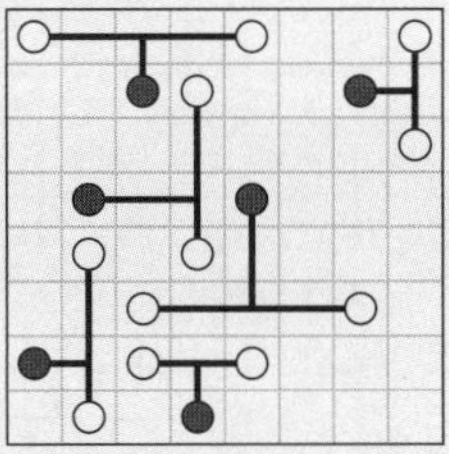

#15

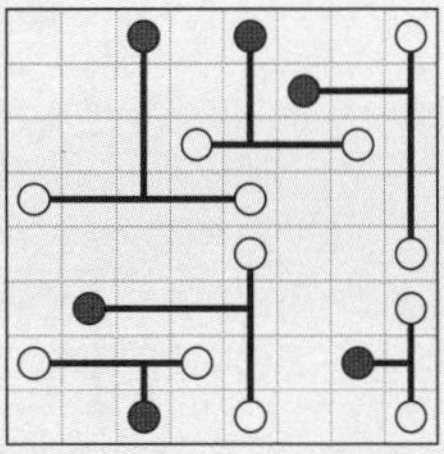

20

TE (soluciones)

#16

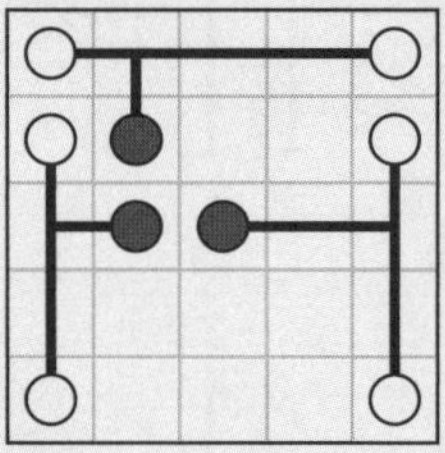

#17

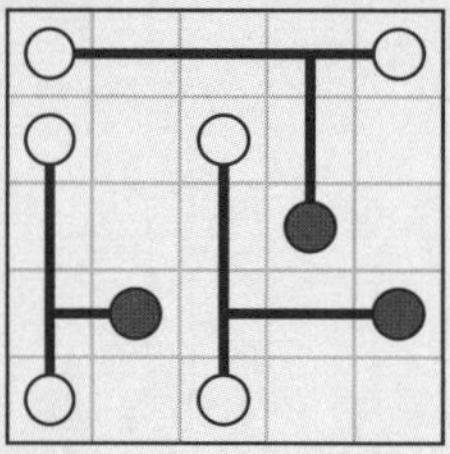

#18

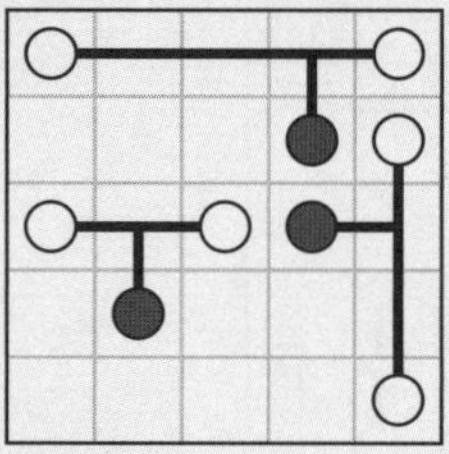

#19

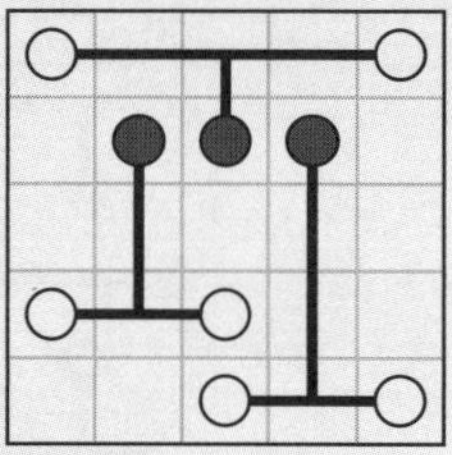

#20

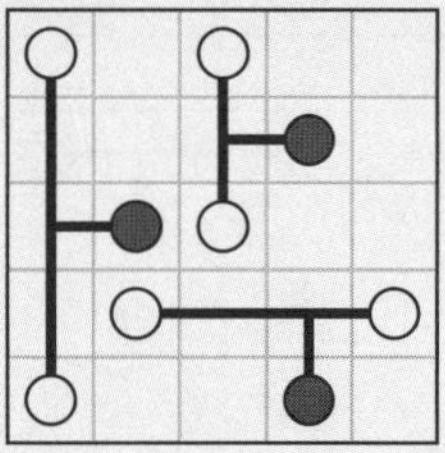

#21

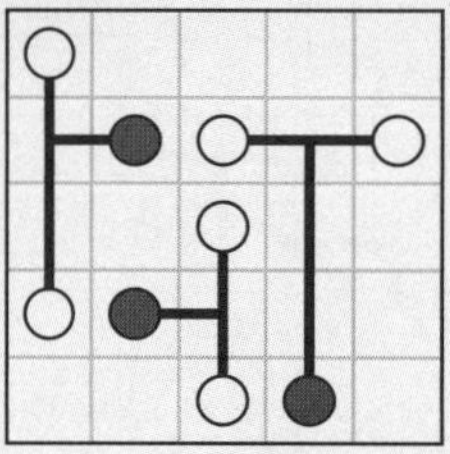

#22

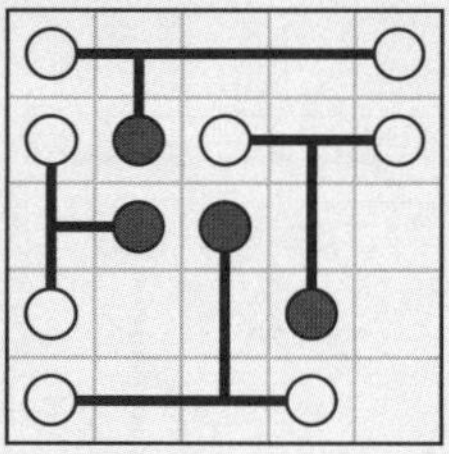

#23

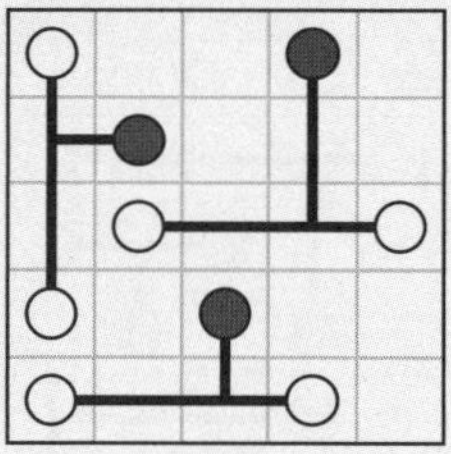

#24

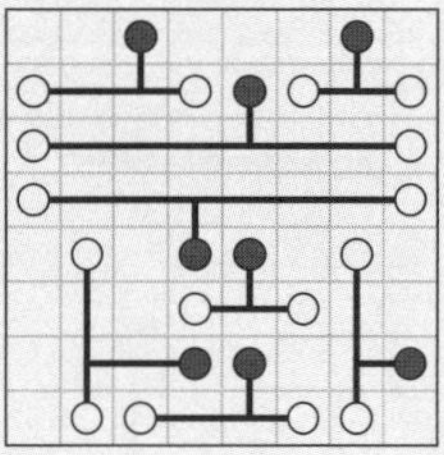

#25

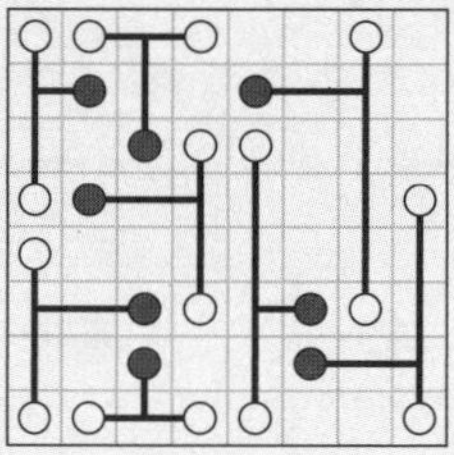

#26

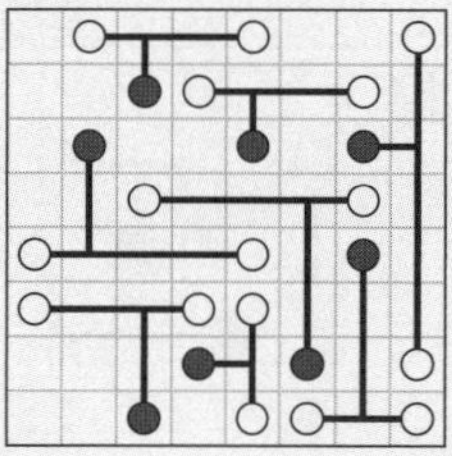

#27

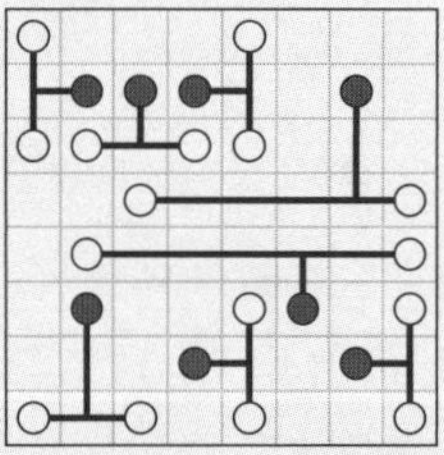

#28

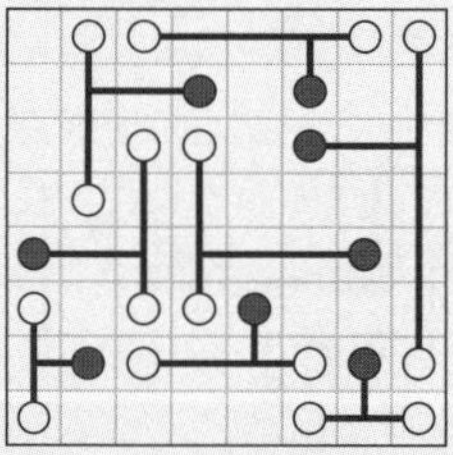

#29

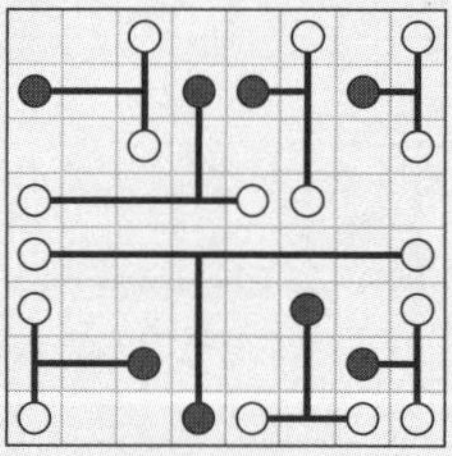

#30

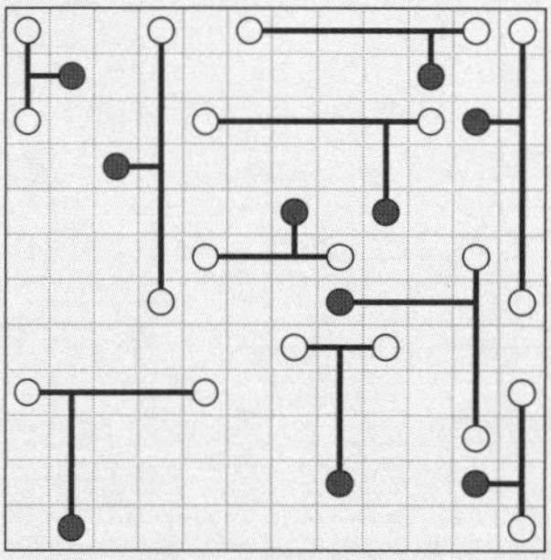

#31

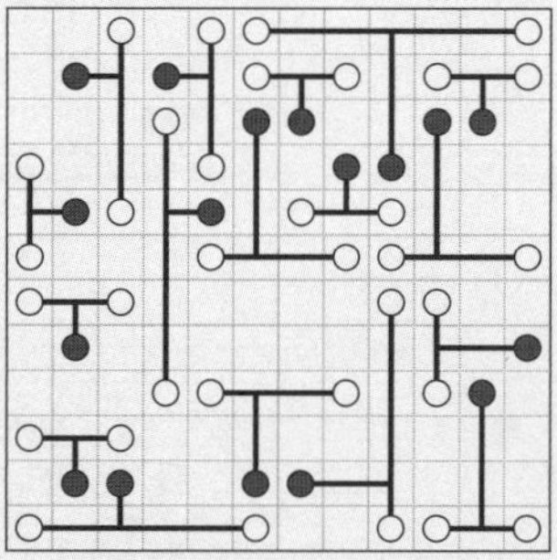

NONOGRAMA (paint by numbers)

El objetivo es descubrir la imagen que se oculta a partir de los números exteriores del tablero, siguiendo las siguientes reglas:

- Los números situados a la izquierda de las filas y encima de las columnas indican la cantidad de grupos de casillas negras en la línea correspondiente.
- Los números indican siempre la cantidad de casillas negras consecutivas en cada grupo.
- Los grupos se separan al menos por una casilla vacía.

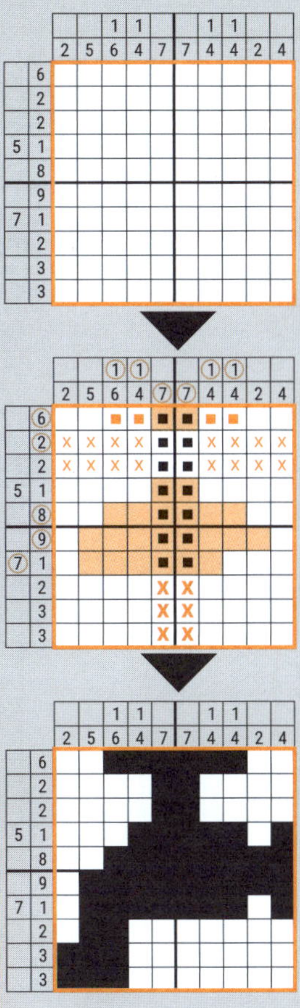

Ejemplo resuelto, para que puedas entender mejor en qué consiste el pasatiempo.

#00

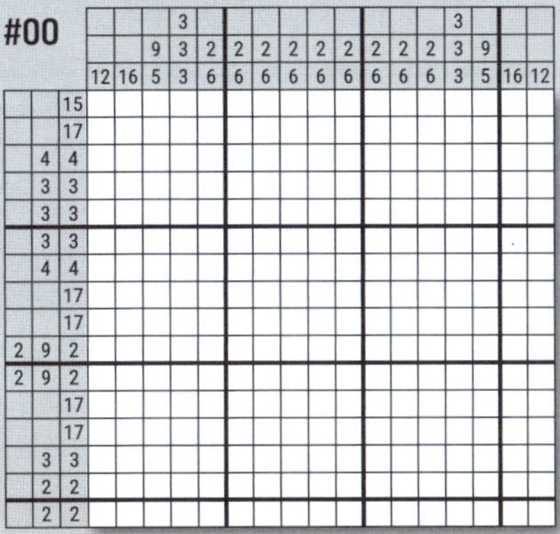

CONSEJOS para resolver el pasatiempo:

1. Cada pasatiempo tiene una solución única.
2. Todas las correspondencias de números se deducen de forma lógica: no hace falta adivinar.
3. Comienza buscando números que sean iguales al tamaño de la cuadrícula, porque ya sabes que toda esa fila o columna debe rellenarse de negro.
4. A continuación busca números que sean mayores a la mitad de la cuadrícula y marca como negras seguras las casillas que resultarían comunes al contar dicho número desde un extremo y otro de la fila o columna.
5. Marca con X aquellas casillas que ya sabes que no pueden ser negras.

#01

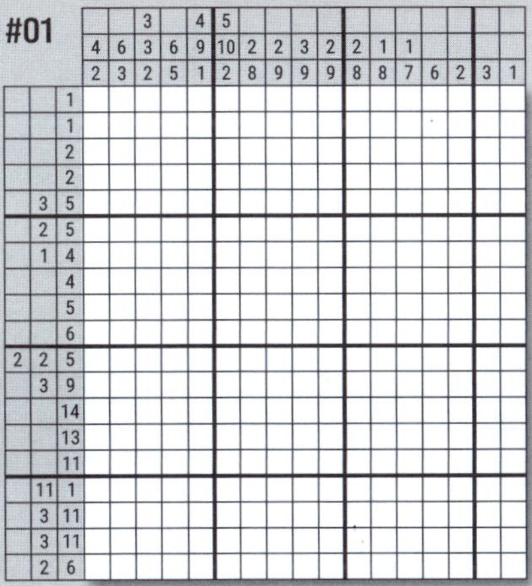

¿Sabías que...

Non Ishida fue el primero en publicar nonogramas en 1988 con el nombre de window art puzzle. El nombre de nonograma se lo dio el inglés **James Dalgety** en 1990, en honor a su inventor.

21

NONOGRAMA (paint by numbers)

#02

																5			
			5	7			3	3	2	2	3	3			7	1	1	2	2
4	10	12	14	17	26	25	21	22	22	22	22	21	25	26	17	14	12	10	4

3	3
6	6
	14
	14
4	4
	12
	12
	10
	15
12	2
14	1
	16
	18
	18
	18
	20
	20
	20
	20
	18
	18
	18
	16
	14
	12
	10
	4

#03

	18	23	24	25	25	25	25	25	25	25	25	25	25	24	23	22	20	14						
13	2	4	4	4	4	4	4	4	4	4	4	4	4	4	4	4	4	2	13	12	11	10	7	5

	10
	12
	14
	15
	16
	17
17	2
18	4
18	6
	25
	25
	25
	25
	24
	23
	23
	22
	21
	21
	20
	19
	18
	17
	16
	16
	16
	16
	18
	18

21

NONOGRAMA (paint by numbers)

#04

Columns (top to bottom, left to right):

Col	Clues
1	5 2
2	7 3
3	2 2 4
4	2 1 2 5
5	2 5 10
6	2 3 10
7	2 1 5
8	2 16
9	2 16
10	2 6 5
11	2 16
12	2 12
13	2 2 5
14	2 5 10
15	2 2 2 10
16	3 2 5
17	2 3 4
18	6 3
19	3 2

Rows (left to right, top to bottom):

Row	Clues
1	13
2	17
3	3 3
4	2 1 4 2 2
5	2 3 4 2 2
6	2 2 4 2 3
7	6 4 6
8	4 5 4
9	6
10	2 2 2 2
11	2 2 2 2
12	2 2 2 2
13	2 2 2 2
14	2 2 2 2
15	13
16	15
17	17
18	19
19	19

#05

Columns (top to bottom, left to right):

Col	Clues
1	2
2	4
3	4
4	5
5	8
6	3 4
7	4 7
8	6 5
9	9 3
10	1 7 4
11	3 11
12	5 6 2
13	7 3 4
14	9 1 3
15	11 3
16	17
17	15
18	14
19	14
20	13
21	12
22	11
23	11
24	10
25	9
26	7
27	4

Rows (left to right, top to bottom):

Row	Clues
1	3
2	5
3	7
4	9
5	10
6	12
7	12
8	13
9	14
10	14
11	15
12	2 12
13	3 10
14	6 9
15	8 8
16	10 7
17	5 5 5
18	5 5 3
19	5 6 2
20	3 4 2
21	3 2 2
22	3 3 3
23	5 3
24	5 2
25	7
26	2 2

21 NONOGRAMA (paint by numbers)

#06

Column clues (left to right, top to bottom):

Column	Clues
1	2
2	4 2
3	5 4
4	6 6
5	6 7
6	7 7
7	4 4 4
8	1 8 6
9	14
10	9 5
11	8 5
12	9 6
13	10 5
14	11 7
15	15 2
16	15 3
17	11 6
18	10 6
19	8 5
20	8 4
21	8 4
22	14
23	3 7 3 3
24	6 6
25	6 7
26	6 6
27	5 5
28	4 3
29	2 2

Row clues (top to bottom):

Row	Clues
1	3 3
2	5 4
3	6 7 6
4	8 11 7
5	7 21
6	5 15 5
7	1 16
8	17
9	17
10	17
11	17
12	3 6 3
13	2 4 2
14	1 2 1
15	3 4 3
16	16
17	2 16 1
18	4 7 6 5
19	7 11 7
20	7 9 7
21	5 1 1 1 1 5
22	4 4
23	3 3

#07

Column clues (left to right, top to bottom):

Column	Clues
1	3
2	4
3	4
4	3
5	3 4 5
6	6 5 3
7	3 4 3 2 5
8	3 2 6 2 3
9	2 5 2 4
10	6 6 3 4
11	11 7 3 3
12	12 5 5
13	14 3 8
14	16 3 4 1
15	16 3 8
16	13 3 8
17	11 6 4
18	10 7 3 3
19	4 6 3 4
20	2 1 5 2 3
21	2 2 6 2 5
22	3 3 6 5
23	5 5 3
24	3 4 5
25	3
26	4
27	4
28	3

Row clues (top to bottom):

Row	Clues
1	2
2	8
3	10
4	12
5	13
6	1 10 1
7	2 9 2
8	1 9 1
9	2 8 2
10	1 8 1
11	2 8 2
12	4 7 5
13	4 5 4
14	2 1 4 1 1
15	2 2 3 3 1
16	5 2 5
17	5 5
18	16
19	18
20	20
21	2 3
22	20
23	20
24	10
25	5 6 6
26	9 2 2 9
27	11 1 2 11
28	3 1 1 3 1 2 2 2 1 3
29	3 1 1 3 4 2 2 1 3

21 NONOGRAMA (soluciones)

#00

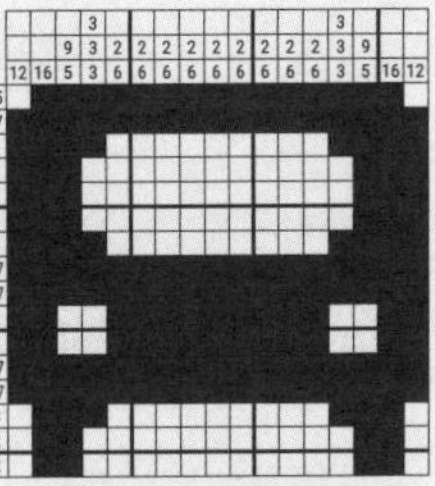

#01

#02

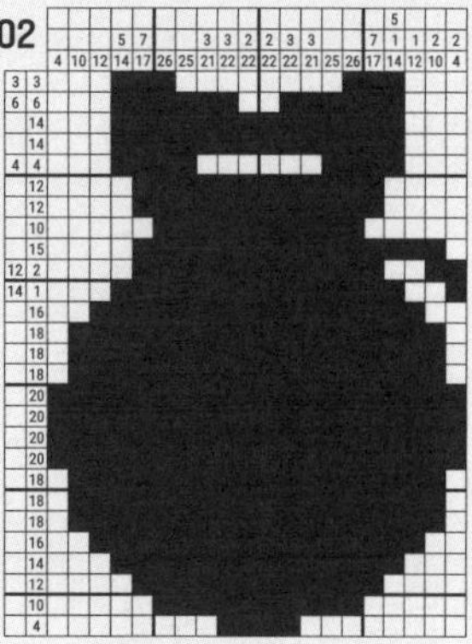

#03

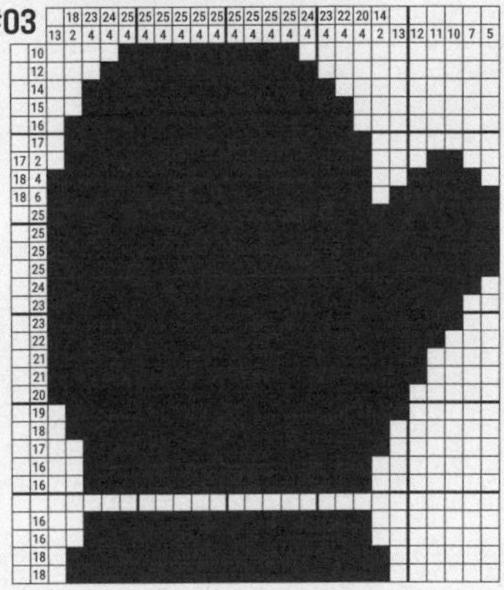

#04

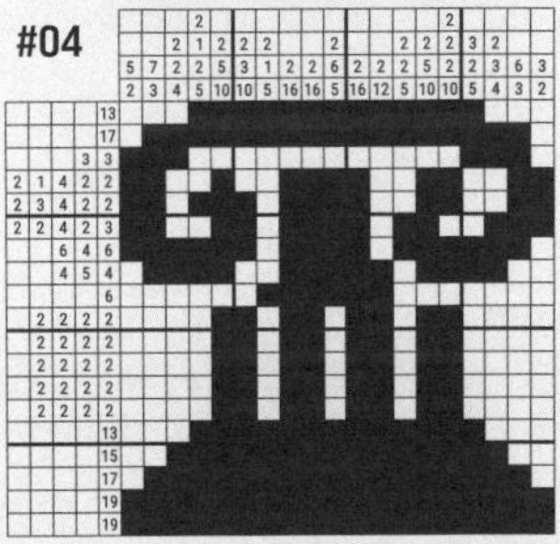

#05

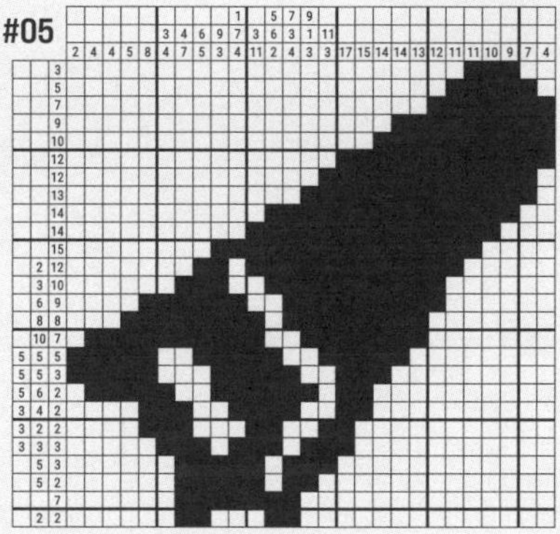

#06

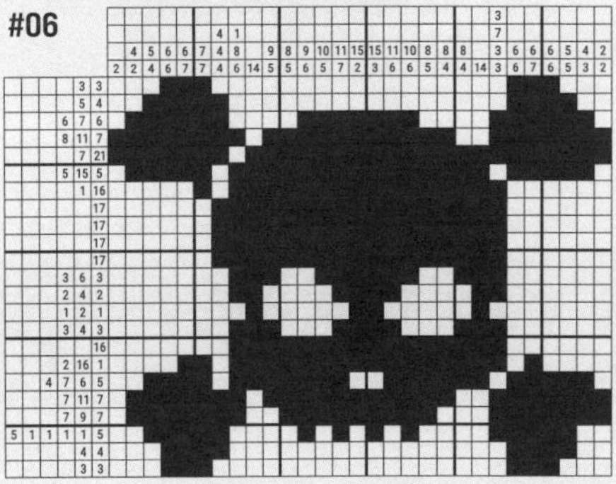

#07

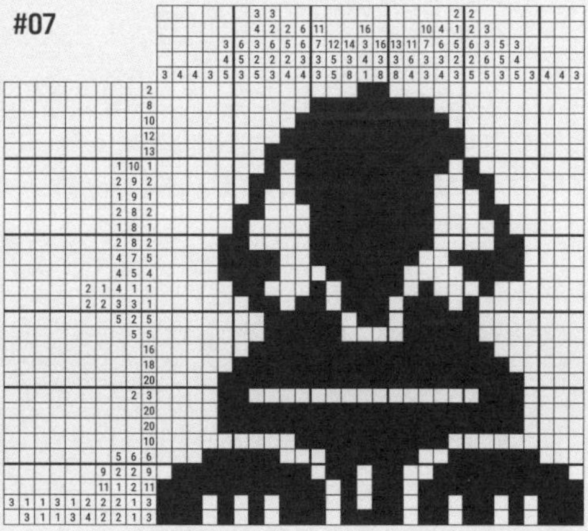